여성 에티켓 강좌

서림문화사

아홉마리의 용(龍)

센스있는 여성, 개성적 여성의 행동지침
여성 에티켓 강좌
정 화 엮음

머리말

우리는 왜 그래야만 할까? 우리보다 더 많은 돈을 벌면서 조금도 존경받을만한 구석이 없는 사람에게까지 꼭 에티켓을 지켜야만 하는가 말이다. 여기서 당신은 먼저 꼭 알아 두어야 할 것이 있다. 에티켓은 돈이나 승진만이 그 목적의 전부는 아니며, 우리를 포함한 모든 사람들이 보다 인간적으로 살기 위해서 존재한다는 사실을……

그러면 그런 매너의 기본을 이루고 있는 당신의 이미지는, 사회적인 성공을 거두는데 있어서나, 또한 자신의 개인적인 삶을 영위하는데 있어서나 모두 적합한가? 만일 당신이 이 책을 적절하게 이용한다면 자타가 인정하는 유능한 여성으로 변모할 것이다.

본서에서는 당신의 장점을 강화하고 문제점을 극복하도록 도와주기 위해 많은 전문가들의 지식을 총동원했다.

자신감을 갖는 것은 물론이거니와 외모, 말씨, 그리고 예의범절은 삶에 있어 더없이 중요한 요소들이다. 물론 인간의 내면이 중요하다는 사실은 재론의 여지가 없다. 그러나 인간의 외면 또한 그에 못지 않게 중요하며, 자신의 능력을 입증할 기회를 얻느냐 못얻느냐를 결정하는 것은 첫인상이라는 사실을 기억해야 한다.

직업은 생존을 위한 도구이다. 그러나 문화적인 사회에서 직업은 우리의 창조력을 발휘하게 하고, 사람들과의 교류를 이어 주며, 소위 삶의 전장(戰場)에서 다른 사람들과 그 가치나 지식을 나누어 가짐으로써 보다 풍요로운 인생을 살게 한다.

본서에서는 직장 생활중 여성들이 겪을 수 있는 모든 상황을 가정, 그 해결 방법을 제시하여 당신이 미스매너가 되도록 도와주고 있다. 실질적이고 정확한 지침서인 본서에 의해 당신이 현명하게 삶을 꾸려 나가길 바라는 바이다.

1991년 1월

차 례

Part 1
자신의 평가를 통한 자아 개발 ……………………… 19

타인의 눈에 비친 당신의 이미지 테스트 …………… 20
◇ 채점과 결과 …… 24

내면적 자아상의 검토 ……………………………… 26
◇ 성장 환경 …… 27
◇ 검사 1 — 어머니의 영향 …… 28
◇ 검사 2 — 동료들의 영향 …… 29
◇ 검사 3 — 호칭 …… 31
◇ 야망을 실현시킬 수 있는 자아상을 결정한다 …… 33
◇ 검사 4 — 자신이 원하는 자아상 …… 34
◇ 검사 5 — 장애 요인의 제거 방법 …… 35
◇ 내적 변화 → 외적 변화 → 변화에 따른 제3자의 반응 …… 36

당신의 이미지는 전체적으로 조화를 이루고 있는가
.... 38
　◇이미지를 개선하여 성공한 사례······ 50
의상은 자신을 표현하는 수단이다 ············· 51

Part 2
외모의 개선을 통한 새로운 이미지 확립 ············· 57

생활 방식에 어울리는 기본 의상의 준비 ········· 58
　◇옷장을 정돈하는 것이 중요하다······ 58
　◇체형을 확실하게 파악한다······ 60
　◇체형을 확실하게 파악한다······ 60
　◇현명하고 적절하게 의상을 선택해야 한다······ 60
　◇기본적인 의복 장만······ 61

액세서리 ··· 71
　◇액세서리를 사는 방법······ 72
　◇모자······ 73
　◇안경······ 74
　◇스카프······ 76
　◇보석류······ 78
　◇벨트······ 80
　◇장갑······ 80
　◇신발······ 81

◇ 양말류(스타킹)······83
◇ 핸드백······84
◇ 우산·양산······86
◇ 소형 서류 가방······87

쇼핑 전략 ······88
◇ 사전 준비······88
◇ 쇼핑을 하기 위한 시간과 장소······90
◇ 쇼핑할 때의 복장······91
◇ 값을 치르기 전에 검토해야 할 사항······92
◇ 의류의 질을 평가하는 방법······92
◇ 의복의 보관······93
◇ 쇼핑 중의 휴식—피로를 풀고 다시 시작한다······94
◇ 쇼핑을 할 때 피해야 할 함정······95

색상의 조화 ······96
◇ 색의 이해······97
◇ 당신은 다음 중 어떤 유형에 속하는가?······98
◇ 의상의 색배합······99
◇ 보석······101
◇ 직물······103
◇ 핸드백······104
◇ 순백색 의상······106
◇ 화장(외모 중 가장 결정적인 요소)······107
◇ 색상 선택을 위한 일반적인 요령······107

얼굴 ……………………………………………………109
◇ 자신의 얼굴을 관찰해 보자……110
◇ 기본적인 얼굴형……110
◇ 아름다운 얼굴로 가꾸는 화장법……114
◇ 화장의 기초 지식……115
◇ 헤어 스타일……121
◇ 성형 수술……126
◇ 어울리는 네크라인을 선택하는 방법……130
◇ 건강한 피부……143

화장, 패션 그리고 의상에 있어 가장 저지르기 쉬운 실수 15가지 …………………………………………150
◇ 실수 1 — 단정치 못한 머리……150
◇ 실수 2 — 메이크업 베이스의 잘못된 사용……152
◇ 실수 3 — 기이한 눈썹……152
◇ 실수 4 — 화장 자국이 남는 경우……153
◇ 실수 5 — 천박스러운 손톱……153
◇ 실수 6 — 귀신 같이 보이는 진한 화장……153
◇ 실수 7 — 화장에 대한 그릇된 충고……154
◇ 실수 8 — 의상의 색이 서로 조화를 이루지 못하는 경우……155
◇ 실수 9 — 곡마단원 같은 의상……155
◇ 실수10 — 부조화……156
◇ 실수11 — 잘 맞지 않는 의상……157
◇ 실수12 — 보기 흉한 몸매……158
◇ 실수13 — 때와 장소를 가리지 않고 보석을 사용하는 경우……159

◇ 실수14 — 향수의 오용 ······ **160**
◇ 실수15 — 사소한 실수 ······ **160**

Part 3
사회 생활을 성공적으로 이끄는 방법 ············ **163**

직장 생활에 있어 가장 치명적인 실수 9가지 ······ **164**
◇ 실례 1 — 직장 동료의 이름을 부르는 경우 ······ **165**
◇ 실례 2 — 지저분하게 작성된 통신문을 보내는 경우 ······ **165**
◇ 실례 3 — 동료의 비서를 혹사하는 경우 ······ **166**
◇ 실례 4 — 업무상 전화에 대해 거만한 태도를 취하는 경우
······ **166**
◇ 실례 5 — 업무상 약속을 지키는 것을 불분명하게 실행하는 경우
······ **167**
◇ 실례 6 — 사업상의 동료와 함께 점심 식사를 했을 때 계산에
대해 갈등을 느끼게 하는 경우 ······ **167**
◇ 실례 7 — 업무상 만난 동료라고 해서 사업에 관한 이야기만
하는 경우 ······ **168**
◇ 실례 8 — 사장이나 상사가 당신을 사적으로 대접하기도 전에
먼저 대접하는 경우 ······ **168**
◇ 실례 9 — 서면상으로 감사하다는 말을 하지 않는 경우 ······ **169**

좋은 인상을 남기기 위한 행동 지침 ············ **170**
◇ 사무실에서 ······ **171**
◇ 비공식적인 장소에서 ······ **173**

◇ 술을 마실 때……**173**
◇ 자동차를 탈 때……**173**
◇ 거리에서……**174**
◇ 함께 음식을 먹고 돈을 지불하는 경우……**174**
◇ 출장을 가는 경우……**175**
◇ 사무적인 관계를 개인적인 친분 관계로 전환해도 좋은 시기와
방법……**175**

목소리는 완벽한 악기 …………………………………**177**
◇ 표현의 매체인 목소리……**177**
◇ 자신의 목소리 평가……**178**
◇ 목소리는 어떻게 나오는가……**179**
◇ 그릇된 호흡법……**179**
◇ 긴장을 푸는 운동……**180**
◇ 호흡법……**184**

세련된 대화를 하기 위한 지침 …………………………**187**
◇ 대화법을 개선하기 위한 열쇠……**187**
◇ 자존심의 형성……**189**
◇ 단어는 훌륭한 대화의 초석이다……**191**
◇ 피해야 할 대화 내용……**191**
◇ 예절바르게 소개하는 방법……**192**
◇ 말문을 여는 가장 간단한 방법……**193**
◇ 대화의 장애를 극복하기 위한 문구……**194**
◇ 대화하는 방식……**194**

◇ 사전에 대본을 준비한다……195
◇ 참견하기 좋아하는 질문에 대한 응답……196
◇ 당신의 대화법을 개선하는 요령……196

안정을 유지하고 신경을 진정시키는 확실한 방법 …………197
◇ 자신에 대한 관심 집중……198
◇ 다른 사람들에 대한 관심 집중……200
◇ 주위 환경에 대한 관심 집중……201
◇ 흥분을 집중시키는 단기적 방법……203
◇ 흥분을 집중시키는 장기적 방법……204

자기를 주장하는 방법 …………206
◇ 단호하게 생각하는 방법……207
◇ 단호히 행동하는 방법……210
◇ 도전적인 언사에 대응하는 방법……211
◇ 회의……212
◇ 대본 작성 방법과 사례……213
◇ 인터뷰……214
◇ 회사 내의 사교적인 환경에서의 유의점……215
◇ 남의 말을 경청하는 기술……215

청중을 사로 잡는 방법 …………218
◇ 연설을 효과적으로 전달하는 요소들……218
◇ 대중 연설을 대화처럼 생각하라……220
◇ 연설의 끝맺음……221

특별한 의견을 제출하는 경우 ······222
◇ 의견 제시 ······ **222**
◇ 의견 제출안의 골자 작성 ······ **225**
◇ 계획안의 내용 ······ **225**

Part 4
여성과 직장 생활 ······227

여성과 직장 생활 ······228
◇ 여성다움을 잃지 않는 비결 ······ **229**
◇ 가부장적인 상사와의 인간 관계 ······ **230**
◇ 가장 여성다운 방법으로 설득하는 비결 ······ **233**
◇ 부드러운 말투가 가장 효과적이다 ······ **234**
◇ 대화에서 제외되지 않기 위해서 ······ **235**
◇ 여자 상사와 여자 부하 직원과의 관계 ······ **236**
◇ 엘리베이터와 회전문 이용시의 에티켓 ······ **237**
◇ 도로에서의 에티켓 ······ **238**

유쾌한 직장 생활과 에티켓의 중요성 ······240
◇ 사무실의 주인은 당신이 아니다 ······ **242**
◇ 한 공간을 공유하는 사람들에게 있어서 대화와 타협의 중요성 ······ **243**
◇ 마음의 벽을 허무는 일이 중요하다 ······ **244**
◇ 음악이 사무실에 미치는 영향 ······ **246**
◇ 사생활에 관한 질문은 삼가라 ······ **247**

◇ 나이와 체중에 관한 질문……249
◇ 동료와의 불상사는 이렇게 해결하라……250
◇ 자신의 기분대로 행동하지 말아라……251
◇ 화내는 것만이 능사가 아니다……252
◇ 습관적 채무자인 동료와의 인간 관계……253
◇ 소문을 옮기는 사람이 되지 말라……254
◇ 자신의 모든 것을 털어놓지 말라……256
◇ 친절하면서도 사무적으로 대하라……257
◇ 친구를 만날 때는 휴게실에서……259
◇ 욕구 불만에 찬 동료와의 인간 관계……260
◇ 참견이 심한 동료와의 인간 관계……261
◇ 상습적인 지각자에 대한 문제……261
◇ 게으름뱅이 직원은 이렇게 대하라……262

직장인의 센스와 매너에 대하여 …………………263
◇ 거부감을 주는 행동……264
◇ 회사가 요구하는 옷차림을 한다……266
◇ 회사의 특성과 옷차림……266
◇ 사무실에서의 향수 사용……268
◇ 직장 여성의 옷차림……269
◇ 센스 있는 여성이 되라……270
◇ 인사는 직장 생활의 청량제이다……271
◇ 칭찬의 중요성과 그 효과……271
◇ 여러 가지 의미를 가진 미소……272
◇ 신체 장애자 동료에게 필요한 것은 동료애이다……273

◇ 직장 생활과 언어 습관에 관한 문제······**274**
◇ 동료의 사내 연애에 대해서는 비밀을 지켜 주어라······**278**
◇ 호색가 상사와의 인간 관계······**278**
◇ 이성의 유혹을 물리치는 법······**280**
◇ 직장은 순수한 연애를 위한 최적의 장소이다······**281**
◇ 남성들의 성적인 찬사에 대하여······**282**
◇ 출세와 승진을 미끼로 던져지는 유혹······**284**
◇ 이성과의 단순한 신체 접촉도 오해를 일으킨다······**286**
◇ 연인이나 배우자의 승진을 돕는 현명한 사람들······**287**
◇ 순수한 로맨스는 직장 생활의 윤활유이다······**287**

유능한 비서의 에티켓 ······**289**
◇ 비서의 업무는 그 한계를 명확히 해야 한다······**290**
◇ 이상적인 비서, 절친한 친구인 동시에 유능한 비서······**292**
◇ 상사의 사생활에 깊이 관여하지 않는다······**293**
◇ 가까울수록 존중해야 한다······**294**
◇ 상사의 문란한 사생활을 감싸 주지 않을 권리가 있다······**295**
◇ 상사의 행각을 묻는 전화는 거절할 수 있다······**296**
◇ 비서의 태도는 곧 상사의 태도다······**297**
◇ 상사의 스케줄을 효과적으로 관리하기 위한 비결······**298**

비즈니스 접대와 에티켓 ······**301**
◇ 접대 비용에 관한 문제······**302**
◇ 거절의 에티켓······**303**
◇ 반드시 약속 시간을 지켜야 한다······**304**

◇ 늦을 때는 이렇게 하라……304
◇ 단골집을 정하라……305
◇ 바에서의 계산은 본인이 한다……306
◇ 비용 지불 문제로 손님을 불쾌하게 해서는 안 된다……306
◇ 접대비의 한계를 넌즈시 알려라……308
◇ 돈이 모자라면 솔직하게 도움을 청하면 된다……309
◇ 음식점에서의 행동과 대화의 에티켓……310
◇ 택시까지 태워 보낼 필요는 없다……310
◇ 점심 식사 후의 술은 피한다……311
◇ 비즈니스 접대의 대화 내용……311
◇ 접대 자리에서의 불상사……312
◇ 이기적인 사람들과의 충돌은 피하는 것이 상책이다……313
◇ 사업상의 접대는 조용하고 은밀한 분위기에서……315
◇ 직장 동료를 집으로 초대할 때……316
◇ 진정으로 우러난 마음에서 초대해야 한다……317
◇ 보이고 싶지 않은 것은 미리 감추어 둔다……318
◇ 애완 동물과 동료에 대한 배려……319

비즈니스의 새로운 추세, 프리랜서 ····················**321**
◇ 무엇보다 신용이 중요하다······**321**
◇ 이미지 관리가 중요하다······**322**
◇ 회사 규칙에서 예외일 수는 없다······**323**
◇ 계약서를 써야 하는 중요성······**324**
◇ 보수에 대한 약속은 반드시 지켜져야 한다······**324**
◇ 여러 곳에서 제의를 받았을 때······**325**

출장에 관하여 ····················**327**
◇ 출장도 근무의 연장이다······**327**
◇ 의욕적으로 일하라······**328**
◇ 요령있게 움직여라······**329**
◇ 이름을 기억하는 일의 중요성······**329**
◇ 비즈니스만이 목적인 단거리 출장······**331**
◇ 여성도 동등하게 참석할 수 있는 모임을 가져라······**332**
◇ 출장중 병이 났을 때······**333**
◇ 동행 출장시의 에티켓······**333**

Part1

**활동적인 여성을 위한
내면적 에티켓**

자신의 평가를 통한
자아 개발

타인의 눈에 비친 당신의 이미지 테스트

엘래인 포스터(Elaine Posta)

　엘래인 포스터는 미국 항공사의 교육 프로그램을 편성하여 비행기 수행원들에게 행동 지침을 강의했다. 그녀는 피부 관리와 화장법, 그리고 패션 등을 연구하고 가르쳤을 뿐 아니라 자신의 이미지를 개선하는 프로그램을 창안했다. 그녀는 육체와 정신을 하나로 보는 시각에서 긍정적인 자기 이미지와 건강, 자신감을 강조하였다. 그리고 대인 관계와 업무 처리를 적절하고도 효과적으로 하는 방법을 가르치고 있다.

　당신의 이미지를 평가하는데 있어 타인은 당신의 모습을 비춰 주는 거울이 된다. 당신의 이미지는 다른 사람들의 눈과 귀를 통해 판단될 수 있으며, 그들의 반응은 당신의 이미지에 대한 모든 궁금증을 말해 줄 것이다.
　다음 질문들은 당신이 친구들이나 동료들의 눈에 어떤 모습으로 비춰지는가를 측정하기 위해 마련되었다. 각 질문에 대해 정직하게 다음 네 가지의 유형으로 대답하기 바란다. 「자주」, 「때때로」, 「거의 그렇지 않음」, 「결코 아님」.

① 사람들이 당신을 실제 나이보다 어리게 보거나 어른스럽게 본다.

② 당신의 외모에 대해, 전체적으로 칭찬을 듣기보다는 부분적인 면에 대한 평을 듣는다. 예를 들어「오늘 참 멋있어 보이는군요」라는 말 대신「화장 솜씨가 훌륭하군요」라는 말을 듣는다.

③ 당신의 평소 의상은 다른 사람의 눈에 띄며, 다음과 같은 말을 듣는다.「저도 당신처럼 그런 옷을 입을 용기가 있었으면 좋겠네요」혹은「당신은 상당히 독특해 보이고 보통 사람들과는 다르군요」.

④ 당신이 즐겨 입는 옷 색깔에 대해 부정적인 비평을 듣는다.

⑤ 같은 사무실에 있는 사람들이 당신이 함께 있을 때보다 없을 때 협조하여 더 일을 잘한다.

⑥ 근무 시간 외에 거리나 식당에서 직장 동료를 우연히 만나면, 그들이 당신을 못본 척 무시한다.

⑦ 당신의 직장 동료들은 당신이 성적 매력이 있다고 생각한다.

⑧ 사람들이 당신의 특정 외모에 대해, 즉 옷·화장·자세 혹은 머리 모양에 대해 조롱을 한다.

⑨ 손님이 많을 경우 점원이 당신에게 제일 나중에 서비스한다.

⑩ 낯선 사람이 당신의 직업을 알게 되었을 때 흔히 깜짝 놀라곤 한다.

⑪ 당신은 지금 자신의 능력이나 기술보다 낮은 수준의 일을 맞고 있다.

⑫ 당신은 지금 진정으로 원하고 있는 직업과 직장을 갖고 있지 못한 상태이다.

⑬ 다른 사람의 눈을 똑바로 쳐다보지 못한다.

⑭ 가령 장난으로라도 다른 사람들이 당신의 언행이나 태도를 흉내내는 경우가 있다.

⑮ 비교적 많이 만나지도 않은 사람인데 당신을 친구처럼 대하는

경우가 있다.

⑯ 당신이 사람들과 악수를 할 때 악수하는 상대방이 주춤거리거나 부자연스런 표정을 짓는다.

⑰ 낯선 사람들이 당신을 사귀는 과정에서 쉽게 당신의 이름을 부른다. 다시 말해서 미스, 혹은 아무개 양이라는 형식적인 호칭 대신 친근감있게 이름을 부르는 경우를 말한다.

⑱ 전혀 해로운 말이 아닌데도 당신의 말에 상대가 화를 벌컥 내서 놀라는 경우가 있다. 사람들은 이런 경우 당신에게 다음과 같은 말을 한다. 「네가 그 말을 했을 때 어떤 식으로 말했는지 네가 들었어야 했는데」 혹은 「네가 그 사람을 어떻게 쳐다보았는지 네 모습을 볼 수 있어야 했는데」.

⑲ 사람들이 당신의 말소리를 분명하게 알아듣지 못하여 「뭐라고 말씀하셨지요?」라고 묻는다.

⑳ 사람들은 당신이 진지하게 말한다고 생각하지 않는다.

㉑ 사람들은 당신의 말보다 그들의 말이 더 중요하다고 생각, 당신의 말로 가로막는다.

㉒ 당신이 이야기하는 동안 상대방이 안절부절 못하고 눈길을 다른 곳으로 돌린다.

㉓ 상대방을 칭찬하려는 뜻으로 한 말인데도 상대방이 화를 내는 경우가 있다.

㉔ 비교적 단순하게 당신의 생각을 말했을 뿐인데도 상대방이 그 의미를 다시 묻는다.

㉕ 레스토랑이나 공공 장소에서 당신과 함께 있는 동료가 불편해하고 목소리를 낮추라는 충고를 한다.

㉖ 당신의 의견이 회사나 모임체의 일에 반영되지 않는다.

㉗ 전화상으로만 여러 차례 통화했던 사람을 마침내 만났을 때 그가 깜짝 놀라면서 이렇게 말한다. 「당신이 바로 미스 김이세요? 제가

기대했던 것과는 전혀 다르시네요」.

㉘ 사람들이 당신이 농담으로 한 이야기도 사실이 아닌가 의심해 본다.

㉙ 말수를 줄여야 하는 상황에서는 말없이 잠자코 있으며 어색한 침묵을 지킨다.

㉚ 전화를 걸었을 때, 자신의 신분을 밝히는 버릇이 안 들어서 자주 상대방으로부터 「실례이지만 누구시죠?」라는 질문을 받는다.

㉛ 어떤 문제를 제기함에 있어 시기와 장소가 부적합하다는 지적을 다른 사람으로부터 받는다.

㉜ 어떤 사람을 처음 소개받았을 때 그 사람의 이름을 쉽게 기억하지 못한다.

㉝ 당신이 접대자인데도 불구하고 식당의 웨이터가 계산서를 상대에게 가져간다.

㉞ 약속 시간에 늦는다.

㉟ 감사의 뜻을 표하고 싶을 때 글이나 간단한 메모를 전달하기보다는 전화를 건다.

㊱ 사무실에서 손님과 함께 있는데도 불구하고 전화 통화를 오래 한다.

㊲ 당신이 작성한 업무용 서신은 오자나 빠진 글자가 많아 대체적으로 엉성한 편이다.

㊳ 사람들은 당신이 지나치게 자기 비판적이라고 생각하며 종종 다음과 같은 말을 듣는다. 「당신은 당신 자신을 좋아하지 않는 것 같아요」.

㊴ 매사에 수동적인 자세를 취한다.

㊵ 마음에서 우러나오지 않지만 다른 사람들의 마음에 들게 행동하는 경우가 있다.

㊶ 자신에 대한 관심의 폭을 넓혀야 한다는 충고를 주위 사람들로

부터 듣는다.

㊷ 누군가가 당신에게 건설적인 충고를 해줄 때마다「네 그건 그래요. 그렇지만……」라는 식으로 말한다.

㊸ 자신감이 없어 어떤 일에 있어서 쉽게 결정을 내리지 못하는 경우가 많다.

㊹ 당신은 전혀 그런 기분이 아닌데 사람들이「당신은 우울합니까」혹은「기분이 좋지 않습니까」라고 묻는다.

㊺ 비록 최선을 다해 능력을 발휘하며 업무를 수행하지만 늘 승진 대열에서 밀려나며 인정받지 못한다.

㊻ 당신이 인생을 주도해 간다는 생각보다는 운명이 당신의 인생을 리드해 간다는 느낌을 강하게 받는다.

㊼ 여가 시간을 많이 갖기는 하지만 사교적인 모임이나 약속은 계획되어 있지 않다.

㊽ 당신에게 깊은 관심을 기울이는 남성이 당신의 마음에는 들지 않는다.

㊾ 데이트하는 도중에 남자로부터「당신은 당신 자신만의 생각에 몰두해 있는 것 같습니다」라는 말을 듣는다.

㊿ 첫 데이트 후 그는 당신에게 다시 전화하지 않는다.

(51) 사교적인 모임에 참석했을 경우, 혼자 서있는 것이 어색해서 함께 참석한 동료와 시종 일관 붙어다닌다.

◇채점과 결과

위의 질문에 대한 4가지 유형의 대답에 각각 다음의 점수를 배당하여 합계를 낸다.「자주」에는 0점,「때때로」에는 1점,「거의 그렇지 않음」에는 2점, 그리고「결코 아님」에는 3점을 준다.

이렇게 하여 계산한 당신의 총점이 50점 미만이라면 이 책의 도움을 받아 반드시 당신의 이미지를 개선해야 한다. 당신에게 무엇보다도 가장 선행되어야 할 것은 전체적인 이미지 분석 검사이다. 지금 당장 시작해야 할 것이다.

총점이 50~99라면 이런 사람 역시 자신의 이미지를 개선할 필요가 있다. 그러나 다소 시간적 여유를 갖고 개선하고 발전시켜도 좋다.

100~125는 평균보다 약간 높은 점수이다. 그러나 이 책을 읽을 필요가 없을 정도로 긍정적이고 이상적인 자기 이미지를 갖고 있다고는 말할 수는 없다.

총점이 125 이상이라면 이는 가히 예외적이라고 할 수 있다. 만일 당신이 이 경우라면, 당신의 내면과 외면이 전반적으로 월등하다는 이야기이다. 즉 외모·의상·말씨·자세·태도·마음의 안정, 그리고 자신감 등 모든 면이 훌륭한 사람이다.

위의 질문들은 당신의 결점과 단점이 무엇인가를 알 수 있도록 작은 그룹들로 나뉘어져 있다.

질문 1에서 12 사이의 점수가 저조하다면, 의상과 전반적인 외모를 개선하는데 전력을 다해야 한다.

9번에서 17번까지의 질문은 처신과 태도, 그리고 육체 언어 등에 촛점을 맞추었다.

9~12의 질문은 위의 두 가지 범주를 모두 포함하고 있다는 점을 기억해야 한다.

18~19 사이의 질문에 대한 점수가 낮게 판정되었다면 언어와 의사 소통의 기술이 미약하다는 것을 의미한다.

30~37의 질문에 대한 총점이 저조하다면 예의범절이나 에티켓에 문제가 있다고 보아야 한다.

38~46항의 총점이 낮은 경우는 자신감이 결여되어 있으므로 동기나 자극이 요구되는 상황이다.

47~51항의 질문에 대한 점수가 저조한 경우라면 당신의 생활은 개선할 여지가 상당히 많다고 볼 수 있다.

내면적 자아상의 검토

머리얼 골드팝(Muriel Goldfarb)과
매러 그레클(Mara Gleckel)

이들은 정신 요법 전문가들이다. 뉴저지, 뉴욕, 그리고 롱 아이랜드에 개인 사무실을 갖고 있으며, ABC TV, 미국 노동성, 그리고 미국 연안 경비대와 같은 기관을 위해 상담하므로써 여성의 고용 문제를 적극적으로 해결하는데 힘쓰고 있다. 이들은 「유행과 자아, 그리고 성공」이라는 주제로 세미나를 주도한 창시자들이기도 하다.

어떤 대우를 받느냐 하는 문제는 당신 스스로 자신을 어떻게 대우하고, 어떻게 표현하느냐에 달려 있다. 즉 당신의 언어와 행동 방식에 따라 상대방의 태도가 달라진다. 만일 스스로 가치가 없다고 느낀다면 당신은 사람들에게서 그렇게 대접받을 것이다. 만일 당신이 방어적으로 행동한다면 다른 사람의 공격을 받게 될 것이며 반면에 강하고 소신있게 행동한다면, 사람들은 당신을 존경하고 따를 것이다.

불행하게도 많은 여성들이 스스로를 비하하는 경향이 있다. 확신을 갖고 행동하기보다는 지나칠 정도로 겸손하게 자신을 죽이는 경우가 많다. 그들은 자신의 인생에 있어 주체로써 행동하기보다는 인생이라는 운명에 이끌려 다니는 경우가 많다.

만일 이런 여성들이 자기 자신에 대해서 어느 정도 존중의 자세를 취한다면 그들의 부정적인 행동은 자동적으로 수정될 수 있을 것이다. 그리고 그러한 과정을 통해 자신에 대한 평가 또한 긍정적으로 끌어 올릴 수 있게 된다. 그러나 우리 인간은 자기 자신의 행동을 객관적으로 관찰할 수 없기 때문에 변화의 과정은 보다 복잡해진다.

이 항을 통해 과연 당신의 외모가 내적인 것과 실제로 일치하는지를 파악할 수 있도록 도움을 주고자 한다. 그러므로 여기서 먼저 당신이 보고 말하며 행동하는 방식 등을 면밀히 검토하고 그러한 특성들이 과연 인생을 성공적으로 살아가는데 도움을 주는지, 아니면 장애가 되는지를 분석하기로 한다.

◇ 성장 환경

당신의 어떤 점을 개선하기에 앞서 당신의 과거를 돌아보아야 한다.

과거의 경험과 현재의 행동 사이에는 인과 관계가 있기 마련이다. 즉 당신의 행동 방식은 성장 과정을 통해 가족들에게서 습득한 것이 대부분인데, 관심을 끌고 칭찬받고 야단맞았던 어린 시절의 행동들이 오늘날 당신의 행동 방식에 지대한 영향을 미치고 있는 것이다.

예컨대 부모와의 관계는 이제까지의 경험 중 가장 중요한 상호 작용이다. 따라서 대부분의 사람들은 성장 과정에서 부모와 유지했던 상호 관계와 비슷한 유형으로 대인 관계를 형성해 간다.

아버지가 지나치게 비판적이었기 때문에 어린 시절부터 당신이 비판적이고 부정적으로 생각하며 자랐다고 가정하자. 사회 생활을 하면서 어떤 남자 상사에게서 비난의 소리를 들었을 때 당신의 마음 속에서는 어린 시절의 비판적이고 부정적인 감정이 쉽게 일어날 것이 분명하다.

반면 아버지가 당신의 책임과 권리를 모두 수용하는 분이며 당신을 사랑한다는 생각을 갖게 하는 사람이었다면 상황은 상당히 달라진다. 즉 당신은 보다 안정감을 느끼고, 지위가 높은 다른 사람들을 대함에 있어 보다 자신감을 갖고 활동할 수 있게 된다.

만일 다른 사람에 대해서 불신을 하거나 무시하는 경향이 있다면 그러한 반응은 반드시 수정해야 한다는 것을 염두에 두어야 한다. 그리고 이제 일단 감정적으로 어떤 동요가 일어난다는 사실을 인식하게 되면 그것에 기민하게 대처해 나가야 한다.

사회 생활을 통해 접하게 되는 모든 사람들을 부모나 형제 자매로서가 아닌 동료와 상사로서, 혹은 친구로서 그 상황에 맞는 대접을 할 수 있게 되는 것은 이제 시간 문제이다. 다음은 과거의 행동 유형의 원인을 찾아내는 데 도움을 줄 수 있는 검사 자료이다.

◇ 검사 1 — 어머니의 영향

어린 시절 당신과 어머니의 관계는 어떠했으며 현재 그것이 어떤 영향을 주고 있는지를 생각해 본다(어린 시절 당신의 아버지와의 관계를 분석하는 데도 이와 같은 방법을 응용한다).

① 당신의 어머니는 당신을 무조건적으로 사랑했는가, 아니면 당신의 행동에 따라 이성적으로 사랑을 주었는가?

② 당신이 판단하고 행동하는 어떤 것도 만족스러워하지 못하는 것 같은 느낌을 어머니에게서 받았는가? 그래서 당신이 어떤 일을 하든 「엄마라면 잘 할 수 있었을 텐데」하고 생각했었는가?

③ 당신의 어머니는 당신이 말괄량이처럼 행동하고 이웃집 사내아이들과 개구지게 놀고 경쟁하는 것을 허락했는가? 아니면 요조숙녀처럼 행동하라고 가르쳤는가?

④ 여자들끼리의 모임이 있을 때, 모든 사람들이 자신에게 관심을 집중시켜 주기를 원하는가, 아니면 부끄러움 때문에 위축된 느낌을 받는가?

이와 같은 요점을 중심으로 다른 질문들을 유추해서 생각해 본다. 예를 들어 어린 시절 엄마와의 관계는 오늘날 사회에서 만난 여성들과의 관계에 어떤 영향을 미치는가를 생각해 볼 수 있다. 이런 질문들에 대해 정직하고 솔직하게 대답한다면 당신의 과거가 현재에 어떻게 작용하는가를 스스로 분명하게 인식할 수 있을 것이다.

◇ 검사 2 ─ 동료들의 영향

어린 시절, 가정에서의 당신의 역할은 현재 당신이 사회 활동을 하는데 영향을 준다. 일반적으로 사람들은 가족들에게 대하는 것과 거의 비슷한 방식으로 직장이나 모임체의 동료들을 대하기 마련이다.

어떤 직업에 종사하는 여성을 한 예로 들어보자.

어린 시절 그녀는 상당히 괴팍스러운 성격을 갖고 있는 소녀였다. 대개 이런 성격은 식구들의 관심을 집중시키기 위해 반복적으로 이용하는 경우가 많다. 물론 이 소녀도 예외는 아니었다. 그리고 가족들의 관심을 끌기 위해 이런 행동을 반복하면서 자란 이 소녀는 사회에 나가서도 마찬가지로 행동했다.

즉 직장에 늦게 출근하고 현란하고 지나치게 화려한 옷으로 치장을 하며 동료들과 불화를 일으키고 또 상사에게 반항을 한다. 직장에서 해고당하고 다른 직장을 찾는다고 해도 그 행동을 고치지 않는 한 한 직장에 오래 머물지 못할 것은 불을 보듯 뻔한 일이다.

이런 여성은 직장에서의 자신의 행동이 부적합하다는 사실을 인식하는 것이 급선무이다. 자신의 좁은 가정 외에도 더 넓은 세계가 있다는 것을 알아야 한다. 그리고 다른 사람의 관심을 집중시키기 위해서 보다 긍정적이고 건설적인 방법을 선택해야 한다는 사실도 깨달아야 한다.

① 직장에 있는 사람들에 대해 우선 생각해 보라. 당신의 상사, 동료, 그리고 후배 직원들에 대해 생각해 보라. 그 다음 가족들에 대해

생각해 볼 필요가 있다. 가정에서의 당신의 위치는 어떠한가? 각각의 두 공동체에서 성취도가 가장 높은 사람과 가장 낮은 사람은 누구이며, 가장 믿음직한 사람과 가장 호감이 가는 사람, 그리고 가장 유능한 사람은 누구인가?

백지를 접어 한 면에는 가족들 목록을 작성하여 그들의 역할을 쓴다. 다른 한 면에는 직장의 일원들과 그들의 역할을 기록한다. 이렇게 하면 각각의 두 공동체에서 똑같은 역할을 하고 있는 사람을 쉽게 찾아 낼 수 있다.

② 직장에서 당신은 어떤 역할을 하는가? 가정에서는 과연 어떤 역할을 담당하는가? 위의 목록을 통해 직장에서 그리고 가정에서의 역할을 비교해 보았는가?

③ 회사 사장 앞에 서면 주눅이 드는가? 항상 호감을 사야 한다고 생각하는가? 다른 사람들이 칭찬을 받으면 질투가 생기는가? 형제, 자매 사이에서도 이런 식으로 반응하는가?

당신은 가족 중 믿음직한 유형의 사람이었는가? 직장의 동료들 중에서는 믿음직한 사람으로 인정받는가? 그리고 책임감이 강하지 못한 사람들 때문에 항상 피해를 본다고 생각하는가? 만일 당신이 의존적인 사람이라면 완벽하게 일을 처리하는 사람을 이용하는가? 만일 당신이 성취도가 낮은 사람이라면, 자신의 일을 처리하는데 있어 높은 성취도를 갖고 있는 사람의 도움을 얻으려고 하는가?

만일 당신이 온 가족의 관심과 사랑을 받았다면, 회사나 직장에서도 그런 관심을 받게 되기를 기대할 것이다. 가정에서 칭찬받는 유일한 방법이 우수한 학업 성적이었다면, 직장에서도 업적 달성을 위해 노력할 것이 분명하다. 그러나 성인으로서의 당신은 목전의 칭찬을 기대하기보다 먼 훗날 인정받게 될 때까지 기다려야 할지도 모른다.

④ 직장에서 얻고자 하는 것을 어떻게 얻을 것인가를 생각해 보라. 당신은 그것을 장난삼아 하겠는가? 어떤 사람에 의지해서 하겠

는가? 아니면 다른 사람을 배반하고 성취하겠는가? 만일 이런 상황이 직장이 아니고 집이라면 어떻게 하겠는가.

당신은 종종 다음과 같은 생각을 하는가?「내가 회사를 그만둔다면 아마도 그들은 애석해 할거야. 그리고 분명히 나를 그리워 하겠지.」이런 생각은 어린 시절 가출에 대한 상상과 거의 유사하다. 지각을 자주하여 질책을 받았을 경우 당신은 다음과 같이 말하는가?「죄송합니다. 중간에 사고가 생겼어요」혹은「정 그런 식으로 말씀하신다면 사표를 내겠습니다」아니면 아프다는 핑게로 다음날 결근하겠는가? 당신의 다양한 반응들은 어린 시절 부모에게서 꾸중을 들었을 때 대응하던 행동과 상당히 유사하다.

많은 사람들이 직장에서 만족을 느끼지 못하는 이유의 대부분은 그들이 집에서처럼 편하고 안일하게 행동하려고 하는데 있다. 당신은 더 이상 어린애가 아니다. 이제 선택의 자유가 있는 성인이다. 그러므로 보다 건전하고 보다 성숙된 행동을 선별할 수 있어야 한다.

◇ 검사 3 — 호칭

흔히 어린아이는 이름 말고도 여러 가지의 호칭이나 별명이 있다. 예를 들어 말괄량이, 아가, 귀염둥이, 공부벌레, 개구장이, 악동, 반항아, 순둥이, 공주님, 꼬마 등등이다. 그런데 이런 호칭이나 별명은 현재의 당신의 이미지에 영향을 주거나 부합되는 경우가 많다. 반면에 이런 별명과 부합되는 지난날의 행동은 성장하면서 현재의 당신과 전혀 동떨어져 보이는 경우도 있다.

① 어린 시절의 행동을 설명해 주는 호칭이나 별명을 생각해 보라. 그런 호칭이 실제로 사람들의 입을 통해 말로 불리워지지 않았을지라도 당신 스스로 추측할 수 있을 것이다.

② 이제 한 성인으로서 당신이 갖고 싶은 호칭에 대해 생각해 보라. 예를 들면 슈퍼우먼, 여장부, 요조 숙녀 등이 있을 것이다. 이런

것 이외에도「책임감이 강한」,「진취적인」,「유망한」,「인자한」,「친절한」등의 의미를 내포하고 있는 많은 호칭이 있다. 이 중 당신의 이미지는 과연 어디에 속하겠는가?

③ 마지막으로, 어린 시절의 호칭이 현재 새로운 호칭을 정하는데 있어 영향을 미치는가에 대해 자문해 보라. 예컨대 어린 시절의 별명이 말괄량이였는데 지금은 요조 숙녀라고 불리우고 싶다고 가정할 때 과거의 사내다웠던 기질이 새로운 이미지 개선에 여전히 방해가 될 수 있다는 사실을 알아야 한다. 어렸을 때에는 사람들이 순동이라고 불렀지만 이제는 보다 의지가 강한 인상을 주고 싶다고 가정해 보자. 이런 경우에도 역시 순한 과거에 이미지가 독자적이고 강인한 이미지로 변신하려는 당신의 계획을 방해할 수 있다.

④ 어린 시절의 호칭과 현재 불리우고 싶은 호칭을 나란히 쓴다. 어린 시절의 호칭 밑에 현재까지 남아있거나 기억나는 과거의 장점들을 기록한다. 그 다음 현재 불리우고 싶은 호칭을 적고 그 밑에 그 호칭을 얻기 위해 포기해야 한다고 판단되는 것들을 기록한다.

그래서 과거에는 말괄량이 소리를 들었지만 지금은 요조 숙녀의 이미지를 갖고 싶다면 사내아이 같은 기질을 버려야 할 것이다. 남자들과 자신을 비교하고 경쟁하기보다는 여자들을 경쟁의 대상으로 삼아야 한다. 과거에는 과잉 보호를 받고 자란 어린이였지만 이제는 독립적인 여성으로 성장하기를 원한다면 다른 사람의 보호를 받으려는 생각을 버리고 실수를 저질러 위기에 봉착하지 않도록 각별히 노력해야 한다.

물론 이러한 노력을 성공적으로 수행한다면 원하는 일을 해냈다는 자부심과 독립심을 보상으로 받게 된다. 그리고 다른 사람들을 의식하지 않고 자신의 삶을 스스로 이끌어 나간다는 자립심을 갖게 될 것이다.

한편 남성에 비해 여성에 대한 경제적인 보상이 열등한 사회에서는, 여성이 성공한 남자에게 의존하여 사는 것이 훨씬 유리하다. 물론 경제적으로 독립해서 살 수는 있다. 그러나 이런 경우에는 상당히 절약하며 살아야 하고 성공만큼이나 실패에 대해서도 책임을 질 수 있는 능력을 갖추어야 한다.

결론적으로 자신의 이미지를 개선하기 위해서는 그에 따른 노력이 필요하다는 것을 기억해야 한다. 큰 희생을 치르고라도 기꺼이 변신하고자 한다면 다음과 같은 사항에 대해 자신에게 솔직하게 물어보아야 한다.

당신은 새롭게 변신하는 것보다 현재의 자아상을 고수하는 것이 좋은가? 그 이유는 어디에 어디에 있는가? 현재 지니고 있는 물질적·정신적 요소들을 포기하고 싶지 않기 때문인가?

이런 질문에 대한 대답은 인간적인 도의와는 아무 관계가 없다. 당신이 어떤 결정을 내리든 가장 중요한 것은 자신에게 적합한 것을 선택해야 한다는 점이다. 일단 원하는 것을 선택하고 나면 자신의 인생을 주도해 나갈 수 있다는 확신을 얻게 된다. 앞으로 어떤 일이 벌어질 것인가에 대해서도 예견할 수 있게 된다. 마침내는 자신이 꿈꾸었던 새로운 이미지에 도달하게 될 것이다.

◇ 야망을 실현시킬 수 있는 자아상을 결정한다

모든 종류의 성격과 이미지에는 각기 장단점이 있다.

대개 차가운 인상을 주는 여성은 대부분의 사람들이 접근하기 어려우며, 많은 남성들에게 거리감을 준다. 더우기 동료 여자들 사이에서도 사적으로 정감을 느끼게 하지는 못한다.

반면 귀엽고 영리한 여성은 많은 사람들로부터 사랑을 받고 도와주려는 사람들도 많다. 그러나 그런 여성을 진심으로 생각해 줄 수 있는 작업 동료를 얻기 위해서는 많은 시간이 소요될 것이다.

차가운 인상의 여성이 귀여운 여성으로 변모하기를 원한다거나 그 반대로 성격을 개조한다는 것은 극과 극이기 때문에 거의 불가능하다. 그러나 이런 양극의 성격을 다소 완화시켜 각각의 단점을 보완할 수는 있다. 예를 들어 이지적인 여성은 말과 표정을 부드럽게 하여 사람들에게 쌀쌀하게 보이거나 거부감을 주지 않도록 조절할 수 있다. 또 귀여운 여성은 사람들에게 신중하고 사무적으로 보이기 위해 의상을 선택함에 있어 정장이나 점잖은 분위기의 옷을 입는다.

당신 자신이 어떤 유형의 인간인지를 파악하고 일과 생활에 유용하게 활용한다는 것은 대단히 중요하다.

◇ 검사 4 ― 자신이 원하는 자아상

① 의상을 중심으로 자신을 면밀히 관찰한다. 당신은 자신의 직업과 생활 방식에 맞는 외모를 갖추고 있다고 생각하는가.

② 만일 그렇지 않다면 다음의 개성들에 대해 연구하고, 자신이 원하는 개성 목록에 체크를 한다.

세련, 우아	남성적인
권위적	사무적인
창의적	캐주얼
매력적	여성적

당신이 원하는 이상적인 외모에 현재 얼마나 접근해 있는가? 만일 그렇지 않다면 어떻게 변화하고 싶은가? 그것이 단지 의상의 스타일과 칼라를 바꾸는 문제로 충족되리라 생각하는가? 의상의 변화에 따른 몸가짐의 중요성을 간과해서는 안 되는 것이다. 당신의 태도와 행

동거지는 당신이 계획하고 있는 외모와 이미지에 부적합하다고 느끼는가? 또 당신의 얼굴 표정은 어떠한가?

당신의 몸가짐과 태도는 사람들에게 어떤 인상을 주는가? 전신을 볼 수 있는 거울 앞에 선다. 그리고 자신의 평소 모습 그대로 자연스럽게 비추어 본다. 그러한 자신의 모습에서 나쁜 점이 있다면 바른 자세로 고친 다음 다시 살펴본다. 물론 앉은 자세도 좋고 선 자세도 좋다. 중요한 것은 자신의 몸가짐을 세세히 관찰하는 것이다.

당신의 자세는 과연 어떠한가? 안정감이 있는가? 불안정한가?

어딘가 불편해 보이는가? 온화한 모습인가? 긴장한 모습인가? 단정한 모습인가 아니면 그 반대인가?

평소 자세가 어떤 것인지를 확실히 파악하고 나면, 보다 안정감을 느낄 수 있는 이미지를 창출하기 위해서 변화를 시도할 수 있을 것이다. 예를 들어 현재의 이미지보다 친근감을 느끼도록 유도하고 싶다면 상대를 반가히 맞이하는 표정으로 대하도록 노력하며, 다른 사람에게 거부감을 주지 않기 위해서는 공격적인 태도를 삼가할 필요가 있다. 물론 자신의 개성을 무시하는 것을 좋아하는 사람은 없다. 그러나 극단적인 개성과 몸가짐은 고쳐 나가야 한다.

◇ 검사 5 ─ 장애 요인의 제거 방법

이 검사는 당신의 목표를 달성하는데 필요한 기술과 방법을 제시한다.

숲속에 발을 들여 놓았다고 상상해 보자. 숲을 통과 반대쪽으로 나가는 것이 현재의 목표이다. 막 한가운데를 걷고 있을 때 거대한 암벽이 가로놓였다고 상상해 보라. 과연 당신은 어떻게 대처하겠는가? 아마도 각양 각색의 대답이 나올 것이다. 무릎이 까지고 옷이 찢어지는 한이 있어도 그 암벽을 기어오르겠다, 암벽의 양옆을 주의깊게 살펴보아 혹시 출구가 있지 않은가를 검토한다, 출발한 곳으로 다시 돌아간다, 지나가는 사람을 기다려 그 사람의 도움을 청한다, 나무 위로 기어올라가 목적지를 관찰한다, 오래 걸리더라도 그 암벽을 때려 부순다 등등.

암벽은 당신의 진로에 있어 장애물이다. 당신이 그 암벽을 어떻게 처리하느냐 하는 방법이 곧 인생의 장애를 어떻게 헤쳐 나가는가를 의미 해 준다. 당신은 포기하겠는가? 어떤 어려움이든지 극복하겠는가? 다른 사람에게 의지하겠는가? 다른 방법을 찾아 보겠는가? 아무리 많은 것을 희생하더라도 기필코 장애를 극복하겠는가? 능히 극복할 수 있다고 자부하는가? 아니면 불가능하다고 생각하는가?

이제 실제의 삶과 연관시키기 위해, 지난날의 경험을 회상해 볼 필요가 있다. 숲속의 암벽과 같은 인생의 고달픈 장애를 상상해 보라. 당신이 새로운 목표를 달성하기 위해 매진하고 있는데 이런 암벽과 같은 문제가 발생했다고 가정해 보자. 당신의 진로를 방해하는 요소는 무엇인가? 과연 다른 사람의 도움을 청하지 않고 스스로 그 문제를 해결할 수 있는가?

자신의 목적을 꿋꿋하게 밀고 나가 달성하고야 마는 사람들은 대개 강한 자아상(自我像)을 갖고 있다. 이제 목표 달성을 위해 한 걸음 나아가라. 이 책에서 습득한 지식을 최대한 활용하라. 그리고 자신이 얼마나 새롭게 발전했는가를 살펴보라.

◇ 내적 변화→외적 변화→변화에 따른 제3자의 반응

인간성이 변화하고 개선되었을 때, 다른 사람들의 긍정적이거나 혹은 부정적인 새로운 반응에 대해 마음의 준비를 해야 한다.

새로운 이미지는 분명히 새로운 유형의 사람들과 친분 관계를 갖게 만들 것이다. 반면에 옛 친구들은 당신의 변신을 못마땅하게 여기고 예전의 당신 모습으로 돌아갈 것을 권유하기도 할 것이다. 어쩌면 그들은 당신에게서 멀어질지도 모른다.

만일 당신의 새로운 이미지가 목적을 성취하는데 절대적으로 도움을 준다면, 옛날의 그 인연을 유지하는 것이 과연 목적을 포기해야 할 만큼 중요한 것인가를 결정해야 한다. 예컨대 현재 비서실에 근무하고 있는데 장차 경영 책임자가 되고자 하는 꿈을 갖고 있다면, 그 비서 그룹에서 빠져 나오는 것이 중요하다. 분명히 동료들 중에는 당신의 그런 태도를 싫어하는 사람도 있을 것이다. 그러나 당신은 옛 동료들보다 크게 성장할 수 있다는 것을 명심해야 한다. 그리고 현재의 직책과 동료들의 권유를 뿌리치고 새로운 시도를 해도 좋을 시기를 포착하는 것이 무엇보다 중요하다.

변화를 시도할 때 기존의 어떤 것을 포기해야 한다는 것은 자명한 이치이다. 개선을 위해 포기해야 하는 것들 중 대부분은 초과 수화물에 지나지 않는다. 어떤 모임체에서 이탈하는 것은 물리적인 것보다 심리적으로 훨씬 고통이 따른다. 그러나 이것은 성장하면서 누구나 겪는 고통이며 완전한 성인이 되기 위해, 혹은 목표를 달성하기 위해 필수적인 단계이다.

당신의 이미지는 전체적으로 조화를 이루고 있는가

바바라 블레이스 (Barbara Blaes)

경영 관리자, 자유기고가, 교육자, 모델 등으로 활약했으며 미국 사설교육자문위원회의 고문으로 일했다. 현재는 워싱턴 DC에 있는 사무실에서 실질적인 외양 훈련과 언어와 행동 지침 등을 지도하고 있다. 즉 목표 설정, 대담 기술, 음성, 의상, 화장, 머리 모양, 다이어트, 운동, 그리고 몸가짐을 가르친다.

자네트라는 한 여성이 흥분해서 우리 사무실을 찾아왔다.
「저의 사회 생활은 형편없습니다. 얼마 전 저는 한 회사의 면접 시험에서 낙방했습니다. 제 친구가 당신을 찾아가서 도움을 청해 보라고 일러 주더군요. 제 친구 말에 의하면 저의 이미지는 뭔가 잘못되어 있다는 거예요. 저의 성격과 어울리지 않는다고 하더군요?」
그녀의 안경은 너무 크고 안경테는 어두운 색이었다. 입술은 분홍색 립스틱으로 치장을 하고 있었다. 그녀의 긴 상의는 꽃무늬가 있었고 거의 무릎에 닿을 정도였다. 게다가 치마는 무릎까지 닿는 길이였다.

그녀는 자신이 짧은 스커트를 입는 것에 대해 이렇게 설명했다.

「저의 외모는 평범한 편입니다. 그러나 각선미만은 예외적으로 날씬하고 예쁘다고 생각합니다.」

데니스라는 여성은 야망에 찬 변호사로서 어느날 우리 사무실을 찾아왔다.

「저는 변호사 업무를 잘 수행하고 있다고 생각했는데 사실은 그렇지 않았습니다. 저로서는 이 상황을 납득할 수가 없습니다.」

그녀는 밝은 색의 옷을 좋아하지는 않았지만, 의도적으로 환한 색깔의 옷을 입고 다녔다. 왜냐하면 학창 시절 한 친구가 그녀에게 이런 충고를 해주었기 때문이었다.

「너는 생기가 없어 보이기 때문에 붉은 색과 노란색 옷을 자주 입어서 외모에서 풍기는 이미지를 개선하는 것이 좋을 것 같구나.」

그녀는 화려한 색의 옷을 즐겨 입고 머리는 파마를 해서 어깨까지 늘어뜨렸다. 이렇게 머리 모양을 강조한 것에 대해 그녀는 다음과 같이 설명했다.

「저는 사실 예쁜 데라고는 하나도 없거든요. 그래서 밝은 옷을 입으므로써 사람들의 눈길을 끌고 싶었고, 머리 모양을 파라 포세트처럼 매력적으로 다듬는다면 적어도 그 한 가지는 예쁘게 보이리라고 생각했습니다.」

세번째로 마가렛이라는 여성은 다음과 같은 고민을 털어놓았다.

「아무도 저의 생각에 귀를 기울여 주지 않습니다. 제가 회사에 제출한 제안이나 의견은 거의 받아들여지지 않은 형편입니다. 사실 저는 업무에 대해 잘 알고 있을 뿐 아니라 외모도 신경써서 가꾸고 있습니다. 무엇이 문제일까요?」

이 여성은 천부적인 미인이었다. 그러나 그녀의 정성들인 머리 모양과 진한 화장은 흰 부라우스를 바쳐 입은 파란색 정장과 상당한 대조를 이루고 있었다. 붉은 매니큐어를 칠한 긴 손톱에는 장미 모양이 그려져 있었다. 화려한 머리 모양과 진한 화장, 그리고 특이한 손톱 치장에 대해 그녀는 이렇게 말하고 있다.

「저는 대개 남자들과 함께 일을 합니다. 그래서 그들의 관심을 손이나 얼굴로 유도하고 반대로 저의 각선미에는 그들이 관심을 갖지 않도록 해야 한다고 생각했습니다.」

위의 세 여성은 본질적으로 유사한 실수를 저지르고 있었다. 그들은 모두 소위 말하는 「이미지의 조화」가 결여되어 있었다. 이미지를 형성하고 있는 각각의 요소들이 서로 모순되어 있었던 것이다. 즉 의상, 장신구, 머리 모양, 화장, 화술, 음성, 몸가짐 그리고 매너 등이 서로 조화를 이루지 못하고 있었다. 그녀들이 성공하고자 노력하는 업무 환경과 그녀들의 위와 같은 이미지들이 서로 동떨어져 있다는 느낌을 주었다. 아뭏든 전반적인 인상은 그들 자신 스스로가 어떤 사람인지 모르고 있는 것 같았으며 미래에 대한 방향도 파악하지 못하고 있는 것 같았다.

자신의 이미지를 개선, 발전시키고자 하는 여성은 누구나 우선 다음 세 가지 질문에 대답해야 한다. 가능한 한 정직하고 객관적인 견지에서 대답하는 것이 중요하다.

① **당신은 자신이 어떤 유형의 사람인가에 대해 정직하게, 그리고 자주 분석해 보는가?**

고의적으로 자신의 이미지를 형성해 가든 아니든 사람들은 저마다 각기 다른 자기 이미지를 갖고 있다. 당신은 과연 어떤 종류의 이미지를 갖고 있는가. 또 그 이유는 어디에 있는지를 살펴보기로 하자.

사람들이 생각하고 말하는 것은 대개 어린 시절의 경험의 영향을 받는다. 예컨대 당신이 막내로 자랐고, 그래서 항상 어린아이 취급을 받아왔다고 가정해 보자. 그렇다면 그것은 늘 당신의 가슴 속에 불만스럽게 자리잡고 있게 될 것이다.

어른이 된 후 이런 감정을 극복하기 위해 대부분의 사람들은 노력한다. 결국 옷을 어른스럽게 입고 화장이나 머리 모양에도 신중을 기하게 된다. 이런 환경에서 성장한 사람은 「저는 총명하고 책임감도 강합니다. 제발 어른으로 신중하게 대해 주십시요」하고 항상 마음 속으로 외치고 있다.

옷을 입는데도 부모의 취향이 상당히 작용한다. 어린 시절 엄마가 자기에게는 분홍색과 푸른색 옷만을 사주고 동생에게는 노란색과 녹색 옷만 입혔다고 하는 한 여성은 「오늘날까지도 노란색 옷을 보면 저 옷은 내 동생 옷이라는 생각을 무의식중에 갖게 됩니다」하고 말할 정도였다.

어떤 상담자는 딸만 넷인 집안에서 자랐는데 항상 레이스나 리본이 달린 옷만을 입고 컸다고 했다. 그녀는 「완전한 성인이 된 지금도 어린아이처럼 리본이나 레이스가 장식된 옷만 눈에 띕니다」하고 말했다.

남자 형제들 사이에서 외동딸로 자란 사람은 아마도 사내아이 같은 옷만 입고 자랐을 것이다. 그리고 외모에 관심을 갖는 것을 사소하게 취급하는 가정 환경에서 자란 사람은 별로 멋을 부리지 않을 것이다.

다음에는 키와 몸집의 크기에 대한 당신 가정의 반응에 대해 고려해 보자.

어떤 가정에서는 몸무게가 많이 나가는 듬직한 사람을 선호한다. 심지어는 그런 사람이 건강할 뿐만 아니라 신빙성이 있고 착실하다고까지 생각한다. 따라서 그런 가정에서는 마른 사람을 마치 믿을 수 없고 천박한 유형의 사람으로 단정짓는다. 만일 당신의 가정이 이런 생각을 갖고 있다면, 분명히 날씬해지기 위해 노력하지 않을 것이다.

말과 음성 역시 어린 시절의 경험이 크게 영향을 미친다. 만일 당신이 사람들로부터 목소리를 낮추라는 지적을 받거나 목소리가 귀에 거슬린다는 책망을 종종 듣는다면 평소 가정 내에서의 의사 소통의 방법을 생각해 보면 이해가 갈 것이다. 아마도 당신 가정에서는 소리를 지르고 싸우듯이 언성을 높이는 경우가 많을 것이다.

반면에 조용한 가정 환경에서 성장하여 언성을 높일 일이 거의 없는 경건한 분위기 속에서 단련 되어 왔을지도 모른다. 그래서 말소리를 크게 하는 것은 경박스럽다고 배워 왔을 수도 있다.

이런 환경에서 성장한 어떤 여성은 다음과 같은 고민을 털어놓았다.

「저의 어머니는 침묵은 금이라고 가르쳤어요. 그러나 성인이 되어 토론 장소에 나가게 되었을 때 제 의견을 주장하는데 어려움이 많았습니다. 특히 열띤 논쟁이 벌어질 때에는 더욱 말하는 것이 어렵습니다.」

마지막으로 다음과 같은 문제에 대해 생각해 보라. 우리집에서는 내가 성장하고 난 후 중요한 문제에 대해 자신의 의견을 표현하도록 용기를 북돋아 주었는가? 아니면 그런 문제는 남자들만의 특권이었는가?

우리들은 종종 친구들의 비판이나 견해에 지나치게 사로잡힌다. 앞의 예에서도 한 여성이 동료의 비평에 의해 화려한 색의 옷을 입으므로써 기운이 없어 보이는 자신의 이미지를 개선하려고 했었다.

친구나 동료의 견해와 충고들은 당신의 이미지를 개선하는데 공헌하기도 하고 그렇지 않은 경우도 있다는 사실을 기억해야 한다. 따라서 우리가 계속해서 마음 속으로 평가해야 할 것은 「현재의 나는 진정한 나인가」이다.

10년 전과 현재의 환경이 극적으로 변화했다고 해도 당신은 예전과 같이 옷을 입고 말하며, 예전과 같이 행동할 수도 있다. 만일 당신이 이런 경우라면 바로 지금이 새로운 환경에 맞게 변화해야 할 적시라고 생각해야 한다.

과거뿐만 아니라 현재도 당신의 이미지에 지대한 영향을 준다. 「저의 남자 친구는 제가 머리를 짧게 자르는 것을 싫어합니다」혹은 「제 남편은 제가 화장하는 것을 싫어합니다」하는 등등의 말을 필자는 수없이 들어왔다.

한 회사의 사장이 회사에 들어서면서 한 동료에게 다음과 같이 말하는 것을 과연 상상할 수 있겠는가?

「내 아내가 우겨서 장미 무늬가 있는 분홍색 넥타이를 매고 나왔어.」

기억해 두어야 할 교훈은 남자들의 견해에 의해 당신의 생각을 무조건 무시하지 말아야 한다는 것이다. 물론 인생에 있어 상대 남자를 기쁘게 해주는 것은 바람직한 일이다. 그러나 자신에게 적합한 최선의 이미지를 발견하고 개발해 나가는데 장애가 되는 견해라면 고려해 보아야 한다.

새로운 이미지를 형성하기 이전에 주변의 방해 요소들을 제거하고 자기 자신을 정직하게 재평가해야 한다. 자신을 차분히 오래도록 관찰할 필요가 있다. 당신의 단점과 장점을 모두 솔직하고 주의깊게 관찰하고 분석해야 한다. 그러나 자신의 결점을 과장해서 생각하지는 말아야 한다. 많은 여성들이 자신의 사소한 결점을 숨기기 위해 지나치게 신경을 쓴 나머지 오히려 그들의 전체 외모를 망친다.

어떤 여성은 자신의 약간 큰 턱과 균형을 맞추기 위해 머리를 위로 빗어 올리고 다녔다. 강의 시간에 필자가 이런 실례를 들었을 때 어떤 여성이 다가와서 이렇게 말했다.

「저도 머리를 그렇게 위로 빗어 올리고 다닙니다. 제 경우는 턱 때문이 아니라 팔이 너무 굵어서지요.」

이들은 스스로 결점이라고 생각하는 부분을 지나치게 보상하여 더 큰 문제점을 야기시키고 있었다.

이와는 반대로 장점을 너무 강조한 나머지 전체 이미지를 왜곡시키는 경우도 있다. 맨 처음의 예에서 짧은 스커트를 즐겨 입었던 여성을 상기해 보자. 그녀는 매력적인 다리에 눈길을 끌기 위해 미니 스커트를 입고 다녔다. 그리고 머리 모양을 지나치게 강조했던 여성도 있었다. 어떤 한 부분이 매력적이라고 해서 그것만 유독 강조하는 것은 좋지 않다. 항상 전체적인 균형을 염두에 두는 것이 중요하다. 따라서 당신의 약점과 장점에 대해 가능한 한 객관적인 안목을 가져야 한다.

당신이 원하는 유형의 새로운 이미지를 형성하기에 앞서 현재의 진정한 자신을 파악하는 일이 선행되어야 한다. 이상적이라고 생각되는 새로운 이미지가 당신에게는 전혀 어울리지 않을 수도 있다.

상담을 신청한 한 여성은 그녀의 성품과는 전혀 어울리지 않는 이미지를 선택하는 오류를 범한 적이 있었다. 그녀는 사교적인 모임에서 주목을 받기를 원했다. 모임 등에서 홀로 외톨이가 되어 서있는 것이 그녀에게는 고역스러운 일이었기 때문이었다. 마침내 그녀는 밝고 화려한 옷을 입어 보다 예쁘고 대담하게 보임으로써 자신의 천성적인 수줍음을 극복하기로 마음먹었다. 마침내 그런 자리가 마련되었을 때 그녀는 몸에 꼭 끼는 붉은 색 옷을 입고 참석했다. 결국 그녀는 남자들의 희롱거리가 되었고, 여자들에게서는 빈축을 샀다.

그런 반응을 얻게 된 원인은 무엇일까? 소심하고 얌전한 여자가 느닷없이 선정적인 붉은 색 옷을 입고 나타나 사람들을 놀라게 만든 것이다. 이 경우는 자신의 이미지와는 너무 대조적인 의상을 선택하여 실패한 예이다.

그녀의 얌전한 성격과 외모는 그런 강렬한 옷을 소화해 낼 수 없었다. 만일 그녀가 조금만이라도 외향적인 성격이었다면 그 옷이 어울렸을 것이다. 물론 외적인 이미지의 변화가 행동 자체에 영향을 미칠 수도 있다. 그러나 위의 여성은 지나친 변화를 시도했기 때문에 실현이 불가능했다.

어떤 유명한 디자이너는 말하기를, A라는 사람과 B라는 사람이 똑같은 치수의 옷을 입는 경우는 있을 수 있으나 A를 위해 디자인한 옷이 B에게는 결코 어울릴 수 없으며 그 반대의 경우도 마찬가지라고 했다. 사람들은 각기 다른 성격을 갖고 있으며 의상도 마찬가지라고 했다.

사람들은 각기 다른 성격을 갖고 있으며 의상도 거기에 맞추어 입을 필요가 있다.

② 나의 이미지를 형성하고 있는 모든 요소들은 서로 조화를 이루고 있는가?

대개 성공한 여성들을 보면 모든 이미지가 훌륭하게 융합된 사람들이다. 즉 외양과 행동이 어우러져 지속적이고 확고 부동한 하나의 이미지를 창출해 낸 여성들이다. 조각난 이미지들의 집합으로서가 아니라 완전한 조화로 이루어진 자기 이미지를 갖고 있는 것이다. 그들의 외모와 말씨, 그리고 매너는 서로 상호 보완적인 역할을 하여 훌륭한 이미지를 만들어 내고 있다.

그러나 대부분의 여성들은 완벽한 자기 이미지를 갖고 있지 못하다. 그래서 주위 사람을 끌어당기고 영향을 주기보다는 오히려 혼돈을 주며 모순된 메시지를 전달하는 경향이 많다.

거의 완벽하나 단 하나의 부조화한 요소에 의해 전체 이미지가 불협화음을 이루고 있는 여성들을 많이 보았다. 여기에 그 몇 가지 예가 있다.

- 남자 양복과 같은 정장을 입고 속을 꽉 채운 황갈색 숄더백을 매는 경우.
- 원숙한 경지에 도달한 간부 사원이 손톱에 짙은 빨강색 매니큐어를 칠하고 있는 경우.
- 유능한 비서임에도 불구하고 어깨를 축 늘어뜨리고 발을 질질

끌면서 걷는 여성의 경우.

● 평소에는 물론 심지어는 회사 내 운동회 선수로 활동하는 때에도 변함없이 벌집 모양의 머리만 고수하는 경우.

어떤 여성들은 외모의 어느 한 가지만 문제가 아니라 전반적으로 문제점이 있는 경우도 있다. 어느 일류 대학에서 한 여학생을 인터뷰에 보냈다. 며칠 뒤 대학은 그녀를 인터뷰한 회사로부터 다음과 같은 전갈을 받았다.

「추천하신 학생을 잘 만나 보았습니다. 그녀는 말도 잘 하고, 성적도 좋았습니다. 외모도 그만하면 썩 훌륭한 편입니다. 그러나 머리와 얼굴이 단정치 못했다고 생각됩니다.」

말할 것도 없이 그 여학생은 면접에서 떨어지고 말았다. 그녀와 반대로 머리와 화장을 공들여서 단장하고 옷은 엉망으로 입는 경우도 결과는 마찬가지이다.

모순된 이미지를 갖고 있는 여성은 사람들에게 혼돈을 일으킨다. 예컨대 옷은 여자답게 입으면서 외설스럽고 거친 말을 하는 여성들이 있다. 말로는 상대방의 충고를 귀담아 듣고 있다고 하면서 팔장을 끼고 건들거리며 실눈을 뜨고 있는 경우도 있다. 이런 경우 비록 직접적인 말로 반대 의사를 표하지는 않았지만, 태도로 이미 반대 의사를 말한 것이나 다름없다.

③ 나의 이미지는 나의 환경과 조화를 이루고 있는가?

당신이 원하는 이미지를 이미 결정했다면, 그 이미지를 철저히 분석하고 그 이미지와 걸맞지 않는 외모와 행동들을 상세하게 기록한다.

그 다음 단계는 그 이미지가 당신의 역할에 적합한가를 결정하는 것이다. 만일 당신이 전문적인 일에 종사하고 있다면, 그 일에 맞는 이미지를 갖고 있는가? 만일 당신이 사교적이 환경에서 일을 한다면 과연 그 환경에 적합한 이미지를 갖고 있는가?

당신의 이미지를 객관적으로 분석해 보라. 즉 의사 전달의 한 형태로써 자신의 이미지를 생각해 볼 필요가 있는 것이다.

사람들은 대부분 상대방이 자신에 대해 긍정적인 반응을 보이기를 기대한다. 예컨대 취업을 하려고 할 때나, 혹은 회사에서 근무를 하고 있을 때 피고용인에게 당신의 헌신과 충성도, 착실성과 근면성을 나타내 보이고 싶을 것이다. 이런 특성을 전달하기 위해서는 절대로 선정적이거나 지나칠 정도로 캐주얼하고 경박스러운 옷은 입지 말아야 한다.

한 대기업의 간부 직원은, 어떤 여성은 옷을 지나치게 캐주얼하게 입어 직장에 나오는 것이 아니라 피크닉을 가는 것처럼 보인다고 말했다. 그는 또 그런 여성들은 진심으로 회사 일에 열중하고 있다는 확증을 보이지 않는 한 절대로 성공할 수 없을 것이라고 덧붙였다. 또 다른 간부 한 사람은 이렇게 말했다.

「저의 회사의 한 여직원은 머리 단장과 옷에 지나칠 정도로 신경을 씁니다. 그래서 처음 보는 사람은 지나치게 화려한 그녀의 외모에 거리감을 느낄 것입니다. 일에 있어서는 매우 유능하므로 승진하는데 추천해 주고 싶지만 추천을 받는다고 해도 위에서 탈락시키고 말 것입니다.」

여성들의 이미지가 전달하는 각기 다른 메시지에는 몇 가지 전형적인 유형이 있다.

- **소박한 주부형의 여자**

이런 여성은 지나치게 잘 웃고 실수를 하는 경우 쉽게 사과한다. 종종 자신의 의견을 「저의 남편이 말하기를……」하는 식으로 말한다. 의상도 평범하고 무난하며 어떤 경우에는 진부한 것을 즐겨 입고 굽이 낮은 단화를 좋아한다. 동료 남자 사원에게서 칭찬을 듣게 되면 작은 선물 등으로 감사의 뜻을 전하기도 한다.
⇒ **메시지**:저는 제 자신의 확고한 견해를 갖고 있지 않습니다. 만일 당신이 저에게 친절하게 대하지 않는다면 저는 어찌할 바를 모르고 당황하게 됩니다.

- **변덕스러운 여자**

많은 직장 여성들이 자기만의 분위기와 외모에 도취되어 있다. 그들은 정장을 입기도 하고 촌스러운 옷을 입기도 하며 어떤 날은 이상한 나라의 앨리스처럼 하고 나타나기도 한다. 머리 모양도 수시로 바뀌고 신발도 자주 갈아 신는다. 그들은 항상 새로운 것만을 추구하고 유행을 따른다.
⇒ **메시지**:나는 정서가 불안정합니다.

- **선정적인 유형의 여자**

몸이 드러나는 옷을 입고 화장을 진하게 하며 굽이 상당히 높은 하이힐을 신는다. 남자와 만날 때에는 눈을 내리깔고 있으며 잘 웃는다. 가만이 있다가 머리를 쳐들기도 하며 여자다움을 과시한다.
⇒ **메시지**:나의 첫번째 관심사는 내가 당신에게 성적 매력이 있는 여성으로 비치느냐의 여부입니다. 어렵고 힘든 일은 딱 질색입니다.

- **시대에 뒤떨어진 여자**

이런 여성은「나는 왜 상사로부터 인정받지 못하는 것일까」하고 고민하면서 직업 상담원과 많은 상담을 한다. 머리 모양은 물론 옷, 안경 그리고 구두까지도 구식이어서 시대에 뒤진 느낌을 준다. 때때로 비만형이며 화장은 거의 안 하거나 전혀 하지 않는다.
⇒ **메시지**:나는 변화를 싫어하며 어떤 류의 새로운 생각에도 동조할

수 없습니다.

- **여자답고 연약한 유형**

  목소리가 부드러우며 여자답게 말을 한다. 대개는 레이스나 주름이 있는 옷을 좋아한다. 직장에서 동료를 부를 때에도 항상 정중하다. 아주 조그마한 문제만 생겨도 남성 동료의 조언을 청한다.
  ⇒ **메시지**:나는 크고 중대한 일을 감당할 능력이 없습니다. 누군가의 보호가 필요합니다.

- **무관심한 여자**

  이런 유형의 여성들은 외모에는 거의 관심이 없다. 그들은 건강이 별로 좋지 않으며 매사에 서툴고 기가 죽어 있는 경우가 많다. 어떤 여성들은 자신이 유능하고 능력이 있는데도 불구하고 스스로를 비하하고 부정적으로 생각한다. 옷을 입는데 있어 별 특징이 없으며 머리도 자주 감지 않는다.
  ⇒ **메시지**:나는 외모는 물론 자신에 대해서도 관심이 없습니다.

물론 위의 각 유형에 꼭 들어맞는 사람은 거의 없을 것이다. 그러나 만일 당신이 이런 유형에 다소나마 소속된다고 판단되면, 유의해야 한다. 당신이 계획하는 새로운 이미지는 이러한 당신의 단점들을 과감히 수정할 수 있어야 한다.

모든 전문 직업에는 그에 따른 특정 이미지와 업무가 있기 마련이다. 예를 들어 변호사는 정장을 하고 그에 맞는 정중한 처신을 기대하게 된다. 반면에 패션 업계에 근무하는 여성은 의상부터 다채롭고 강한 인상을 준다.

가장 일반적인 실수 중 하나는 유행을 지나치게 추구하는 데 있다. 이런 여성들은 매력과 유행을 혼돈하고 있다. 꼭 끼는 진과 뒤가 많이 타진 스커트, 어깨까지 드러난 T셔츠나 블라우스 그리고 몸의 곡선이 지나치게 드러나는 원피스 등을 입고 다니는 여자들이 있다. 이들 중에는 의도적으로 그렇게 하는 여성도 있으나 대부분은 자신의 모습이 사람들의 눈에 어떻게 비치는지를 전혀 모르고 있다. 더우기 같은 여자들도 그런 의상에 대해 부정적이라는 사실을 알게 되면 의외로 깜짝 놀란다.

◇ 이미지를 개선하여 성공한 사례

이 장의 첫번째 예에 나왔던 자네트라는 여성은 마침내 외모의 결점을 보완하고 효과적인 새로운 이미지를 갖게 되었다.

처음에 그녀는 가장 자신있는 다리를 강조하기 위해 어울리지 않는 짧은 스커트를 입고 있었다. 그러나 필자와 상담을 통해 외모에 변화를 주었다. 목선이 둥근 적갈색 블라우스에 짙은 회색 정장(스커트 길이를 적당히 함)을 입고 작은 금 귀걸이를 했다. 머리는 단정하게 잘라 약간 단장을 했다. 검정색의 조그마한 숄더백을 매고 검정색 구두를 신었다.

그녀는 자신의 변화된 외모에 만족하고 자신감있게 다시 그 회사를 찾아갔다. 마침내 그녀는 면접에서 낙방했던 그 회사에 당당하게 합격했다.

「저를 대하는 태도가 그렇게 달라질 수 있다는 데에 저는 깜짝 놀랐습니다.」

의상은 자신을 표현하는 수단이다

윌리암 투얼비 (william Tourlby)

모델과 배우, 그리고 영화 제작자로서 25년의 경력을 갖고 있으며 최근에는 의상 제작자로서 활약하고 있다. 그는 기업체의 간부나 전문가들을 위해 이미지 개선에 대한 세미나를 개최하고 있다. 그의 이런 사업은 닉슨과 카터 대통령 등의 지지를 받았다.

「사람의 인상은 사회 생활을 하는데 크게 작용한다. 그래서 자신의 인상과 이미지를 긍정적으로 개선하므로써 보다 성공적인 사회 생활을 할 수 있다. 그러기 위해서 먼저 자신의 행동이 상대방에게 어떠한 인상을 남기는지를 알아야 한다. 다른 사람들의 행동도 유심히 관찰하고 필요하다면 자기 것으로 습득할 수 있어야 한다. 보다 바람직한 자기 이미지를 만들기 위해 언어나 비언어 행동을 세심하게 수정해 갈 필요가 있다.」

이상은 사회심리학자 로렌스(Laurence S. Wrightsman)가 한 말이다.

행동과학과 사회심리학은 외모나 행동이 다른 사람에게 미치는 영향에 대해 우리들에게 가장 많은 것을 가르쳐 주는 학문이다. 외모에 대한 통찰력은 정치학과 문학 그리고 인류학과 같은 다른 학문에서 유래되었다. 그러나 사회적인 상호 작용이라는 전반적인 영역을 연구한 것은 사회심리학이다. 사회심리학자들은 가장 일상적이고 비형식적인 인간의 행동을 연구했다.

그들은 주장하기를 사람들을 다른 사람을 대할 때마다 무의식적으로 상대에 대한 즉각적인 평가를 내린다고 했다. 소위 「첫인상」이라고 불리우는 이것은 당신이 입을 떼기도 전에 직관에 의해 결정이 난다(그 다음 당신이 첫마디를 한 후 두번째 인상이 결정된다).

우리들은 모두 옷을 입고 사회 생활을 하며 당신의 외모의 90%는 모두 옷으로 덮혀 있다. 이런 점을 고려해 볼 때 첫인상의 90%는 당신의 의상에 대한 인상이라고 해도 과언이 아닐 것이다.

당신을 처음 보는 순간 상대방은 당신에 관계된 다음 열 가지를 파악한다.
① 경제적인 수준
② 교육의 수준
③ 신뢰성
④ 사회적인 위치(당신 자신의)
⑤교양의 정도
⑥ 부모나 조상의 사회적인 위치
⑦ 부모와 선조들의 교육 수준
⑧ 부모와 조상의 경제적인 수준
⑨ 성공 가능성(자아실현을 위한 과거와 현재의 노력 여부)
⑩ 도덕성

사회 생활을 성공적으로 하기 위해서는 이런 각각의 범주에 대해 상대로부터 유리한 평가를 받아야 한다.

물론 좋은 첫인상을 갖고 있다고 해서 사회 생활이나 업무를 하는 데 있어 절대적으로 그 사람이 유능하고 성실하다고 말할 수는 없다. 책의 표지만 보고 그 책을 이해할 수 없듯이 이것 역시 성급한 오판

일 수도 있다. 그러나 인간은 이성과 판단력을 갖고 있다. 즉 생사를 단지 순간적이며 본능적인 반사 작용에 의존하고 있는 정글의 잠승들과는 다르다.

인간도 물론 반사 작용에 의존하여 행동하는 수도 있다. 그러나 인간의 경우는 그것이 물질적인 것이 아니라 정신적인 것이라는 점이 다르다. 세월이 흐르고 경험이 쌓임에 따라 사람들은 차츰 상대방의 의상과 외모, 그리고 언행을 통해 그 사람됨을 읽을 수 있게 된다. 이것은 침묵의 언어이며, 사람을 파악하는 지름길이기도 하다. 이런 요소들은 상대방의 정직성과 배경, 친절성, 태도 그리고 의향 등을 파악하는데 도움을 준다.

이러한 필자의 견해에 대해 반대하는 사람들도 있을 수 있다. 자신은 절대로 외모로 사람을 판단하지 않는다고 말하는 사람도 있다. 그러나 자신이 의식하지 못하는 사이 상대를 어느 정도 외모로 평가하고 있는 것이 사실이다. 말일 당신이 이런 필자의 생각에 전혀 동조할 수 없다면 다음과 같은 상황을 상상해 보라.

따듯하고 상쾌한 저녁, 활짝 열어 놓은 창문으로 부드러운 미풍이 불어오고 당신은 빈 집에 혼자 있다고 상상해 보라. 저녁을 먹고 설것이를 하고 나니 해는 완전히 넘어가 밖은 깜깜해졌다. 이때 초인종이 울렸다. 밖에 나가 보니 대문 앞에는 몸집이 큰 낯선 남자가 서있다. 머리는 길고 헝클어져 있으며 옷은 헐렁하고 단정치 못했다. 큰 장화 같은 것을 신고 한 손에는 커다란 여행 가방을 들고 있다. 그의 몸에서는 땀 냄새가 물신 풍겼다. 넥타이는 풀어져 있고 셔츠의 단추도 열려 있었다. 그는 자동차가 고장났다고 말하면서 전화좀 빌려 쓰자고 말했다.

당신은 과연 이런 상황에서 그에게 문을 열어 주겠는가? 단 몇 초만에 당신은 그 사람을 파악할 수 있을 것이다. 물론 이 예는 좀 과장되어 있기는 하다. 그러나 사람의 외모가 얼마나 중요한가를 단적으로 보여 주고 있다.

옷차림과 외양은 우리가 사람을 판단하기 위해 사용하는 가장 중요한 척도에 속한다. 성직자 복장을 한 사람이 강간을 하고 강도질을 하는 모습을 상상할 수 있겠는가. 권위를 상징하는 제복을 입은 사람이 망나니처럼 행동하는 것을 상상할 수 있겠는가. 우리는 무의식적으로 사람의 옷차림과 외모로 그 사람을 평가하는데 익숙해져 있다.

그러나 이런 사실을 알고 있다고 해도 사람들의 긍정적인 평가를 받기 위해 옷차림과 태도를 개선한다는 것은 그리 쉬운 일이 아니다. 불행하게도 우리들은 변혁이나 개선을 거의 시도하려고 하지 않으며, 자신의 외모가 상대방에게 어떤 인상을 주는지에 대해 알려고 하지 않는다.

자신의 이미지를 분석하기 위해서는 다른 사람들을 먼저 주의깊게 관찰하고 평가할 필요가 있다. 자신의 선망의 대상인, 성공한 여성의 외모와 자신을 비교해 보는 것도 좋은 방법이다.

직업에 따라 의상이 상당히 다를 수 있다. 예컨대 은행이나 사무실에서는 도저히 입을 수 없는 화려한 의상도 의상실이나 패션 전문 회사에서는 가능하다.

이제 당신은 자신의 외모에 대해 보다 비판적인 눈을 갖게 될 것이다. 당신의 미래를 위해 가치있는 일이라고 생각된다면 그 일을 위해 당신의 의상에 시간과 돈을 투자할 필요가 있다. 그리고 나름대로 외모에 완벽을 기했다고 판단되면 그 일에 대해서는 일단 신경을 쓰지 말아야 한다. 꼭 성사시켜야 할 업무에만 전념하는 것이 현명하다. 이런 태도는 상대에게 좋은 인상을 줄 것이다.

상대방에게 좋은 인상을 남기기 위해 필요 이상으로 치장하는 것은 지양해야 한다. 다만 당신이 갖추고 있는 능력과 경험을 솔직하게 드러낼 수 있을 만큼만 자신을 과시하면 된다. 그럴 경우 긍정적인 반응을 얻는데 당신의 외모는 적지 않게 작용할 것이다. 어떤 사회학자는 이렇게 말했다.

「세속적인 지혜는 분에 맞게 옷을 입는 것보다 다소 분에 넘치게 옷을 입는 것의 타당성을 가르치고 있다. 특별한 경우가 아니 한 모든 사람들은 우리가 어떻게 옷을 입고 있는가를 보게 되며 우리가 어떻게 생활하는가를 보지는 않는다.」

만일 당신이 인생의 변화를 계획하고 있다면, 많은 기회를 얻을 수 있도록 첫인상을 개선하는 방법을 배워야 한다.

Part2

**매력적인 여성을 위한
외면적 에티켓**

외모의 개선을 통한 새로운 이미지 확립

생활 방식에 어울리는
기본 의상의 준비

버지니아 릭터(Virginia Rickter)

패션 디자인과 의상을 연구하였고 인성 개발 교육에도 관계했으며 전문적인 모형 제작에도 관심을 보였다. 현재는 의상 상담과 쇼핑 전략 등을 전문으로 하는 회사를 경영하고 있다.

이 장에서는 제한된 예산으로 기본적인 의상을 구입하는 방법에 대해 단계적으로 충고해 줄 것이다.

◇ 옷장을 정돈하는 것이 중요하다

대부분의 여성들은 자신의 옷장을 낯선 사람들에게 보여 주는 것을 꺼려 한다. 마치 자신의 속마음을 드러내는 것처럼 생각하여 감추고 싶어한다.

수년간의 상담을 통해 필자는 소위 「문제성 있는 옷장」을 많이 보아왔다. 만일 옷으로 가득차 있는 당신의 옷장 문을 열었을 때 정작 입을 만한 것이 하나도 없어 고민해 본 적이 있다면 당신 역시 문제성이 있는 여성에 속한다. 당신의 옷장은 문제성이 있는 것이다.

당신은 의상 문제를 개선하기에 앞서 옷장을 깨끗하고 완벽하게 정리해 두어야 한다. 옷장 안에 수년 동안 입지 않은 옷이나 충동 구매로 구입한 어울리지 않는 옷들로 가득 차있는 한 유능하고 계획성이 있는 사람으로 인식되기란 불가능한 일이다. 옷장이 엉망이라면 즉시 그것부터 시정해야 한다. 이것이 이미지 개선을 위한 가장 기본적인 단계이다.

- **옷장의 정리**

그 첫단계는 분류하는 것이다. 입을 옷과 입지 않을 옷을 가려 낸다. 앞으로 입지 못할 옷은 그 원인이 어디에 있는가를 살피고 다음 쇼핑 때에는 그런 옷을 피하도록 한다.

1년이나 그 이상 한 번도 입지 않았던 옷은 과감하게 제거한다. 한 여성은 옷장 안에 누렇게 변한 흰색 제복을 갖고 있었다. 필자가 놀라 그 이유를 묻자 그녀는 이렇게 대답했다.

「예전에 입었던 간호원 제복입니다. 일하러 가야 할 경우를 대비해서 거기에 걸어 놓았습니다.」

알고 보니 그 제복은 20년 동안이나 옷장 안에 걸려 있었다. 필자는 마침내 그녀를 설득하여 그 제복뿐만 아니라 깨끗하게 옷장을 정리하게 했다. 입을 수 없는 옷을 제거했다면 그 다음 단계는 남은 옷들을 정돈하는 것이다. 첫번째로는 계절별로 분류한다. 즉 봄, 여름 옷과 가을, 겨울 옷을 양분하여 정돈한다. 이렇게 함으로써 1년 내내 똑같은 옷을 쳐다봄으로써 무의식중에 느껴지는 싫증을 방지할 수 있다.

옷을 걸어 놓을 때도 정장과 활동복 등 용도별로 구분하는 것이 좋다. 이런 범주 내에서 다시 밝은 색 블라우스에서 짙은 색으로 배열한다. 또한 스커트, 바지, 그리고 정장 등을 분류하고 가능하다면 특별한 예복과 코트는 다른 옷장에 분리시키는 것이 바람직하다.

◇ 체형을 확실하게 파악한다

용기를 내어 전신을 볼 수 있는 거울 앞에 서서 자신을 유심히 관찰한다. 옷을 입었을 경우는 물론 옷을 벗고 자신의 체형을 관찰하여 결점과 장점을 알아 둔다. 정직하게 자신의 체형을 평가하고 결점이 있다면 의상 선택을 효과적으로 하여 보완한다. 키가 크든 작든 몸이 날씬하든 뚱뚱하든 옷을 사기 전에 자신의 체형을 정확하게 파악하는 것이 중요하다. 옷을 입을 사람은 다른 사람이 아닌 바로 당신이라는 사실을 기억하라.

옷을 살 때는 항상 탈의실에서 입어 보고 편안한 것을 선택해야 한다. 아마 잘 맞지 않으면 다시는 그 옷을 입고 싶지 않을 것이다. 종종 충동 구매가 이런 결과를 빚는다.

◇ 현명하고 적절하게 의상을 선택해야 한다

당신의 생활 방식에 따라 옷을 구입해야 한다. 한 달 중 75%의 시간을 소비하는 장소가 어디인가를 생각해 보라. 아래와 같은 장소에서 생활하는 시간이 얼마나 되는지를 주의깊게 관찰하고 필요한 옷을 결정한다.
- 가정
- 직장
- 사교적인 모임
- 여행
- 스포츠나 오락

또한 도심지에 살고 있는가 지방에 살고 있는가도 옷에 배당하는 예산 만큼 중요하다. 만일 생활의 75%를 가족과 함께 집에서 보낸다면 정장이나 예복을 사는 것은 돈을 낭비하는 결과를 초래한다. 마찬가지로 이사회 의장으로 재직하고 있는 여성이 레저복에 많은 돈을 투자한다면 그 또한 낭비이다.

◇ 기본적인 의복 장만

오늘날은 과거보다 자신에게 어울리는 옷을 쉽게 구할 수 있다. 의복 장만에 있어 다음의 기본적인 의류품들을 참고하기 바란다.

• 사회 초보자를 위한 정장

양질의 모직 정장은 가정 주부의 외출복뿐만 아니라 직장 여성에게도 고급스러운 옷으로 한 벌 정도 장만해 두어도 좋다. 어떤 장소, 어떤 경우에도 입을 수 있고 장신구를 자유 자재로 활용할 수 있다. 디자인은 단순한 것이 좋으며 몸에 잘 맞고 세부 장식이 없는 것을 택한다. 스커트는 1자나 A라인이 좋으며 플래어 스커트도 무난하다.

자켓과 정장은 여러 용도로 활용하여 다양하게 입을 수 있다. 자켓 속에 입는 옷은 밝은 색보다는 어두운 색이나 중간 색조가 여러 옷에 무난하게 조화를 이룬다. 그 중에서도 특히 어두운 색이 좋다. 액세서리는 옷을 다양하게 보이도록 변화를 줄 수 있다. 그리고 자켓을 바지와 매치시켜 입는다면 한 벌 이상의 효과를 얻을 수 있어 좋다.

• 바지 정장

바지 정장에는 양복과 같은 자켓이 따르기 마련인데 양질의 직물로 만들어져 고급품에 속한다. 서양에서는 바지로 정장을 입는 경우 모자와 장갑을 착용한다. 이런 복장은 고상한 취향에 속한다.

여행을 많이 하는 여성에게 있어 바지는 필수적이다. 이런 경우에는 색깔 있는 자켓, 바지, 긴 스커트 그리고 여기에 어울리는 블라우스를 준비한다. 종종 조끼를 넣어 가기도 한다. 대개 바지는 캐주얼한 복장으로 생각하며, 실제로 스커트 정장만큼 예쁘고 단정하지는 못하다. 바지에는 셔츠를 입든 튜닉이나 조끼 혹은 블라우스나 스웨터를 입든 무난하게 잘 어울리는 편이다.

● **일상복**

일상복이나 작업복은 캐주얼한 복장으로 아래 위가 분리되어 있는 것이어야 한다. 예를 들어 스웨터, 블라우스와 바지, 스커트처럼 서로 혼합하여 입을 수 있어야 한다. 여기에 맞추어 어울리는 액세서리를 다는 것도 좋다. 그러나 여기에 부수적으로 필요한 신발과 가방, 그리고 장신구들은 당신의 예산이 허용하는 범위 내에서 장만하는 것이 현명하다.

필요한 물건을 세분하여 다루어 보자.

① **상의**: 상의는 당신의 외모에 상당히 많은 영향을 미치나 그 모양과 직물은 그렇게 다양한 편은 아니다.

그 종류에는 깃은 남자 양복처럼 생기고 주머니가 달린 싱글과 깃이 없는 가디간(cardigan), 그리고 허리가 딱 맞는 짧은 자켓이 있다. 이 외에도 앞뒤에 주름이 있고 벨트가 달린 느슨한 싱글 상의로 노퍽크(no-folk)형 자켓이 있다.

상의에 적합한 옷감으로는 울, 벨벳, 아마, 실크, 골덴, 린넨, 면 그리고 혼합면이 있다. 어떤 옷감에 어떤 유형의 상의를 선택하느냐에 따라 옷의 품위가 결정된다.

평균보다 약간 키가 작은 여성들은 특히 상체와 하체의 균형을 생각해서 상의를 선택해야 한다. 가디간과 짧은 자켓은 부피가 작기 때문에 상체와 하체의 균형을 유지시킨다. 따라서 작은 키를 다소 보완하는 역할을 한다. 일반적으로 자켓이 길면 스커트는 일자로 된 것이 어울린다. 반대로 자켓이 짧은 경우에는 스커트에 약간의 곡선이 있는 것이 잘 어울린다.

초보자는 울로 된 검정색 상의와 그에 맞추어 약간 곡선이 있는 A라인 스커트나 일자형 스커트를 마련하는 것이 효과적이다. 그 다음 기회가 있을 때 회색 트위드감이나 격자 무늬의 천, 혹은 검정 벨벳

상의를 준비해 두면 좋다. 다양성을 주기 위해 짙은 보라색 상의를 하나 더 마련할 수도 있다.

가죽 자켓은 의상을 다채롭게 해준다. 가죽 자켓은 짙은 보라, 검정, 갈색 그리고 흰색 옷과 다양하게 어울릴 수 있는 카멜(camel) 색조를 선택해야 한다. 자켓 상의는 바지나 스커트 등과 조화있게 입음으로써 개성을 살릴 수 있다.

② **스커트**: 스커트는 외모를 돋보이게 할 수 있는 중요한 수단이 될 수 있다. 주름 스커트나 뒤가 타진 스커트와 일자형의 스커트 하나씩 정도는 갖출 필요가 있다. 약간 주름이 있는 스커트는 입고 활동하기에 편하고 보기도 좋다. 반면 주름 스커트는 키가 크고 마른 체형이 입어야 매력적으로 보인다.

필자의 경우는 자켓을 먼저 사고 그에 어울리는 스커트를 구입한다. 기본적인 두 벌의 스커트 이외에 격자 무늬의 스커트를 구비할 수 있다면 더욱 쓸모있게 입을 수 있다. 그리고 두 벌의 모양이 다른 스커트를 더 갖추면 좋다. 이렇게 네 벌 정도의 스커트를 장만해 놓는다면 블라우스의 선택에 따라 다양하게 입을 수 있다.

만일 당신이 여자다운 이미지를 원한다면, 개더 스커트에 레이스가 달린 브라우스를 입으면 될 것이다.

③ **바지**: 비록 여성들이 스커트를 더 많이 입기는 하지만 이제 바지는 그 실용성에서 여성들에게 중요한 의복이 되었다. 만일 당신이 직장 여성이라면, 당신의 업무에 따라 바지를 입을 수도 있고 그렇지 않을 수도 있을 것이다. 그러나 중요한 직책을 맡고 있는 여성의 경우는 근무중에 바지를 입는 일은 거의 없을 것이다.

전형적인 유형의 바지를 구입하는 것이 가장 현명하다. 즉 일자형으로 쭉 뻗어 끝단이 없고 허리선에 주름이 없는 것을 말한다. 이런 유형의 바지는 발등까지 길게 내려오므로 다리가 길고 날씬해 보인다. 대부분의 체형에 어울리며 특히 블라우스, 스웨터, 혹은 자켓 등 모든 유형의 상의에 잘 어울린다.

허리 앞에 주름이 있는 바지는 앉거나 움직일 때 불룩하게 튀어 나오므로 실제보다 뚱뚱하게 보인다. 이런 류의 바지는 키가 크고 늘씬한 체형이나 많이 마른 여자에게 이상적이다.

④ **블라우스**: 가장 기본적이고 대중화된 유형에는 Y셔츠식 블라우스가 있다. 이것은 남성복 스타일로 된 블라우스로 대개는 약간 장식이 있는 깃과 앞단추가 특징적이다. 평범하게 입는 것도 나름대로 개성이 있지만 스카프나 폭이 넓은 넥타이 등으로 변화를 주는 것도 좋다.

블라우스의 색깔은 베이지색, 크림색 그리고 흰색이 무난하므로 우선적으로 이런 색을 장만하는 것이 바람직하다. 그 다음으로 핑크빛과 복숭아빛 블라우스를 장만한다. 이런 색조는 무채색에 잘 어울리고 얼굴에 화색이 돌게 한다. 짙은 포도주색이나 벽돌색은 가을에 잘 어울리는 색조이다. 이는 흰색이나 회색 겨울용 정장에 잘 어울린다.

약간 주름이 있거나 샤링(Shirring)이 들어간 블라우스는 바지나 치마 혹은 자켓과 함께 입었을 때 여성다움과 부드러운 인상을 더해 준다.

얇은 천으로 된 블라우스는 화려해 보이며 스커트와 함께 입을 수 있다. 그 해에 유행하는 하늘거리는 얇은 천의 블라우스를 장만하라고 권하고 싶다. 레이스가 달리거나 주름이 많이 잡힌 블라우스, 그리고 수를 놓은 화려한 블라우스들은 앞서 언급한 기본적인 의상들을 장만한 후에 장만하는 것이 바람직하다.

⑤ **스웨터**: 스웨터는 색다른 분위기를 낸다. 캐시미어나 울이 섞인 혼방으로 된 V자 형의 스웨터는 블라우스를 바쳐 입어도 좋고 그것 하나만 입어도 무난하다. 가디간 역시 장만해 두면 여러모로 다양하게 입을 수 있다. 단추를 채우고 소매는 약간 걷어 올려서 입고 여기

에 벨트를 매는 것도 괜찮다. 하의는 바지나 스커트 중 어떤 것을 입어도 된다. 좀더 성장을 할 생각이라면, 스카프나 핀을 이용한 목이 터틀(tu~tle)식으로 된 것이 시대에 상관없이 늘 유행하고 있다.

스웨터의 두께는 날씨뿐만 아니라 체형에 의해 좌우된다. 뚱뚱하거나 키가 작은 여성은 발이 곱고 얇은 것을 선택해야 한다.

⑥ 조끼: 조끼는 모두 종류의 옷감에 다 잘 어울리고 효과적으로 입을 수 있다. 주단으로 만든 조끼는 대단히 화려하게 입을 수 있다. 반면 스웨터로 된 조끼는 상당히 스포티하다. 조끼는 현재 소유하고 있는 옷들을 보다 다양하게 해주며, 실제보다 커 보이는 효과가 있다.

⑦ 코트: 겨울용 코트는 특별히 신중을 기해서 선택해야 한다. 거금을 투자해서 마련한 것이기에 몇년 간 계속해서 입어야 하기 때문이다. 따라서 디자인은 단순하고 옷감의 질이 뛰어나며 잘 어울리는 것을 선택해야 한다.

코트는 정장이나 예복으로 입으며 일상복 위에도 입는다. 따라서 암홀(armhole)이 크고 여유가 있어 정장 위에 입어도 불편하지 않아야 한다. 우선 바느질이 잘 되었는지 꼼꼼하게 살펴보아야 하며 길이가 충분히 길어 속에 입은 옷이 겉으로 나오지 않아야 한다. 디자인은 심한 플레어나 몸에 꼭 맞는 것보다는 약간 곡선이 있거나 일자형이 유행을 타지 않는다.

개인에 따라서 칼라가 없는 것이 어울릴 수도 있고 제감으로 된 칼라나 숄(shawl) 모양의 깃이 어울릴 수도 있다. 단이 많이 접혀 있거나 특이한 소매, 코트와 대조적인 벨트 그리고 뒤에 플레어(flare)가 잡힌 것은 지양하는 것이 좋다. 지나치게 유행을 따르다 보면 경제적인 타격을 받게 된다.

구김이 없고 번쩍거리지 않으며 보풀이 일어나지 않는 내구성이 있는 코트를 선택해야 한다. 그런 면에서 울은 내구성이 있으면서 입을 만한 코트감으로 꼽을 수 있다. 무엇보다도 디자인면에서 너무 화려하지 않고 너무 스포티하지도 않은 유형과 자신에게 잘 받는 색조를 선택해야 한다.

⑧ **속옷류와 잠옷**: 슬립(sleep)류는 위아래가 붙은 것 하나와 분리된 것으로 2·3벌 정도는 기본적으로 갖추어져 있어야 한다. 즉 A라인 하나와 옆이 갈라진 슬립 하나, 그리고 긴 슬립을 장만하는 것이 좋다. 속옷류는 장식이 없는 것이 가장 이상적이다.

잠옷은 가능한 한 아름다운 것을 선택하는 것이 좋다. 레이스와 주름 등을 장식하여 여성다움을 한층 강조할 수 있어야 한다. 가능하다면 세 가지 정도 갖추어 놓는 것이 이상적이다. 밝고 명랑한 분위기의 잠옷과 매혹적이고 화려한 것, 그리고 예기치 않은 방문을 받아도 괜찮을 만큼 도톰하고 따뜻한 잠옷이 그것이다.

실내용 슬리퍼도 따뜻하고 포근한 것과 화려한 것 두 켤레 정도는 마련해 두는 것이 이상적이다.

직장 여성을 위한 기본적인 겨울 의상

색깔 배합 : 검정, 회색, 포도주색

외투
포도주색 울 코트
검정색 벨벳 레인 코트

상의
검정색 울 상의
회색 트위드(tweed) 자켓
검정색 벨벳 자켓.

스커트
검정색 울
회색 트위드
격자 무늬
(포도주색, 회색, 검정색)

바지
회색의 프란넬
포도주색 벨벳

블라우스
주름이 있는 흰색 블라우스
깃이 넓은 은빛 블라우스
프린트 천의 회색 블라우스
주름 장식의 포도주색 블라우스

스웨터
포도주색 모자 달린 겉옷
검정색 가디간
목선이 V자형으로 된 회색 캐시미어
포도주색 벨벳 조끼

비직장 여성을 위한 기본적인 겨울 의상

색깔 배합 : 카멜, 베이지, 벽돌색

외투
낙타색 울 코트
벽돌색 울 코드

상의
벽돌색 모직 자켓
베이지색 골덴 자켓

스커트
벽돌색 주름 스커트
베이지색 골덴
격자 무늬 스커트
(낙타색, 적갈색, 크림색)

블라우스
벽돌색의 전형적인 블라우스
복숭아색의 얇은 블라우스

바지
낙타색 모직 바지
베이지색 골덴
벽돌색 벨벳 바지

스웨터
모충사(빌로도처럼 보풀을
세운 장식용 비단실)로 짠
벽돌색 V자형 스웨터
낙타색 털 조끼
베이지색의 캐시미어 가디간

직장 여성을 위한 기본적인 여름 의상

색깔 배합 : 흰색, 검정색, 초록색

외투
주름이 잡힌 검정색 레인 코트
흰색 숄

상의와 자켓
흰색 린넨 상의
칼라 없는 검정색 자켓

스커트
몸에 꼭 맞는 흰색 스커트
검정색 주름 스커트
옆에 단추가 달린
초록색 린넨 스커트
날염포(布)로 된 스커트

바지
흰색과 검정색 바지

블라우스
흰색 블라우스
주름으로 장식된 깃이
있는 검정색 블라우스
초록색 반소매
스커트에 입을
날염포 블라우스

상의
초록색, 검정색 T셔츠
검정색과 흰색 가디간
흰색 셔츠

비직장 여성을 위한 기본적인 여름 의상	
색깔 배합 : 황갈색, 빨강색	
외투 크림색 숄	**바지** 황갈색 바지, 진
상의와 자켓 황갈색 포플린 상의 빨강색 황마 자켓 크림색 모충사로 된 자켓	**블라우스** 크림색 짧은 블라우스 얇은 천으로 만들어진 크림색의 긴 블라우스 격자 무늬의 무명 블라우스 짧은 소매의 블라우스
스커트 황갈색 주름 스커트 격자 무늬의 A라인 무명 스커트 두꺼운 무명 스커트 날염포로 된 스커트	**상의** 크림색 얇은 상의 붉은 색 T셔츠

액세서리

신시아 가너(Cynthia Garner)

로스엔젤레스 패션 학교를 졸업했다. 그녀는 모델과 교사에서부터 시작하여 화장품 제조업자와 디자이너로 활약했다. 현재는 전문적인 상담실을 운영하고 있다. 그녀의 구체적인 상담 내용은 사람들에게 그들의 외모를 통해 자신들의 개성과 생활 방식, 그리고 직업을 표현하도록 가르치는 것이다.

액세서리는 패션의 역사가 시작된 이래로 더불어 발전해 왔다. 원래 대부분의 액세서리는 두 가지 목적으로 만들어지고 사용되었다.
하나는 장신구에 의해 계급을 구분하기 위함이었고 두번째는 의복을 보호하고 결합시키기 위해 사용되었다. 그러나 오늘날은 오로지 세련된 외모를 가꾸기 위해서만 사용되고 있다. 액세서리를 잘 이용하면 시대에 뒤떨어진 외모를 새롭게 변신시킬 수도 있고 세련된 외모를 더욱 완전하게 가꿀 수도 있다.
당신은 자신의 개성과 이미지를 표현하기 위해 액세서리를 사용할 수 있다. 액세서리를 선택하는데 있어 고려해야 할 세 가지 주의 사항을 알아 보자.
① 색 : 액세서리의 사용 목적이 조화에 있는가, 아니면 대조에 있는가 혹은 강조에 있는가를 결정해야 한다.

② 균형 : 당신의 체형에 그 크기와 모양이 적합한가.
③ 질감 : 액세서리가 의복의 직물에 적합한가, 그리고 때와 장소에 어울리는 것인가.

전문 직업인으로서의 이미지를 강조하기 위해서는 액세서리를 가능한 한 달지 않는 것이 보다 신뢰감을 줄 수 있다. 지나치게 장식을 많이 한 여성은 상대를 불안하게 만든다. 그렇다고 해서 전혀 액세서리를 사용하지 말라는 것은 아니다. 장식을 하되 직업과 상황에 맞게 적당히 선택하며 유행에 휩쓸리지 않고도 우아한 분위기를 만들 수 있다. 의상에 가장 잘 어울리고 자신의 이미지를 긍정적으로 대변할 수 있는 액세서리를 선택해야 하는 것이다.

◇ 액세서리를 사는 방법

① 집을 나서기 전에 당신에게 필요한 액세서리가 무엇인가를 결정한다.
② 물건을 사기 전에 가격과 종류를 결정하기 위해 사전 지식을 갖는다.
③ 필요로 하는 액세서리의 크기와 모양, 그리고 색깔을 결정한다.
④ 사고자 하는 액세서리의 품목을 구체적으로 메모하고 그것에 준해서 구입하며 동요됨이 없어야 한다.
⑥ 액세서리에 대한 사전 지식을 기초로 예산을 잡는다.
⑦ 내구성이 강하고 유행을 타지 않는 양질의 제품을 선택 기준으로 삼는다.
⑧ 새옷을 구입할 때나 액세서리를 착용할 옷을 입고 가서 구입하는 것이 현명하다.
⑨ 어떤 것을 사기로 결정했으면 구입하기 전에 물건에 하자가 없는지 철저하게 검사해야 한다.

⑩ 필요하다면 점원의 조언을 구한다.

다음에는 필요한 액세서리 품목들을 하나하나 살펴보기로 하자.

◇ 모자

모자는 개성을 표현하는 가장 중요한 얼굴을 장식하기 때문에 중요한 패션 요소이다. 모자는 상대에게 강한 인상을 남기므로 적절하게 사용한다면 효과적으로 자신의 이미지를 전달할 수 있을 것이다.

모자의 종류는 다양하다. 부드러운 천으로 만든 것, 풀을 먹여 빳빳한 것, 니트로 된 것, 그리고 레이스 뜨기로 만든 모자도 있다. 또한 밀집으로 만든 것도 있으며, 보통 모자는 기계로 만든 반면 값비싼 고급 모자는 손으로 만든다.

모자를 선택하는 중요한 열쇠는 그 사람의 체형에 달려 있다. 여러 종류의 모자를 써보고 전신용 거울 앞에 서서 옆모습과 앞모습을 주의깊게 살펴본다. 몸 전체와 머리, 얼굴의 비율이 적당한지를 눈여겨 보아야 한다. 모자 가게에 있는 작은 거울만 보아서는 전체적인 외모를 살필 수 없다.

이 때 자신의 얼굴형과 똑같은 모양의 캡이 있는 모자는 피해야 한다. 예를 들어 둥근형의 얼굴에는 둥근형의 캡을 패해야 한다. 그렇지 않으면 둥근 얼굴을 더욱 강조하게 된다.

챙의 크기에 신경을 써야 하는데 챙의 크기가 어깨 넓이보다 크면 안 된다. 그러나 어깨가 유난히 넓은 사람은 다소 넓은 챙을 선택해야 한다. 이마를 약간만 덮는 모자는 외관상 키가 큰 느낌을 준다. 반면에 이마를 완전히 덮는 모자는 키가 작고 뚱뚱해 보인다. 챙이 젖혀진 중절모는 모든 얼굴형에 잘 어울리는 무난한 형이다. 챙이 위로 젖혀진 모자는 턱이 들어간 형의 얼굴에 잘 어울린다. 키가 작고 상체가 긴 사람은 넓은 챙과 관이 높은 모자는 피해야 한다.

모자를 쓸 때의 헤어 스타일은 단순한 것이 좋으며 모자의 라인과 헤어 스타일의 라인은 서로 대조적인 것이 잘 어울린다. 여러 유형의 모자들 중에서 평범한 몇 가지를 살펴보기로 하자.

① **베레모(beret)**: 유연하고 납작한 모자. 머리에 닿는 부분이 밴드로 되어 있다. 이것은 어떤 직물도 다 좋다.

② **보넷(bonnet)**: 리본은 턱 밑에서 매게 되어 있다. 여성답고 낭만적인 모자로 넓은 챙과 리본이 특징적이다.

③ **중절모**: 직장 여성이 착용할 수 있는 가장 무난한 유형이다. 관 중앙에 주름이 잡히고 돌돌 말려 들어간 챙은 부드러운 느낌을 준다.

④ **맥고 모자**: 버섯 모양의 모자. 둥근 관과 엎어놓은 챙이 특징적임.

⑤ **슬로쉬**: 앞챙이 늘어진 모자. 관이 깊게 파이고 안으로, 혹은 밖으로 말린 챙을 갖고 있으며 유연한 것이 특징이다.

모자는 원래 헤어 스타일을 보호하고 태양과 같은 자연 현상으로부터 몸을 보호하기 위해 디자인되었다. 따라서 모자는 낮에만 쓰도록 한다. 더우기 챙이 넓은 모자는 실내에서 벗는 것이 예의이다.

평범한 모자에 리본, 깃, 꽃, 혹은 구슬 등을 달아 장식해도 좋다. 이런 장식을 사용할 때에는 장소나 시간 등을 고려하여 환경에 맞추어야 한다.

● **모자의 보관**

모자를 쓰지 않을 때에는 모자 안에 종이를 채우고 모양이 일그러지지 않도록 상자 안에 보관해야 한다. 그러면 캡과 챙을 보호할 수 있다.

◇ **안경**

요즈음에 와서 안경은 중요한 액세서리 역할을 하고 있다. 안경 역시 값비싼 물건이므로 선택에 신중을 기해야 한다. 그리고 안경은 관심이 집중되는 얼굴을 장식하기 때문에 그 어느 것보다도 당신의 얼굴형에 잘 어울려야 한다.

　안경테의 종류는 다양하다. 만일 시력 교정용으로 안경을 계속해서 착용해야 한다면, 모든 옷에 잘 어울리고 유별나지 않은 디자인의 안경테를 선택해야 한다. 그러나 단순한 선글라스용이라면, 다소 화려한 디자인을 선택해도 좋다.

　안경테의 색깔은 머리와 피부색을 고려해서 선택해야 한다. 직장에서 착용하기에 적당한 것으로는 밤색 계통의 플라스틱 테와 금속성 테가 있다. 특히 거북의 등딱지와 같은 무늬가 있는 안경테는 한층 부드러운 분위기를 자아낸다.

　안경의 디자인을 선택하는데 있어서는 우선 얼굴형과 똑같은 형의 안경은 선택하지 말아야 한다. 또한 얼굴이 사각형인 사람은 각진 안경을 피해야 하며, 긴 얼굴일 경우에는 안경이 얼굴의 중간쯤에 오도록 아래선이 내려온 것을 써야 한다. 이렇게 하면 긴 얼굴을 보완할 수 있다.

　얼굴이 작은 사람은 폭이 좁고 렌즈가 작은 안경을 선택해야 한다. 얼굴이 크고 넓적한 형의 얼굴은 반대로 렌즈가 큰 것이 어울린다. 그리고 콧마루의 간격이 넓은 사람은 짙은 색 브리지(안경의 렌즈와 렌즈를 잇는 부분)가 달린 안경테를 착용하므로써 좁아 보이게 할 수 있다. 반대로 콧마루의 간격이 좁은 사람은 선명하고 밝은 색 브리지가 달린 안경테를 착용하면 된다.

　또 하나 기억해야 할 것은 안경의 렌즈가 두꺼운 경우이다. 시력이 약해서 렌즈의 두께가 두꺼운 경우에는 가능한 한 작은 테를 선택해야 한다.

　또 안경을 착용할 경우에는 화장에 각별한 신경을 써야 한다. 화장을 할 때 오로지 눈에만 신경을 쓰느라 볼은 잊어버리는 경우가 종종 있다. 물론 눈이 렌즈를 통해서 다른 사람에게 보여지기 때문에 눈화장을 정성껏 해야 하는 것은 사실이다. 그러나 다른 부위보다 지나치게 강조해서 화장하지는 말아야 한다. 어느 하나만 돋보이는 것 없이 얼굴의 전체적인 조화가 가장 중요하다.

만일 안경이 볼 아래까지 많이 처져 있다면 얼굴에 화색이 돌게 화장해야 한다. 안경의 렌즈는 볼의 색을 강조할 수 있고 당신을 지쳐 보이게 할 수도 있다.

그리고 눈썹을 항상 정돈하여 잘 다듬어야 한다. 안경테의 상단이 눈썹에 나란히 놓이는 것이 가장 이상적이다. 만일 안경이 눈썹 위로 올라가거나 아래로 내려와 있다면 마치 눈썹이 두 쌍인 것처럼 보이기 쉽다.

● **렌즈의 색깔**

렌즈 색깔은 옅은 색이 좋다. 밝은 회색, 녹색, 그리고 핑크색 등이 적합하다. 특히 핑크색은 형광등 불빛 아래에서 근무하는 여성에게 눈 보호를 위해 좋다. 노란색, 오렌지색, 푸른색 그리고 붉은 색은 다른 색을 구별하는데 지장을 주기 때문에 부적합하다. 그러나 아주 옅은 색이라면 별 지장이 없다. 엷은 노란색 렌즈는 얼굴색이 하얀 사람에게 잘 어울린다. 그러나 얼굴이 누런 사람은 이 색을 피해야 한다.

◇ **스카프**

아마도 가장 필수적인 액세서리가 스카프일 것이다. 스카프는 신체의 여러 부위를 장식하는데 활용된다. 또한 넥타이와 비슷한 역할을 하기 때문에 가장 전문성 있는 액세서리라 할 수 있으며, 또한 유용성이 뛰어나므로 어떤 옷에도 적절하게 활용할 수 있다. ①목에 걸 수 있고, ②머리를 감쌀 수 있으며, ③숄처럼 어깨에 두르며, ④허리를 강조하는데 사용할 수 있고, ⑤포켓에 넣어 강조할 수 있으며,

⑥ 깃 밑에 넣어 모양을 만들 수 있다.

　스카프는 다양한 크기와 모양 그리고 무늬가 있다. 가장 적당하고 유용성 있는 스카프에는 48인치의 정방형, 포켓용 6인치의 정방형, 56인치의 정방형, 그리고 30인치의 정방형이다.

　스카프는 또 짙은 색, 꽃무늬, 대담한 무늬, 물방울 무늬 등이 조화를 이룬 것이 쓸모있다. 이것들은 모두 직장 여성들에게 유용하다.

　스카프의 무늬와 색, 그리고 질감 역시 입는 의상과 잘 조화를 이루어야 한다. 이에 대한 자세한 내용은 뒤에서 다룬다. 목에 스카프를 매는 방법에는 여러 가지가 있다. 삼각으로 늘어지게 하기도 하고 나비 모양, 넥타이 모양 등 개발하기에 따라 다채롭다. 이 때 저지르기 쉬운 실수 중에 하나는 상체의 길이와 머리 모양, 또 얼굴형 등을 전혀 고려하지 않는 점이다. 그리고 일반적으로 스카프를 너무 길게 늘어뜨리는 것은 좋지 않다. 지저분해 보일 뿐 아니라 전체적인 외모를 망치게 된다.

　스카프를 허리에 묶어 장식하는 방법도 있다. 좀더 독특하게 보이기 위해 두 개의 스카프를 이용하기도 한다. 그러나 이런 경우는 상당히 캐주얼한 느낌을 주기 때문에 직장 여성이라면 각별히 신경을 써야 한다. 즉 스카프를 허리에 두르더라도 무대 의상과 같지 않도록 늘어지는 선을 깔끔하게 처리해야 할 것이다.

● **스카프 관리의 유의 사항**

　스카프를 목에 거는 경우 얼룩 방지용 스프레이를 뿌린 후 사용하는 것이 좋다. 얼굴의 화장품이 스카프에 묻어 얼룩지는 것을 방지해 준다. 실크 스카프는 찬물을 사용하여 손으로 빨아야 하며 이 때에도 살짝만 비벼서 빨고 말릴 때에는 보풀이 있는 타월로 물기를 제거한다. 다림질을 할 경우에는 위에 얇은 천을 덮고 열을 가해야 손상되지 않는다.

울 스카프는 드라이 크리닝을 해야 한다. 길이가 긴 스카프는 모두 둥근 빨래걸이에 걸어 주름을 방지해야 한다. 정방형 스카프는 사이에 티슈를 넣어 접은 다음 서랍에 보관한다. 이 때 은은한 향기의 향수를 화장지에 뿌려 사이에 끼워 두어도 좋다.

◇ 보석류

보석은 두 부류로 분리된다. 하나는 순수한 진짜 보석이고 나머지 하나는 인조 보석이다. 두 가지 모두 직장 여성들이 착용할 수 있다. 그러나 자신에게 어울리는 것을 선택해야 하며 너무 많은 보석으로 장식하는 일이 없어야 한다. 그리고 진짜 보석과 인조 보석을 동시에 착용하는 것은 절대로 금해야 한다. 자칫 진품이 모조품에 의해 값싸게 보일 우려가 있기 때문이다. 흔히 사용되는 보석은 금과 순은, 그리고 백금으로 만들어진다. 인조 보석은 나무, 유리, 염주알, 혹은 모조석을 재료로 한다. 말할 것도 없이 둘 중에서 더 값비싼 것은 귀금속이다. 그러나 인조 보석도 귀금속만큼 많이 세련되어졌고 상당히 고가의 것도 많다.

인조 보석에는 거북 껍질, 진주모(母) 그리고 전복 이외에 나무, 염주, 그리고 모조품들이 인기를 끌고 있다. 의상과 조화를 이루도록 이런 인조 보석을 약간만 착용한다면 사무실 분위기를 흐트러뜨리지는 않을 것이다.

예컨대 상의와 하의를 다르게 입을 때 이런 종류의 인조 보석은 스포티한 분위기를 연출할 것이다. 그러나 고급 옷감으로 만든 투피스 정장을 입을 경우에는 그 의상에 맞게 진품을 장식하는 것이 바람직하다.

보석류의 장식품을 착용하는 데는 몇 가지 주의 사항이 있다.

① **팔찌:** 팔찌의 종류에는 여러 가지가 있는데 팔에 걸었을 때 아래 위로 오르내리는 팔찌는 한 개 이상은 삼가한다. 일을 할 때 두 개

가 부딪쳐 잡음을 내기 때문이다. 업무 환경으로서 가장 이상적인 팔찌는 가느다란 체인과 고리 모양이다.

② **목걸이**: 금속 고리로 연이어 만든 체인(Chain)형의 목걸이는 길이를 조절할 수 있으며 사무실에서 착용하기에 가장 무난하다. 목 둘레에 거의 딱맞게 착용하는 초우커(choker)는 V자형의 셔츠나 고급 직물에 어울린다. 그리고 셔츠의 맨 윗단추 하나를 열고 목걸이를 약간 보이게 하면 세련되어 보인다.

③ **클립**: 옷을 고정하는 장식 핀. 대부분 깃이나 양복의 접힌 깃을 장식하는데 사용된다.

④ **칼라 핀**: 직장 여성에게 유용하게 사용된다. 스카프를 고정시키기도 하고 장식도 하는 이중의 효과를 갖고 있다. 그 외에도 깃이나 포켓을 장식하는데 사용된다. 허리나 스커트의 허리띠에 화려한 장식용으로 사용할 수도 있으나 이것은 사무실 분위기에는 맞지 않는다.

⑤ **카프스**: 와이셔츠 등의 소매를 고정시켜 흘러 내리지 않게 하는 것으로 작업을 할 때 유용하게 쓰인다.

⑥ **귀걸이**: 귀걸이는 크기와 모양에서 상당히 다양하다. 가락지 모양이나 단추 모양의 귀걸이는 사무실에서 착용해도 무난하다. 그러나 늘어져서 움직일 때마다 달랑거리는 귀걸이는 어수선해 보이므로 사무실 분위기에 맞지 않는다.

⑦ **반지**: 반지는 한 손에 한 개만 끼는 것이 이상적이다. 예컨대 왼손에는 결혼이나 약혼 반지를, 오른손에는 화려하지 않은 간단한 디자인의 반지를 착용한다.

⑧ **시계**: 시계는 직장 여성에게 있어 가장 중요한 액세서리이다. 활동을 많이 하는 낮에는 시계의 얼굴이 크고 시계줄이 간단하게 디자인된 시계를 착용한다. 그리고 근무 외에 밤이나 특별한 모임이 있을 경우에는 다이아몬드나 보석이 박힌 예물용 시계를 착용하는 것

이 이상적이다.

● **보석류의 보관**

귀금속은 3~5분만 물에 담근 다음 부드러운 솔로 틈새에 낀 먼지 등을 닦아 낸다. 그리고 물에서 꺼내어 마른 헝겊으로 문질러 건조시킨다. 광택을 내고자 한다면 보석 세공인에게 맡길 수도 있다. 또한 보석알이 반지 등에서 이탈하지는 않았는가 정기적으로 검토하고 시계는 전문가에게 맡겨 정기적으로 세척해야 한다.

◇ 벨트

벨트의 재료는 다양하다. 가장 비싼 것으로는 가죽과 끈으로 꼰 비단이 있으며 흔한 것으로는 고무, 플라스틱, 피륙, 금속, 그리고 밀짚이 있다.

벨트의 넓이는 3/4인치에서 3인치에 이르기까지 다양하다. 일반적으로 벨트의 넓이가 넓은 것은 허리가 길어 보이게 한다. 따라서 벨트를 선정할 때에는 먼저 체형을 고려해야 한다. 넓은 벨트나 눈에 띄는 벨트는 키가 작은 여성에게 적합하지 않다.

벨트의 종류와 디자인도 매우 다양하다. 그 중에서 동전이나 고리를 매달아서 장식한 벨트, 원형이나 사각형, 삼각형 등의 금속을 연결시켜 디자인한 벨트 등 요란하고 소음을 유발하는 벨트는 사무실 내에서는 착용하지 말아야 한다.

예전에는 벨트를 신발이나 지갑과 조화를 이루었으나 요즘에는 그것이 무시되고 있다.

◇ 장갑

모피, 울 그리고 아크릴로 만든 장갑은 보온성이 뛰어나다. 장갑의 질은 각각의 솔기가 잘 꿰매져 있는가에 의해 좌우된다. 따라서 장갑을 살 때에는 바느질의 상태를 잘 검토해야 한다.

장갑은 보온성이라는 기능면도 중요하지만 디자인도 간과해서는 안 된다. 장갑을 선택할 때에는 의상 선택과 마찬가지로 자신이 표현하고자 하는 이미지에 적합한 것을 골라야 한다. 그리고 입고 있는 옷의 질감과 색조에 어울리는 장갑을 선택해야 한다. 즉 장갑의 색과 질감이 옷과 조화되어야 한다.

● **장갑의 보관**

장갑을 끼고 벗을 때에는 조심스럽게 다루어야 한다. 장갑을 사용하지 않을 때에는 뒤집어서 보관하고, 「물 빨래」라는 표시가 되어 있는 제품의 경우만 약한 세제를 사용하며 미지근한 물에 세탁한다. 그 외의 제품들은 드라이 크리닝을 해야 한다. 털실로 짠 장갑은 손으로 주물러 빨고 타월로 싸서 두들겨 주면서 말린다.

◇ 신발

신발은 의류 중에서 가장 중요하고 가장 값비싼 물품이다. 현재는 신발의 종류와 디자인이 다양해져 선택의 폭이 넓어졌다.

신발은 무엇보다도 양보다 질을 중시해서 구입하는 것이 중요하다. 외출할 때마다 매번 다른 구두를 바꿔 신는 것보다는 한 켤래라도 양질의 고급품을 신는 것이 좋다.

세련된 여성은 그녀가 신고 있는 구두에 의해 판별된다. 사무실에서 근무하는 여성은 끝이 길고 뾰족한 구두, 요란한 소리가 나는 구두, 발목을 묶는 가죽 끈이 장식된 구두, 그리고 여러 가지 색깔의 끈이 교차되는 구두는 신지 않는 것이 바람직하다.

발에 맞지 않는 신발은 불편할 뿐 아니라 건강에도 해롭다. 구두를 구입할 때에는 크기와 디자인은 물론 얼마나 많이 걸어다니는가 그리고 하루 종일 어떤 유형의 일을 하는가를 고려해야 한다.

　양쪽 발이 크기가 똑같지는 않다. 즉 한쪽 발이 다른 한쪽보다 작을 수도 있고 클 수도 있다는 사실을 염두에 두고 구두를 선택해야 한다. 구두는 가장 긴 발가락보다 1/2인치 정도 긴 것이 편안하다. 선택한 구두를 구입하기 이전에 그 구두를 신고 매장 안을 걸어 다녀 본 후 편안한가를 확인한다.

　사무실에서 신을 구두를 선택할 때에는 평범하고 단순한 디자인이 좋다. 또한 구두굽은 약 $2\frac{1}{2}$인치 정도가 적당하며 그 이상은 신지 않는 것이 바람직하다. 사무실 내에서 부츠를 신는 것이 좋으냐 나쁘냐 하는 찬반 양론이 있다. 필자의 생각으로는 스커트가 부츠 아래로 약 1인치 정도 내려와 다리가 전혀 보이지 않는다면 부츠를 신어도 괜찮다는 견해이다.

　신발의 색깔 역시 의상의 색과 조화를 이루어야 한다. 복장과 동떨어진 특이한 색의 구두를 신는다면 상대방은 당신의 말에 주의를 집중하기가 어려울 것이다.

　구두의 디자인은 유행의 변화에 민감하게 반응하며 구두의 높이와 구두코의 모양 역시 주기적으로 변화하고 있다. 그러나 직장 여성들을 위한 가장 무난한 구두는 끈이 없는 펌프(Pump) 스타일의 구두이다. 가볍고 굽이 낮으며 잠그고 열 필요가 없기 때문에 이런 유형의 구두가 유행을 타지 않으며 신기에도 편하다.

　신발은 일 년에 두 번 정도는 구입해야 한다. 가을·겨울 그리고 봄·여름으로 나누어서 장만할 필요가 있다.

● **신발의 보관**
　신발의 생명을 연장시키는 데는 보관 방법이 상당한 비중을 차지한다. 계절이 바뀌면 신발의 모양이 일그러지지 않도록 선반이나 신발장에 넣어 둔다. 비에 젖었거나 습기찬 구두는 안에 신문지를 넣어 모양이 일그러지지 않도록 한 다음 그늘에서 말린다.
 구두는 정기적으로 약칠을 해서 광을 내고 깨끗히 해야 한다. 구두 굽에 대는 고무도 정기적으로 갈아 주어 굽이 상하지 않도록 조심한다.

◇ 양말류(스타킹)

 오늘날에 와서는 양말류의 모양과 색 그리고 그 종류가 매우 다양해졌으며 유행을 만들어 내는데도 한몫을 하고 있다.
 여성들의 스타킹류는 주로 나일론으로 만들어져 있다. 불투명한 것보다는 얇은 것이 착용하기에 더 좋으나 도톰한 스판덱스로 만든 것이 훨씬 실용적이다. 스타킹은 하루종일 서서 일을 하는 여성들에게는 안성맞춤이다. 편리하기도 하고 모양면에서도 월등히 뛰어나다. 그렇지만 얇다는 것을 고려하지 않는다면, 모든 여성들에게 가장 좋은 것은 면제품이다.
 오늘날 의상 디자이너들은 작은 양품류에까지 여러 가지 유행을 창조해 내고 있다. 그 예로 스타킹은 색, 두께, 그리고 감 등이 주기적으로 변하고 있다. 이런 사소한 스타킹도 전체적인 외모에 상당히 중요한 역할을 하고 있다. 그 이유는 의상과 구두 그리고 스타킹이 모두 완벽한 조화를 이루어야 하기 때문이다.

● 스타킹의 색

 스타킹의 가장 이상적인 색은 살색이다. 자신의 살빛과 비슷하고, 또 신발이나 의상의 색과 대조적이지 않은 스타킹을 신어야 한다. 즉 스타킹의 색조는 구두와 의상의 색조와 비슷한 계통이어야 보기 좋다.
 예를 들어서 신발과 의상이 무채색 계통이라면 스타킹의 색도 밝은 회색 계통을 신어야 한다. 구두와 정장의 끝단이 흰색이라면 얇은 흰색 스타킹을 신어야 할 것이다. 또한 의상이 갈색이라면 스타킹 역시 옅은 갈색으로 선택해야 한다. 그러나 불투명한 색조나 번쩍거리는 색조의 스타킹은 낮에는 신지 말아야 한다.

항상 여분의 스타킹을 사무실 책상 서랍이나 핸드백에 넣어 가지고 다녀야 한다. 그러면 만약의 경우 스타킹의 줄이 나가더라도 당황하거나 단정치 못한 모습을 보이지 않을 수 있다. 만일 발 끝에서 스타킹에 줄이 가기 시작했다면 거기에 투명한 매니큐어를 발라 주면 더 이상 줄이 가지 않는다.

◇ 핸드백

구두와 함께 핸드백은 여성 의류 중에서 가장 중요한 부분을 차지하고 있다. 핸드백에 의해 그 여성의 첫인상이 달라질 수도 있는 것이다.

핸드백은 기본적으로 두 가지 유형이 있다. 커다랗고 불룩한 숄더백과, 깨끗하고 단정하며 장식이 많지 않은 백이 그것이다. 지적인 분위기를 연출하는 것은 분명히 후자이다.

핸드백의 재료는 돈피, 양가죽, 그리고 소가죽에서 헝겊, 짚, 그리고 플라스틱에 이르기까지 다양하다. 그러나 가죽 제품은 상당히 비싸다. 구두를 구입할 때와 마찬가지로 핸드백을 선택할 때에도 질을 보고 좋은 상품을 구입해야 한다. 양보다는 질에 치중하는 것이 현명한 것이다.

핸드백을 구입할 때에는 그 크기가 당신의 체구에 적당한가를 보아야 한다. 핸드백의 위쪽을 허리에 대고, 핸드백이 양쪽 골반뼈를 넘어가는가를 살펴본다. 만일 이 길이를 넘어간다면 그 핸드백은 당신에게 너무 큰 것이다.

직장 여성에게 가장 적합한 유형의 핸드백은 손잡이 없이 손에 들고 다니는 것이나 어깨에 매는 소형 백이다. 그리고 그 재료는 가죽

이어야 한다. 직장 여성은 헝겊이나 짚, 혹은 뜨개질로 만든 핸드백은 삼가하는 것이 좋다. 물론 공휴일에 사용하는 것은 상관없다.

● **핸드백의 종류**

① 박스(box)형 : 손잡이가 달리고 정사각형이나 직사각형의 딱딱한 가방.

② 샤넬(chanel) : 코코 샤넬이라는 사람에 의해 독창적으로 디자인된 핸드백으로 손잡이가 체인으로 되어 있는 것이 특징이다.

③ 클러치(clutch) : 손잡이가 없어 가방 몸체를 들어야 하는 모든 핸드백.

④ 인벨로프(envelope) : 납작하고 정사각형이나 직사각형 모양으로 위에 덮개가 있다. 크기는 다양하며, 손에 들 수도 있고 어깨에 맬 수도 있고 짧은 손잡이가 달려 있는 경우도 있다.

⑤ 포우치(pouch) : 입구가 복주머니 모양으로 오무려지는 핸드백. 끈이 짧은 것과 긴 것 두 가지가 있는데 긴 것이 짧은 것보다 덜 화려해 보인다.

⑥ 숄더 백(shoulder bag) : 어깨에 매는 끈이 있다. 숄더백은 그 길이를 조심해야 한다. 엉덩이 부분까지 늘어지지 않도록 해야 한다. 그렇게 되면 전체적인 당신의 인상이 실제보다 뚱뚱해 보이며 면적이 넓어 보인다.

● **핸드백의 관리**

핸드백에 너무 많은 물건을 넣고 다니지만 않는다면 그 생명과 모양을 오래도록 연장시킬 수 있다. 핸드백을 구입할 때에는 필요한 물품을 고려해서 충분히 들어갈 수 있는 것을 선택한다. 인조 가죽과 비닐 백은 물에 적신 헝겊으로 닦되 절대로 물에 담그지는 말아야 한다. 가죽 가방은 양질의 가죽 닦는 크림으로 윤을 낸다. 직물로 만든 가방에 얼룩이 묻었을 경우에는 크리닝(액체)으로 제거할 수 있다.
 핸드백을 사용하지 않을 때에는 가방 안에 종이를 가득 넣어 둔다. 비닐 가방은 플라스틱 가방에 넣어 보관하지 말고 종이 가방이나 종이에 싸서 보관해야 한다. 비닐은 플라스틱 제품에 달라붙기 때문이다.

◇ 우산 · 양산

 직장 여성은 수수한 양질의 우산을 갖고 다니는 것이 바람직하다. 우산의 질을 가늠하는 단서는 우산살의 숫자에 있다. 좋은 우산은 적어도 10개 혹은 그 이상의 우산살을 갖고 있으며, 우산살 자체는 견고한 금속이 좋다.
 우산에 사용되는 천에는 나일론, 아세테이트, 레이온, 그리고 방수 가공이 된 면 등이 있다. 우산을 선택할 때에는 기능면과 실용성을 중시해야 한다. 가장 무난한 우산 색깔은 검정, 푸른색, 갈색 혹은 황갈색 등이 있다.
 우산은 튼튼하고 충분히 큰 것을 선택해야 한다. 작은 우산은 어색하게 보이며 비를 막아 주지도 못한다. 또 우산을 펴는 동안 비를 맞지 않으려면 자동 우산을 선택하는 것이 현명하다. 아마도 머리와 화장이 엉망이 되어 사무실에 들어가고 싶지는 않을 것이다. 그리고 만약의 경우에 대비해서 사무실에 여분의 우산을 비치해 두는 것도 재치있는 방법이다.

● **우산 관리**
 비닐 우산은 찢어지기도 쉽고 열에도 약하므로 각별히 조심해야 한다. 우산을 사용한 후에는 펴서 통풍이 잘 되는 그늘진 곳에서 말려야 한다.

◇ 소형 서류 가방

불행하게도 대부분의 직장 여성들은 서류 가방의 필요성을 인식하지 못하고 있다. 실질적인 목적을 위해서뿐만 아니라 권위의 상징으로서도 서류 가방은 필수 불가결한 소지품이다. 회사의 서류 뭉치를 팔에 끼고 사무실을 걸어 나오는 모습을 상상해 보라. 결코 아름다운 모습일 수는 없다.

서류 가방과 핸드백을 동시에 들고 다니는 것이 어색하게 느껴진다면, 서류 가방 안에 들어갈 수 있는 소형 핸드백을 구입하면 된다. 서류 가방은 비닐이나 플라스틱으로 만든 것도 있겠으나 이왕이면 가죽으로 만든 고급품이 품위가 있다.

여성용 서류 가방은 모가 나지 않은 것이 적당하다. 크기도 자신의 신장을 고려해서 알맞은 것으로 선택해야 한다. 키가 작은 여성의 경우 필요한 서류가 들어갈 수 있는 가장 작은 것을 구입하면 된다. 색깔은 검정이나 갈색이 모든 용도에 두루 사용될 수 있어 실용적이다.

이제까지 의상과 관련된 액세서리에 대해 언급해 왔다. 마지막으로 한 가지 덧붙이고 싶은 것이 있다. 바로 직장 여성은 고급 펜을 소자하라는 것이다. 고급 세일즈와 관계된 일을 하는 직장 여성이 값싼 플라스틱 볼펜을 꺼내 적는 모습은 상대에게 좋은 인상을 주지는 못할 것이다. 이것은 당신의 지위를 과시하기 위해서 필요한 것이 아니라 상대에게 신뢰감을 주기 위해서이다.

결국 이런 사소한 요소들이 모두 당신의 이미지와 인상에 영향을 미친다는 사실을 명심해야 한다.

쇼핑 전략

에밀리아 패트(Amelia Fatt)

　패션 잡지의 편집자였으며 현재는 패션 상담과 쇼핑 전략을 전문적으로 다루는 사업을 하고 있다. 그녀의 명성은 상당하여 라디오와 TV에 수없이 출연하였으며 뉴욕 타임즈와 필라델피아 인콰이어리에 대서 특필되기도 했다.

　필자의 주요 업무는 패션에 관한 상담과 대리 구매이다. 따라서 상담을 요하는 여성들의 업무와 그들의 사회적인 목표를 성공적으로 해낼 수 있도록 의상과 외모의 분석을 도와주고 있다. 어떤 경우에는 그 여성들과 함께 백화점에 가서 어울리는 옷이나 액세서리 고르는 방법을 지도하기도 한다.

　수년 동안의 이런 경험을 통해서 다음과 같은 쇼핑 전략을 발전시킬 수 있었다.

◇ **사전 준비**

　어떤 여성들은 충동 구매를 하곤 한다. 그들은 계획도 없이 지나가다 눈에 띄는 것을 즉시 사 버린다. 요즈음 옷값은 엄청나게 비싸다. 따라서 충동 구매로 인하여 실수를 저지르면 금전적 낭비는 물론 시간 소모도 무시할 수 없다.

쇼핑을 하기 전에 필요한 것과 원하는 것을 미리 결정해야 한다. 그러므로 4계절의 초기에 자신의 옷을 검토해 볼 시간을 갖는 것이 중요하다. 이렇게 하므로써 해당 계절에 필요한 옷과 처분할 옷을 파악할 수 있다.

옷을 검토하면서, 이제는 맞지 않는다거나 더 이상 어울리지 않는다고 판단되는 옷이 있다면 과감하게 처분하는 것이 현명하다. 그 다음에는 당신 마음에 드는 옷을 골라 내고, 계속해서 입을 옷을 결정하여 그것들을 소중히 보관한다. 그런 다음 최종적으로 모자라는 옷을 구입하여 그 계절의 초기에 이미 필요한 옷들을 갖추어야 한다.

갖고 있는 옷들을 검토한 후, 패션 잡지나 광고를 통해 여러 종류의 옷을 유심히 관찰한다. 이런 연구를 통해서 유행하는 옷은 어떤 것이며 실용적인 것은 어떤 류인지를 파악할 수 있게 된다. 그러나 유행에 지나치게 현혹되지는 말아야 한다. 일단은 활동하기에 편리하고 이미 갖고 있는 옷과 어울릴 수 있는 것을 선택해야 한다. 때때로 첨단의 유행을 따르는 옷들은 상당히 특이하기 때문에 한 벌로 사야 한다. 뿐만 아니라 이런 옷들은 유행이 지나가고 나면 다시 입을 수 없고 유행의 흐름도 상당히 빠르다.

일단 갖고 있는 옷을 정리하고 잡지나 광고를 면밀히 검토한 후, 필요한 옷의 목록을 작성한다. 옷뿐만 아니라 액세서리도 여기에 포함된다. 이 때 목록은 가능한 한 자세하게 기록한다. 예를 들어 갈색 구두를 구입할 예정이라면 어떤 종류의 어떤 모양인지, 그리고 어떤 옷과 신을 것인지를 기록한다. 스타킹을 산다면 팬티, 밴드, 판다롱 중 어떤 것이 필요한지, 무슨 색을 구입해야 하는지를 결정한다. 핸드백의 경우라면 가장 실용성 있는 색은 무엇인지, 어떤 옷과 어떤 용도에 맞출 것인지를 심사숙고한 후 결정한다.

◇ 쇼핑을 하기 위한 시간과 장소

필요한 목록을 작성한 후에는 쇼핑을 해야 할 장소와 시간을 결정해야 한다.

많은 여성들이 세일 기간에 쇼핑을 한다. 그러나 이 방법이 항상 현명한 것은 아니다. 만일 당신의 개성이 강하다면, 세일 기간에 쇼핑을 한다고 해도 별 차이가 없다. 즉 계절의 절정기에 제가격을 모두 주고 상품을 사는 경우와 마찬가지로 자신에게 어울리는 옷을 구입할 수 있기 때문이다. 그러나 대부분의 여성들은 세일 기간에 판매하는 한정된 상품 중에서 대충 선택하기 때문에 결국에는 손해를 보는 경우가 많다.

만일 당신이 세일에 현혹되기 쉬운 사람이라면 스스로 자제해야 한다. 대부분의 사람들처럼 당신은 많은 상품들이 다양하게 전시된 곳에서 필요한 물건을 구입하는 것이 좋다. 물론 당신이 목록을 완벽하게 작성하여 그 목록대로 충실하게 지킬 각오가 되어 있는 사람이라면 세일 기간을 통해서는 유익한 구매를 할 수 있다.

상품이 많은 백화점이나 숙녀복 전문점과 같은 양질의 제품만을 판매하는 장소가 여성들의 쇼핑 장소로 이상적이기는 하다. 그러나 당신이 쇼핑에 많은 시간을 할애할 수 있고, 상품의 질을 분별할 수 있다면 상설 할인 매장을 이용하는 것도 좋다. 시간만 충분하다면, 백화점이나 숙녀복 전문점을 돌아본 후 할인 매장에서 백화점 상품에 버금가는 양질의 상품을 구입하는 것도 한 방법이다.

백화점과 숙녀복 전문점을 비교해 볼 때, 다양한 제품을 한눈에 볼 수 있다는 점에서 백화점이 유리하다. 의상의 사이즈, 모양, 색상이 다양하며 그에 어울리는 액세서리를 선택하기도 쉽다. 그러나 다양하고 규모가 큰 것이 항상 좋은 것은 아니다. 숙녀복 전문점은 비록 선택의 폭이 좁기는 하지만 보다 세련되고 개성있는 정선품을 제공한다.

어떤 여성들은 숙녀복 전문점의 친근감 있는 분위기를 좋아하며 또 어떤 여성들은 백화점의 딱딱한 분위기를 더 좋아한다. 계절초에 어떤 의류를 사기로 결정했으면, 그 날짜와 시간을 결정한다. 직장 여성이라면 평일 저녁이나 토요일 오후, 아니면 평일 점심 시간을 이용한다. 단 이런 시간은 사람들이 많이 붐비는 때이므로 각오를 해야 할 것이다.

그리고 무엇보다도 중요한 것은 상품 구입을 위해 최대한의 시간을 할당하여 심사숙고해야 한다는 점이다. 가능하다면 사람이 많지 않은 아침 시간을 택하여 쇼핑하는 것이 좋다.

◇ 쇼핑할 때의 복장

허름한 옷차림을 했을 때보다 잘 차려 입고 상점에 들어갈 때 더 융숭한 대접을 받는다는 사실은 누구나 경험한 바이다. 잘 차려 입는다고 해서 화려하게 치장을 해야 한다는 것은 아니다. 신경을 써서 단정한 차림을 할 필요가 있다는 의미이다. 만일 당신이 외부의 분위기에 전혀 동요되지 않는 확고한 사람이라면 이런 충고를 받아들이지 않을지도 모른다. 그러나 당신이 지나치게 정중한 판매원의 태도에 당황한다거나 그들의 건방진 태도에 의해 겁을 먹는 사람이라면, 무시하지 못하도록 말쑥하게 입으므로써 당신 자신을 과시할 필요가 있다.

그러나 쇼핑하기에 편안한 옷이어야 한다는 사실도 잊어서는 안 된다. 오랜 시간 동안 서서 돌아다니다 보면 발이 부어 오르므로 편안한 신을 신어야 한다. 또한 옷을 사는 경우 이것저것 입어 보아야 하므로 입고 벗기가 편한 옷을 입어야 한다. 홈웨어를 사는 경우라면 모르지만, 외출복을 살 경우에는 화장을 하고 가는 것이 유리하다. 외출복은 항상 화장을 하고 외출을 할 때만 입기 때문에 화장한 얼굴에 어울리는지를 보아야 한다.

쇼핑을 할 때에는 옷차림뿐만 아니라, 소지품도 가능한 한 간단히 해야 한다. 그러나 새로 구입할 물품이 현재 소지하고 있는 의상과 잘 어울리는지를 알아보기 위해서는 그 옷을 가져갈 필요가 있다.

만일 어떤 특정한 옷과 함께 입을 소품을 사는 경우라면 반드시 그 옷을 가지고 가야 한다. 예를 들어 화려한 스커트가 있는데 거기에 맞추어 신을 구두를 살 예정이라면, 그 스커트를 입고 가든가 가져가는 것이 현명하다. 그저 상상만으로 구두를 고른다면 의외로 실패하기 쉽다.

◇ 값을 치르기 전에 검토해야 할 사항

선택한 옷의 값을 치르기 전에 흠이 있는가를 주의깊게 살펴볼 필요가 있다. 만일 그 옷이 몸에 꼭 맞지 않는다면 점원에게 말하여 도움을 청해야 한다.

대부분 큰 숙녀복 전문점에는 매장 내부에 수선실이 있어 간단한 것은 그 자리에서 고쳐 주기도 한다. 그러나 때로 섬세한 기술을 필요로 하고 어려운 것도 있으므로 상점을 나가기 전에 그런 문제점을 점원에게 반드시 알릴 필요가 있다. 만일의 경우 너무 많이 고쳐야 한다면 다른 옷을 선택해야 한다. 그리고 적합도의 문제점이 당신의 체형에서 오는 것이라면 옷을 맞춰야 할 것이다.

◇ 의류의 질을 평가하는 방법

사실 이 문제는 한 파트를 할애하여야 할 만큼 많은 내용을 갖고 있다. 그러나 여기에서 제공하는 몇 가지의 일반적인 사항만으로도 쇼핑을 하는데 커다란 도움이 될 것이다.

섬유나 바느질에 대해 전혀 모른다고 해도 품질 표시가 분명하게 되어 있는 옷은 그것을 보고 판단할 수 있다. 유명 제품이라고 해도 투피스의 경우 위아래의 색이 약간씩 다른 경우가 있으므로 이 점을 주의한다. 솔기는 곧고 평평하게 박혀있는가를 본다. 특히 접혀져 나온 깃 부분과 같이 안쪽면이 밖에서 보이기도 하는 옷을 살 경우에는 옷의 안쪽이 깨끗하게 처리되었는가를 검토한다. 장식이 있을 경우 제자리에서 떨어지거나 비뚤어지지 않고 잘 붙어 있는지를 살핀다. 싸구려처럼 보이는 단추는 피하고 주머니 없이 뚜껑만 달려 있는 장식도 피하는 것이 좋다.

그 옷이 좋은가 아닌가는 당신에게 얼마나 잘 맞느냐에도 달려 있다는 것을 기억해야 한다. 만일 입었을 때 잘 맞지 않는다면 그 옷의 바느질에만 문제가 있는 것은 아니다. 비록 대부분의 옷을 대량 생산하기는 하지만 똑같은 디자인의 똑같은 사이즈도 약간씩 다른 경우가 있다. 그러므로 절대로 서두르지 말고 같은 모양의 같은 크기로 나온 여러 벌의 옷을 입어 보아야 한다.

품질 표시가 되어 있다고 해도 섬유에 대한 지식이 필요할 때가 있다. 어떤 섬유는 구김이 잘 가서 실용적이지 못하다. 그 대표적인 예가 천염 섬유로 이것은 구김이 잘 가고 헤지기 쉽다. 의심이 간다면 천연 섬유로 만든 옷의 솔기를 손가락으로 문질러 보라. 아마 곧 벗겨질 것이다. 그리고 손으로 한 번 움켜쥐었다가 놓으면 구겨져서 펴지지 않는다.

실용적인 옷감인가를 분별할 수 있어야 한다. 그리고 앞서 언급한 것처럼 의복의 안팎을 세심하게 살피고 솔기, 단추 구멍, 안감 장식 등을 검토한다. 이런 사항들이 잘 처리된 것 중에서 당신의 예산에 가장 근접한 옷을 선택하면 된다.

◇ 의복의 보관

충분히 관리할 수 있는 의복만을 선택해야 한다는 것은 상식이다. 예쁜 여름용 흰색 자켓이 있다고 하자. 이 옷은 물 빨래를 해서는 안

되기 때문에 자주 드라이 크리닝을 해야 하는데 실제로 그렇게 하지 못한다고 가정해 보자. 아마도 아름답기는커녕 추해 보일 것이다. 그러나 의외로 많은 사람들이 의상 선택에 있어 이러한 주요 요점을 고려하지 않고 있다.

만일 당신이 여행을 많이 한다거나 옷에 많은 관심을 쏟을 만큼 시간이나 돈이 부족하다면, 혹은 옷의 구김에 대해 상당히 민감한 사람이라면 합성 섬유를 사는 것이 현명하다. 오늘날에는 기술이 개발되어 어떤 합성 섬유는 고급품과 흡사하게 만들고 있다.

옷을 구입하기 전에 고려해야 하는 옷의 보관과 관리 방법은 단순하지가 않다. 예를 들어 가죽으로 장식을 단 의상은 그 가죽을 위해 특별한 세탁을 해야 한다. 왜냐하면 가죽은 일반 드라이 크리닝을 했을 경우 손상되기 때문이다. 그리고 고급 옷은 반드시 드라이 크리닝을 주는 것이 현명하다. 그렇지 않으면 오그라들거나 탈색이 되어 못 입게 된다. 어떤 옷을 구입하든지 취급상 주의 사항의 지시를 따라 관리해야 옷의 수명을 연장시킬 수 있다.

◇ 쇼핑 중의 휴식―피로를 풀고 다시 시작한다

특별히 쇼핑에 단련된 사람이 아닌 이상 물건을 사고 고르는 일은 매우 피곤하다. 따라서 쇼핑 도중에 약간의 휴식을 취하는 것이 바람직하다. 아니면 쇼핑을 시작하기 전에 충분한 에너지를 비축해 두는 것도 한 방법이다.

이를테면 아침이나 점심을 든든하게 먹고 쇼핑을 하든가 쇼핑 도중에 간단한 음식을 섭취하고 쉬어야 한다. 그러나 너무 많이 먹는 것은 좋지 않다. 많이 먹으면 졸음이 올 뿐 아니라, 배가 나와 옷을 사기 위해 입어볼 경우 볼품이 없다.

만일 당신의 판단 능력이 흐려지고 목적 의식이 흔들리기 시작한다고 생각되면 쇼핑을 일단 멈추어야 한다. 그리고 주변에 간단하게 먹을 만한 것이 있는지, 그리고 휴식 공간이 있는지를 살펴본다. 간단한 음식을 먹으면서 쉬는 동안 구입할 상품의 목록을 다시 한 번 검토해 본다.

◇ 쇼핑을 할 때 피해야 할 함정

친구와 함께 쇼핑을 가는 것은 재고해 볼 필요가 있다. 아무리 친한 친구라고 해도 쇼핑할 때 동반하는 것은 삼가해야 한다.
첫째 친구는 당신의 마음을 흔들리게 하는 요인이 된다.
둘째 친구의 취향과 목적이 당신의 것과 다를 수 있다.
셋째 친구는 일반적으로 예쁘다는 평을 듣는 옷이나 자신의 마음에 드는 옷을 당신에게 권할 수 있다. 이런 경우 대개는 당신에게 전혀 어울리지 않기 마련이다.
특히 외로움이나 불안정한 감정 혹은 욕구 불만 등을 충족시키기 위해 쇼핑을 하는 것은 피해야 한다. 그런 감정에 빠져들 때에는 요리를 하든가 스포츠를 즐기는 편이 훨씬 효과적이다. 그릇된 동기에서 출발한 쇼핑은 불필요한 구매를 유발한다.

색상의 조화

주디 루이스와 조안 니콜슨
(Judy Lewis & Joanne Nicholson)

개별적인 색채 상담 활동을 확충하는데 기여하였다. 두 사람 다 색채 상담 고문으로 일해 온 지 15년이 되었으며 미국 전역에 걸쳐 색채와 의상에 관한 상담과 강의를 하고 있다. 루이스는 LA를 중심으로 활동하고 있으며 명성이 대단하다. 니콜슨은 워싱턴을 중심으로 활약하며 현재는 인테리어 사무실을 경영하고 있다.

우리들 중 많은 사람들은 옷장 안에 옷이 가득 찼음에도 불구하고 입을 만한 것이 없어 화가 나고 짜증스럽다.

과연 무엇이 문제인가?

아마도 당신은 좋아하는 색이라는 이유로, 혹은 유행하는 색이라는 이유로 많은 옷들을 샀을 것이다. 물론 자신에게 잘 어울린다고 생각하여 산 옷도 있을 것이다. 그러나 막상 입으려고 옷장 문을 열면 입을 만한 옷이 없다.

대부분의 여성들은 자신의 의상이나 액세서리를 $\frac{1}{4}$ 정도밖에는 사용하지 못한다. 그 이유는 어디에 있는가? 그것은 아마도 갖고 있는 옷과 액세서리들을 효과적으로 활용하지 못하는데 있을 것이다. 갖고 있는 옷을 활용하지 못하는 가장 큰 원인은 대부분 색의 배합에 있다.

한 예로 어떤 여성이 황갈색 스커트에 핑크빛 베이지색 블라우스를 입고 그 위에 황갈색 자켓을 입고 있었다. 그녀는 갈색 계통의 색조로 통일했기 때문에 색 배합이 잘 되었다고 생각했다. 그러나 사실은 그렇지가 않다. 물론 같은 색의 명암을 살린 것은 효과적인 조화를 이루었다고 할 수 있다. 그러나 황갈색 스커트에는 황금빛 베이지색 블라우스와 황갈색 자켓을 입었어야 했다. 핑크빛 베이지색은 핑크빛 갈색과 어울린다.

블라우스와 자켓, 그리고 스커트의 색 뿐만 아니라 피부색과 머리카락의 색도 중요하다.

◇ 색의 이해

자신을 아름답게 장식하는 첫번째 원리는 자신에게 어울리는 색뿐만 아니라, 먼저 색이 지니는 명암의 정도와 색의 순수도를 이해해야 한다.

예를 들어 붉은 색이라고 해도 사과, 벽돌, 불, 그리고 장미등은 각기 그 명암의 정도가 다르다. 그리고 색의 순수도라 함은 어떤 색이 얼마나 맑은가를 보는 것이다. 말하자면 얼마나 두드러지게 빨간지 혹은 파란지가 문제다. 모든 여성들은 모든 색의 옷을 소화할 수 있다. 다만 문제가 되는 것은 그 색의 명암과 채도이다.

사람들은 흔히 이렇게 말한다.

「나는 빨간색을 좋아하는데 나에게 어울리지 않기 때문에 그런 색 옷은 입을 수 없어.」

이런 생각은 무지에서 오는 결론이다. 사람들은 모두 붉은 색을 잘 소화할 수 있다. 왜냐하면 붉은 색이라고 해도 단 한 가지만 있는 것이 아니라 그 명암에 따라 다양한 색조를 갖고 있기 때문이다. 따라서 얼마든지 자신을 돋보이게 하는 붉은 색을 찾을 수 있다.

다른 예로 모든 사람들이 초록색이 다 잘 받지 않는다고 해보자. 만일 당신이 이런 경우라면, 초록색은 어울리지 않는 색이라고 속단하고 다시는 그 색을 선택하지 않을지도 모른다. 그러나 이런 속단은 색상 선택의 폭을 스스로 좁히는 것일 뿐 아무 도움을 주지 못한다.

당신은 다른 색과 마찬가지로 초록색도 잘 소화해 낼 수 있다. 단 명암이 다른 여러 종류의 초록색 중에서 당신에게 잘 어울리는 것을 찾기만 한다면.

어떤 다른 요소들보다도 색의 명암과 순수도를 이해하고 활용한다면 당신은 보다 매력적인 이미지를 갖게 될 것이다. 색의 이해와 배합을 배우는 것은 상당히 중요하다. 이런 지식을 갖게 되면 당신은 고상한 취향을 소유할 수 있고 의상 배합의 요령을 터득할 수 있다. 그러나 자신에게 어울리는 색조가 무엇인지조차도 모른다면 문제는 심각하다.

◇ 당신은 다음 중 어떤 유형에 속하는가?

피부색과 머리카락의 색을 중심으로 다음과 같은 유형들로 나누어 보았다. 과연 당신은 어떤 유형에 속하겠는가.

① 대조적인 유형 : 피부색과 머리카락의 색이 대조를 이루는 경우. 예컨대 머리카락은 짙은 갈색이나 검정색이고 피부는 올리브색인 경우.

② 맑고 밝은 유형 : 전체적으로 밝은 색을 갖고 있다. 피부는 황금빛을 띠고 머리카락은 중간 갈색인 경우.

③ 부드러운 유형 : 부드러운 인상을 주는 유형. 피부색은 밝은 아이보리나 핑크빛 베이지색이며 머리카락은 어린아이처럼 흐린 갈색인 경우.

④ 눈에 띄지 않는 유형 : 피부색과 머리카락 색이 모두 두드러지

지 않는 경우. 피부색은 아이보리 베이지, 갈색 베이지 혹은 황갈색 베이지이고 머리카락은 붉은 빛이 도는 짙은 갈색.

⑤ 복합된 유형 : 이외에 두 가지 유형이 복합된 사람들도 있다. 예를 들어 피부는 갈색빛이 나는 베이지색이면서 머리카락은 검은색인 사람이 있다면, 눈에 띄지 않는 유형과 대조적인 유형의 복합 유형이다.

자신의 피부색과 머리카락이 어떤 유형에 속하는지를 파악했다면 이제는 그 유형에 맞는 색배합은 어떻게 해야 하는지를 알고 싶을 것이다.

◇ 의상의 색배합

● 대조적인 유형

① 색의 대조적인 배합이나 약간 대조적인 배합이 잘 어울린다. 여기에서 약간 대조적인 배합이라는 것은, 예를 들어 초록색과 파스텔 색조의 산호색이나 중간색의 조화를 말한다. 그러나 초록색과 주황색이 모두 파스텔 색조를 띤다면 당신에게 어울리지 않을 것이다.

② 대조적인 효과를 주기 위해 맑은 색이나 밝은 색과 어두운 색을 배합한 옷을 입는다.

③ 아래·위로 모두 밝은 색 옷을 입는다.

④ 얼굴이나 허리 부분을 강조하지 않으면서 머리에서 발 끝까지 어느 한 가지 색으로 통일해서 옷을 입지 않는다.

⑤ 명암의 강약이 없이 아래·위 밝은 색을 입는 것은 피한다.

⑥ 명암의 강약이 없이 아래·위 어두운 색으로 통일하는 것은 피한다.

● **맑고 밝은 유형**

① 대조적인 색배합이나 약간 대조적인 것 모두 가능하다. 그러나 위에서처럼 초록과 주황이 모두 파스텔 색조로 혼합된 것은 피하는 것이 좋다.
② 어두운 색과 밝은 색의 배합으로 옷을 입는다.
③ 밝은 색과 함께 맑고 깨끗한 색을 배합하여 입는다.
④ 아래·위 맑고 투명한 색으로 입는다.
⑤ 얼굴이나 허리 부분에 두드러지는 액센트를 주지 않고, 머리에서 발 끝까지 동일한 색으로 옷을 입지 말아야 한다.
⑥ 밝은 색으로 강조하지 않는 한 아래·위 모두 어두운 색으로 입지 말아야 한다.
⑦ 마찬가지로 어두운 색이나 맑은 색으로 강조하지 않는 한 아래·위를 모두 밝은 색으로 입지 않는다.

● **부드러운 유형**

① 부드러운 색상 중에서 약간의 대조적인 배합과 혼합된 배합으로 옷을 선택한다.
② 지나친 대조의 색배합은 피한다. 예를 들어 어두운 색과 밝은 색, 즉 검정색과 흰색 배합은 지양한다.
③ 아래·위로 중간 색조를 입든가 밝은 색조를 입는다.
④ 아래·위를 한 가지 색으로 입어도 좋다.
⑤ 머리카락의 색이 짙은 사람은 아래·위 모두 어두운 색의 옷을 입어도 좋다.
⑥ 머리카락의 색이 밝은 사람은 흰색과 함께 어두운 갈색 옷은 피해야 한다.

● 눈에 띄지 않는 유형

① 약간 대조를 이루는 색배합이 어울린다.
② 지나친 대조의 색배합은 피한다. 특히 검정과 흰색처럼 어두운 색과 밝은 색의 배합은 어울리지 않는다.
③ 위·아래를 중간 색조로 통일하거나 밝은 색조로 통일해서 입는다.
④ 머리카락의 색이 유난히 밝은 사람은 파스텔 색조를 입어도 좋다. 그리고 머리에서 발끝까지 머리카락 색과 동일한 옷을 입는 것도 괜찮다.
⑤ 머리카락의 색이 어두운 사람은 어두운 색 옷을 위·아래 함께 입어도 괜찮다.
⑥ 머리카락이 밝은 사람은 흰색과 매치된 어두운 갈색은 피해야 한다.

◇ 보 석

「손님은 키가 크기 때문에 커다란 액세서리가 잘 어울립니다.」
핑크빛 피부색과 흐린 갈색 머리카락의 키가 큰 어떤 손님에게 가게 점원이 이렇게 말했다. 그래서 손님은 새로 산 니트웨어를 장식하기 위해 점원의 충고대로 커다란 목걸이를 샀다. 집에 와서 새로 산 옷을 입고 목걸이를 걸어 보지만 어딘가 어색한 느낌이 든다.
「이 목걸이는 너무 눈에 띄는 것 같아. 왜 어울리지 않는 걸까? 나는 키가 크니까 큰 목걸이가 잘 어울릴 텐데」라고 그녀는 생각한다.
여기에서 주시해야 할 것은 그녀의 키가 아니다. 중요한 것은 그녀의 외모에서 느껴지는 분위기에 있다. 그녀는 전체적으로 부드러운 색조를 띠기 때문에 부드러운 분위기를 풍긴다. 그런 분위기는 커다란 장식품을 소화해 낼 만큼 그렇게 강하지 못하다.
이 여성은 장식품의 크기와 색깔이 의상에 중요한 요소로 작용한다는 사실을 모르고 있었다. 아마도 대조적인 유형에 속하는 여성이라면 크고 무거워 보이는 보석류가 잘 어울렸을 것이다.

다음은 각각의 유형에 알맞는 보석류에 대해 언급하겠다.

● **대조적인 유형**
　① 산뜻하지 않은 금속은 피하고 맑고 빛나는 것을 택한다.
　② 번쩍번쩍 빛나는 은빛과 금빛이 잘 어울린다.
　③ 중간 크기와 커다란 장식품이 좋다.
　④ 소형의 보석류를 달 경우에는 다른 것들과 함께 착용하는 것이 효과적이다.
　⑤ 거친 짜임새와 부드러운 짜임새의 금속류 모두 소화할 수 있다.
　⑥ 올리브색의 피부를 지닌 여성은 백납제 장식품이나 백금은 피한다.

● **맑고 밝은 유형**
　① 산뜻하지 않은 금속 장식은 피하고 맑고 반짝거리는 금속 장식을 착용하는 것이 좋다.
　② 금으로 만든 장식이 가장 잘 어울린다. 광택이 있는 은도 좋다.
　③ 작거나 중간 사이즈의 보석이 보기 좋다.
　④ 거칠거나 부드러운 짜임새의 금속성 장식 모두 소화할 수 있다.
　⑤ 어두운 황금색 피부의 여성은 백납제 장식품이나 백금 제품은 피해야 한다.

● **부드러운 유형**
　① 밝고 빛나는 금속 장식은 피하고 빛이 강하지 않은 보석이나 장식을 착용한다.
　② 작거나 조금 큰 중간 사이즈의 보석류가 적당하다.

③ 거친 것이든 부드러운 것이든 금속 장식은 모두 좋다. 그러나 번쩍거리는 커다란 보석류는 피한다.
④ 황동으로 만든 장식은 피한다.
⑤ 부드러운 색조의 금, 백금, 백납제 장식, 그리고 광택이 없는 은이 잘 어울린다.

● 눈에 띄지 않는 유형
① 맑고 빛나는 금속 장식은 피하고 광택이 없는 것을 택한다.
② 작거나 보통 크기의 보석류가 어울린다. 그러나 키가 큰 여성은 커다란 보석을 착용해도 좋다.
③ 황금빛이 약간 도는 베이지색 피부에는 금이 가장 잘 어울린다.
④ 금, 황동, 구리, 광택이 없는 은, 그리고 청동을 소화할 수 있다.

◇ 직 물

무늬의 크기 뿐만 아니라 옷감의 무게와 짜임새 역시 고려해야 한다. 당신은 어떤 옷감을 선택해야 하는지를 알아 보자.

● 대조적인 유형
① 중간이나 큰 무늬가 어울린다(신체 구조를 고려할 것).
② 어두운 색과 밝은 색이 현저한 대조를 이루기만 한다면 작은 무늬를 선택해도 좋다.
③ 모든 무늬를 잘 소화해 낼 수 있다. 단 대조적인 색으로 채색된 것이라야 한다. 예를 들어, 검정과 흰색의 기하학적 무늬, 빨강색과 흰색의 체크 무늬, 혹은 자주색과 밝은 베이지색의 꽃무늬가 있다.
④ 부드러운 짜임새를 갖고 있는 옷감이 좋다(체형을 고려할 것).
⑤ 옷감의 무게는 상관없다.

● 맑고 밝은 유형

① 작은 무늬와 중간 크기의 무늬가 가장 이상적이다.
② 대조적인 색이 배합되어 있다면 모든 무늬를 소화할 수 있다. 예를 들어 맑은 청색과 흰색 배합, 빨강색과 흰색 줄무늬, 그리고 푸른색과 흰색의 잔잔한 꽃무늬가 있다.
④ 옷감의 무게는 중간 정도나 가벼운 것이 어울린다.

● 부드러운 유형

① 작은 무늬와 중간 크기의 무늬가 이상적이다.
② 지나친 대조를 이루지 않는 색배합에 한해서 모든 무늬가 고루 잘 어울린다.
③ 부드럽고 느슨하게 짜여진 옷감이 좋다.
④ 가벼운 옷감과 중간 것이 이상적이다.
⑤ 키가 큰 여성은 무늬가 큰 것을 입어도 좋다.

● 눈에 띄지 않는 유형

① 작은 무늬와 중간 크기의 무늬가 이상적이다.
② 색의 배합이 지나친 대조를 이루지만 않는다면 모든 무늬가 가능하다.
③ 부드럽고 짜임새가 성근 감을 택한다(체형 고려).
④ 옷감의 무게는 상관없다(체형을 고려할 것).
⑤ 키가 큰 여성은 약간 큰 무늬도 잘 어울린다.

◇ 핸드백

옷은 잘 차려 입었지만 전혀 어울리지 않는 핸드백을 갖고 다닌다면 전체적인 인상이 흐려질 것이 분명하다.

당신의 피부색과 머리카락의 색은 핸드백을 선택하는데 많은 영향을 준다. 따라서 많은 수의 핸드백을 갖출 필요는 없다. 당신에게 가장 잘 어울리는 색조와 크기를 확실하게 파악하고 그에 맞는 몇 개만 있으면 된다.

피부색과 머리카락의 색에 의해 판명된 당신의 유형이 어떤 것이든 다음 규칙을 알고 있어야 한다.

① 키가 보통이거나 작은 여성은 소형이나 중간 크기의 핸드백을 갖고 다녀야 한다.

② 키가 큰 여성은 크기에 상관없이 모든 핸드백을 사용할 수 있다.

● 대조적인 유형
 ① 검은 에나멜 가죽을 포함해서 모든 재료의 가방이 어울린다.
 ② 모든 모양의 가방이 고루 잘 어울린다(체형 고려).

● 맑고 밝은 유형
 ① 검은 에나멜 가죽을 포함해서 모든 재료의 가방을 들 수 있다.
 ② 무게가 가벼워 보이는 가방이 가장 이상적이다.
 ③ 모양은 어떤 것이든 어울린다(체형 고려).

● 부드러운 유형
 ① 크고 딱딱해 보이는 에나멜 가죽은 피한다. 그 외의 나머지 재료는 모두 어울린다.
 ② 가벼워 보이는 핸드백이 가장 이상적이다.
 ③ 부드러운 곡선으로 처리된 핸드백이 딱딱한 모양의 핸드백보다 훨씬 잘 어울린다.

● 눈에 띄지 않는 유형
　① 검은 에나멜 가죽을 제외하고 나머지는 모두 가능하다.
　② 모든 모양을 다 소화할 수 있다(체형 고려).

◇ 순백색 의상

　순백색은 대부분의 사람들에게 어울리기 어려운 색이다. 그 이유는 종종 그 사람의 치아의 색과 피부색에 있다. 반면에 크림색과 회색을 띤 백색은 대부분 잘 어울린다.
　「순백색은 신선하고 깨끗한 인상을 준다」고 흔히 생각한다. 때때로 이런 이유 때문에 사람들은 순백색 옷을 즐겨 입는다. 그러나 이것이 누구에게나 다 적용되지는 않는다. 순백색 옷을 입고자 하는 각 유형의 사람들을 위해 다음 몇 가지 안내를 하겠다.

● 대조적인 유형과 맑고 밝은 유형
　① 흰색 무늬나 장식은 괜찮다.
　② 만일 당신이 날씬하다면 허리 아래에 흰색을 입을 수 있다.
　③ 얼굴 부근이 다른 색으로 장식된 경우 허리 위로 흰색을 입어도 좋다.

● 부드러운 유형
　① 흰색 무늬나 장식 모두 가능하다. 그러나 크기가 작아야 하며 가능한 한 흰색과 대조적이지 않은 색상이 좋다.

● 눈에 띄지 않는 유형
　① 흰색은 전혀 어울리지 않는다.

◇ 화장(외모 중 가장 결정적인 요소)

당신이 사용하는 화장품의 색은 전체적인 외모에 결정적인 요소로 작용한다. 사람들이 가장 많이 보는 것은 무엇보다도 당신의 얼굴이다. 당신의 화장은 과연 얼굴빛과 머리카락 색에 잘 어울리는가. 일반적으로 다음의 원칙을 따른다면 세련된 외모를 가꿀 수 있을 것이다.

- **대조적인 유형**
  ① 다른 유형에 속하는 사람보다 화장을 진하게 해도 무난하다. 그러나 자연스런 화장과 밝은 색조의 화장이 역시 좋다.

- **맑고 밝은 유형**
  ① 밝은 색조의 화장을 해야 한다.

- **부드러운 유형**
  ① 자신의 색에 맞추어 부드러운 인상을 줄 수 있도록 연하게 한다.

- **눈에 띄지 않는 유형**
  ① 머리카락 색이 어두운 사람은 보통 사람들보다 진한 화장으로 강한 인상을 주는 것이 좋다. 그러나 보통인 사람은 흐리게 화장해야 한다.

◇ 색상 선택을 위한 일반적인 요령

① 옷과 액세서리의 색상이나 화장은 밝은 대낮에 자연광에서 검토해야 한다. 그렇지 않으면 각기 다른 두 상점에서 구입한 것이 색

상면에서 조화를 이루지 못하는 경우가 많다. 하지만 당신이 인공 불빛 아래에서 근무하고 있다면 그와 유사한 불빛 아래에서 색상을 검토해야 한다.

② 실내 장식도 자연광과 조화를 이루도록 조심해야 한다. 당신의 의상뿐만 아니라 주위 환경에 의해 외모가 보완되고 돋보일 수 있다.

③ 피부색과 머리카락 색과 비슷한 계통의 색을 지닌 구두, 가방 그리고 벨트를 선택하는 것이 효과적이다. 그런 계통의 물건들은 당신과 잘 어울릴 것이다.

④ 피부색이 희다면 어떤 옷을 입어도 잘 어울린다.

⑤ 서류 가방이나 큰 가방을 들 경우 그 색을 머리 색에 맞춘다면 전체적으로 조화된 느낌을 준다.

⑥ 다른 어떤 색보다 베이지색이 속옷의 색상으로는 가장 적당하다.

⑦ 만일 당신이 대조적인 유형에 속한다면 밝은 색의 블라우스를 입는 것이 효과적이다. 그리고 맑고 밝은 유형에 속한다면 깨끗한 파스텔 색조를 선택해야 한다.

⑧ 부드러운 유형이나 눈에 띄지 않는 유형에 속하는 여성은 중간 색조의 블라우스가 어울린다.

⑨ 안경테도 피부색과 머리카락 색에 어울리는 것을 선택한다.

⑩ 머리카락을 염색하려고 한다면, 당신의 피부색을 고려하여 잘 어울리는 색깔로 한다.

얼굴

엘래인 포스터(Elaine Posta)

나의 외모는 그다지 아름답지 않다.
나보다 훨씬 잘 생긴 사람들이 많다.
그러나 나의 얼굴이 내 마음을 상하게 하지는 않는다.
진정한 나는 그 뒤에 숨어 있기 때문이다.
-작자 불명-

 이 시가 명쾌하게 지적한 것처럼 자신의 외모에 만족하고 있는 사람은 거의 없다. 특히 여성들의 경우는 더욱 그렇다.
 필자는, 직업상 자신의 외모를 개선할 필요성을 느끼기는 하지만 방법을 모르고 있는 많은 여성들을 만나고 있다. 이런 여성들과의 상담을 통해서 필자가 제일 처음으로 충고하는 것이 있다. 그것은 다름 아닌 얼굴과 머리이다. 역시 얼굴과 머리는 여성들의 개성을 가장 잘 표현하고 있는 신체 부위이기 때문이다. 어떤 여성의 이름을 말했을 때 가장 먼저 떠오르는 것이 바로 그녀의 얼굴이다.
 이 항에서는 얼굴형, 머리 모양 그리고 목선에 대해 언급하였으며 피부 관리와 화장에 관한 내용도 다루고 있다. 마지막에는 대단한 결단을 필요로 하는 성형 수술에 관한 내용도 약간 다루었다.

◇ 자신의 얼굴을 관찰해 보자

다섯 가지 기본적인 얼굴형은 계란형, 둥근형, 사각형, 장타원형, 그리고 하트형이다. 이 중에서 당신의 얼굴은 어디에 속하는가? 아마도 많은 사람들이 이 다섯 가지 중 자신의 얼굴형이 어떤 것인지 정확하게 파악하기는 어려울 것이다.

필자 역시 확실하게 구분되지 않는다. 필자가 처음으로 이미지에 관한 세미나를 개최했을 때, 자신의 얼굴형을 물어오는 여성들이 종종 있었다. 어떤 여성들에게는 쉽게 대답해 줄 수 있었지만 어떤 여성들에게는 그렇게 할 수 없었다. 분명하게 구분되지 않는 사람들이 많았기 때문이었다. 그래서 미용계에 가장 권위있는 몇몇 유명 인사들에게 그들의 고견을 요청했다.

그 내용을 정리하면 다음과 같다. 세계적으로 유명한 미용 전문가들 중 많은 사람들이 우리들처럼 얼굴형을 구분하는데 혼동하고 있었다. 그리고 그들은 그 사실을 시인했다. 어떤 사람들은, 얼굴형에 대한 개념을 구분하는 것이 가치있는 일이기는 하지만 그 개념이 모든 얼굴형을 엄밀하게 구분하지는 못한다고 했다. 필자 역시 그 의견에 동의한다.

◇ 기본적인 얼굴형

얼굴형은 얼굴의 중심 구조, 즉 이마, 코, 뺨, 그리고 턱 사이의 거리에 의해 결정된다.

계란형은 가장 이상적인 얼굴형이다. 이론상, 이런 얼굴형의 사람은 어떤 형의 머리 모양을 해도 모두 어울린다. 이런 형은 수정할 필요가 없기 때문에 특별히 화장을 하지 않아도 된다. 모델의 대부분이 이런 얼굴형이다.

Part 2 외모의 개선을 통한 새로운 이미지 확립 111

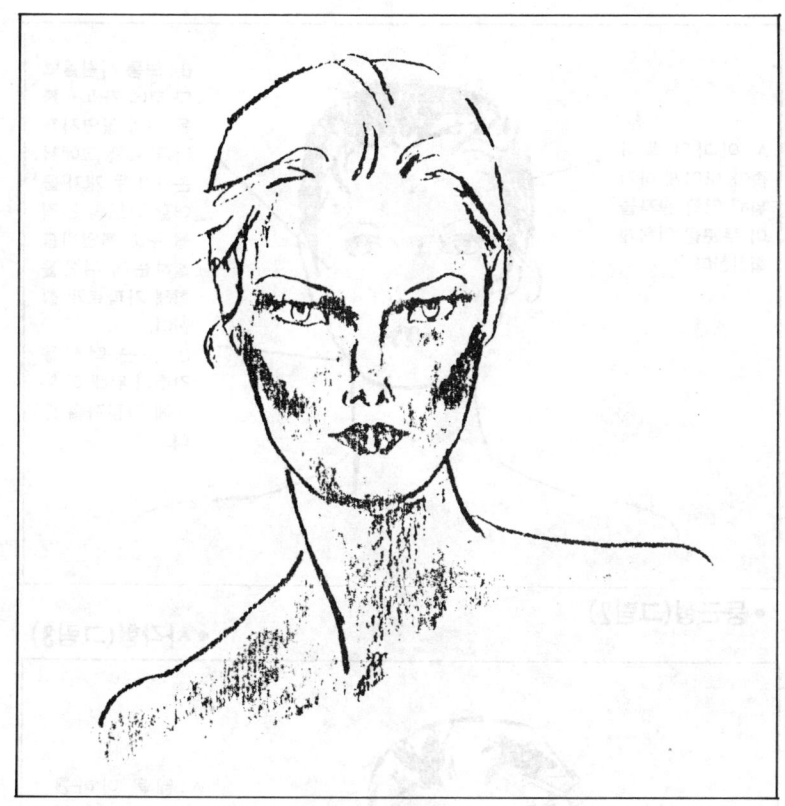

● 계란형(그림1)

둥근형이나 보름달형의 얼굴은 얼굴에 각이 없으며 둥근 턱을 갖고 있는 것이 특징이다. 이런 얼굴형의 목표는 머리 모양과 화장으로 얼굴의 넓이를 좁히는 데 있다.

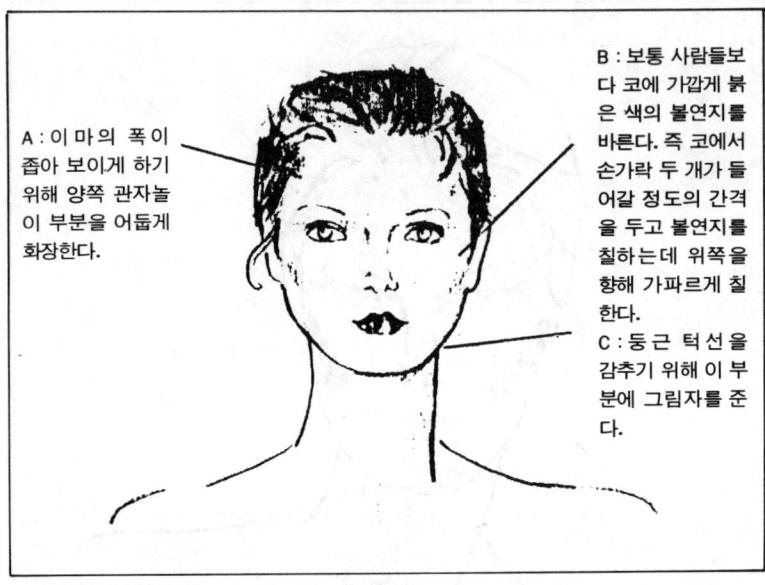

● 둥근형(그림2)

A : 이마의 폭이 좁아 보이게 하기 위해 양쪽 관자놀이 부분을 어둡게 화장한다.

B : 보통 사람들보다 코에 가깝게 붉은 색의 볼연지를 바른다. 즉 코에서 손가락 두 개가 들어갈 정도의 간격을 두고 볼연지를 칠하는데 위쪽을 향해 가파르게 칠한다.

C : 둥근 턱선을 감추기 위해 이 부분에 그림자를 준다.

● 사각형(그림3)

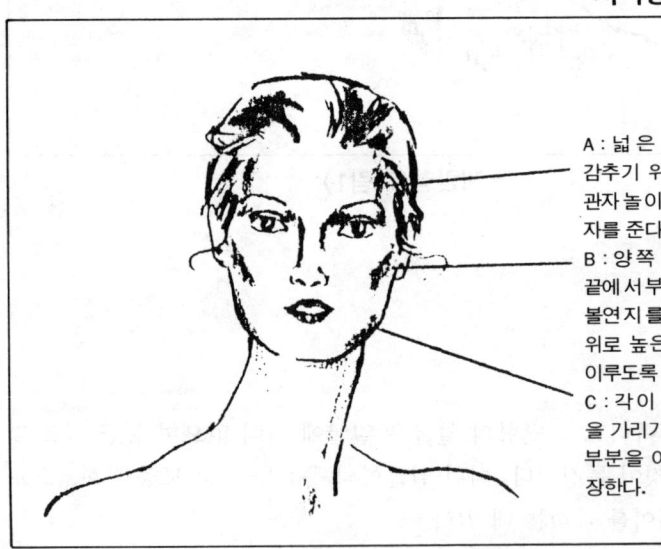

A : 넓은 이마를 감추기 위해 양쪽 관자 놀이에 그림자를 준다.

B : 양쪽 광대뼈 끝에서부터 붉은 볼연지를 칠하되 위로 높은 각도를 이루도록 칠한다.

C : 각이 진 턱선을 가리기 위해 그 부분을 어둡게 화장한다.

사각형의 얼굴은 넓은 이마, 넓은 뺨, 그리고 넓고 각진 턱이 특징적이다. 전반적으로 모가 난 얼굴형이다. 그러므로 머리 모양과 화장술로 각진 곳을 부드럽게 만드는 데 주력해야 한다.

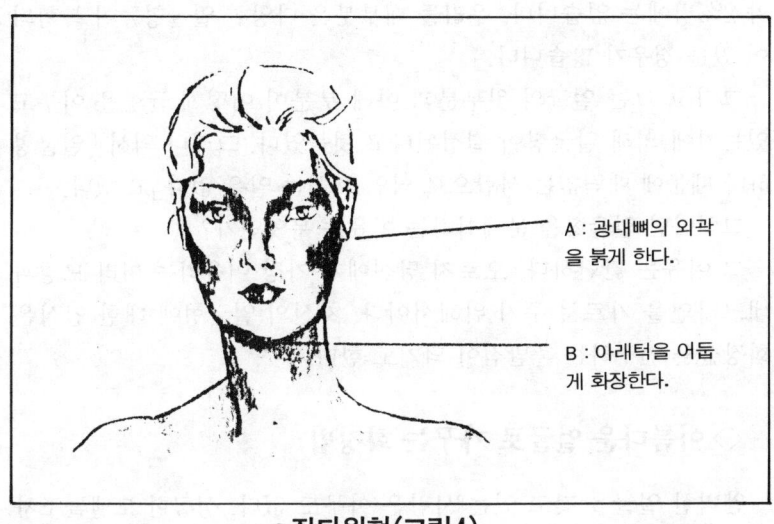

● 장타원형(그림4)

이 얼굴형은 턱과 이마 사이의 간격이 보통 사람들보다 넓은 것이 특징이다.

● 하트형
하트형의 특징은 이마가 가장 넓고 턱으로 내려올수록 좁아진다는 데 있다. 이런 얼굴형은 뾰족한 턱이 눈에 띄지 않게 하기 위해 이마를 가려 좁아 보이게 하는 머리 모양을 해야 한다. 그리고 반달 모양(만곡 부분이 얼굴의 안쪽에 오도록)으로 볼연지를 바른다.

미국의 유명한 성형외과 의사인 제랄드 임버(Gerald Imber)박사는 다음과 같이 말했다.

「얼굴형을 어떻게 구별하는지에 대해서는 모릅니다. 단지 매우 특이한 얼굴형만 구분할 수 있을 뿐입니다. 그러나 이런 사람은 인구의 약 2%밖에는 없습니다. 우리들 대부분은 다양한 얼굴형들이 복합되어 있는 경우가 많습니다.」

그리고 그는 얼굴의 윗부분과 아래 부분이 어떻게 균형을 이루고 있는가에 의해 얼굴형이 결정된다고 덧붙였다. 그러나 역시「얼굴형 하나 때문에 매력없는 사람으로 낙인 찍히는 일은 없다」고 했다.

그렇다면 얼굴형을 문제화하는 이유는 무엇인가?

그 이유는 간단하다. 오로지 당신에게 가장 어울리는 머리 모양과 네크라인을 가르쳐 주기 위해서이다. 자신의 얼굴형에 대한 인식은 화장술을 연구하는 출발점이 되기도 한다.

◇ 아름다운 얼굴로 가꾸는 화장법

완벽한 얼굴을 갖고 있는 사람은 아무도 없다. 성공한 모델들조차도 대부분이 그렇다. 만일 우리들 모두가 아름답고 완벽하게 균형을 이루고 있다면 얼마나 지루하겠는가. 사람들은 대부분 자신의 얼굴 중 가장 불완전한 부분에 가장 많은 관심을 쏟는다. 입체 화장은 당신의 이런 결점을 보완해 줄 수 있다.

입체 화장은 상당히 복잡한 절차를 밟아야 한다. 그러나 불행하게도 많은 사람들이 이 점을 완전히 이해하지 못하고 있다. 입체 화장에 대한 섣부른 지식은 오히려 위험하다.

얼굴의 장점을 강조하고 결점을 보완하기 위한 전문적인 입체 화장은 훌륭한 화가의 예술적 수완을 필요로 한다. 균형과 대비에 대한 감각, 그리고 명암 효과에 대한 지식이 필요하다. 그러나 밝은 색 화장은 얼굴의 어떤 부위를 강조하며 어두운 색조의 화장은 그 반대 효과를 준다는 사실 정도는 상식적으로 모두 알고 있다. 이런 기본적인 지식을 바탕으로 대부분의 평범한 여성들은 자신의 얼굴을 아름답게 재창조할 수 있다.

다음의 네 단계가 바로 그 방법이다.

① 화운데이션을 바르기 전에 순백색 언더 메이크업을 바른다. 불완전한 부분과 얼굴색을 지우기 위한 첫단계가 이것이다.

② 자신의 피부색과 동떨어지지 않은 비슷한 색의 화운데이션을 바른다.

③ 다음에는 ②에서 바른 것보다 약간 어두운 것을 사용하여 얼굴에 명암을 준다. 이것은 결점을 감추기 위해서 필요하다. 즉 궁극적인 목적은 소위 완전한 얼굴형이라고 하는 계란형의 얼굴을 만드는 것이다.

어두운 화운데이션을 발라야 하는 대표적인 부위는 광대뼈와 턱 아래이며 이마의 양쪽 구석도 포함된다. 이 때에는 어두운 화운데이션과 흰 것과의 경계가 눈에 띄지 않고 자연스럽게 이어지도록 주의해야 한다.

④ 마지막으로, 강조하고 싶은 부위에는 보다 밝은 색을 칠한다. 얼굴 생김에 따라 강조해야 할 부분이 눈일 수도 있고 턱이나 광대뼈의 윗부분일 수도 있다. 단 어떤 경우에라도 코의 중앙선은 항상 밝은 색으로 돋보이게 해야 한다.

◇ 화장의 기초 지식

① 화장을 하기에 앞서 얼굴을 청결하게 한다. 그렇지 않으면 외관상 지저분할 뿐만 아니라 피부 자체에 문제가 생긴다.

② 화장을 할 때에는 3면 거울을 이용하는 것이 이상적이다. 조명은 가능한 한 자연빛에 가깝게 한다. 목욕탕과 같은 희미한 조명 아래서 화장을 한 후 외출한다면, 진한 화장에 깜짝 놀랄 것이다.

③ 화운데이션을 이마, 양볼, 코, 그리고 턱에 점을 찍듯이 분배한다. 이마는 위를 향해 밖으로 바르고 그 외의 부위는 아래를 향해 밖으로 바른다. 그 이유는 얼굴의 솜털이 아래로 향하고 있어 화장품을 위로 바른다면 솜털이 일어나 눈에 띄기 때문이다.

④ 만일 머리카락이 얼굴을 가리지 않는다면 귀까지도 화장을 해야 한다. 그곳도 얼굴의 연장이라고 생각해야 한다.

⑤ 화운데이션이 턱과 목 그리고 머리카락이 나기 시작한 경계선 부분에서 어색하지 않게 골고루 잘 발라졌는지를 확인한다. 만일 그런 경계가 눈에 두드러지게 나타난다면, 축축한 스폰지나 솜으로 가볍게 문질러서 완전히 그 경계선을 없애야 한다. 마치 마스크를 쓴 것처럼 되지 않도록 조심해야 한다.

⑥ 아이셰도우를 하기 전에 반드시 아이 크림을 발라 주어야 한다. 이것은 주름을 방지할 뿐만 아니라, 아이셰도우가 지워지는 것을 방지한다.

⑦ 아이셰도우를 적절히 이용하면 여러 가지 효과를 볼 수 있다.

- **걱정이 없어 보이는 눈 1**

눈꺼풀 위에 한 가지 색으로 셰도우를 칠하고 눈의 외곽으로 펴서 고루 바른다. 거의 눈썹에 닿을 정도로 가까이까지 칠한다. 똑같은 색 중 약간 어두운 셰도우를 눈꺼풀 안쪽에 더 칠하다.

- **평범하게 위치한 눈을 약간 올리기 위한 방법 2**

눈이 깊어 보이게 하기 위해 눈의 안쪽에 부드러운 갈색을 사용한다. 그리고 눈의 외곽에는 다른 부드러운 색을 칠해 주면 눈이 약간 올라가 보이고 양쪽 밖으로 향한 것처럼 보인다. 셰도우를 칠한 양쪽이 다른 부위보다 어두워야 하므로 이점에 유의하면서 자연스럽게 넓게 펴서 바른다.

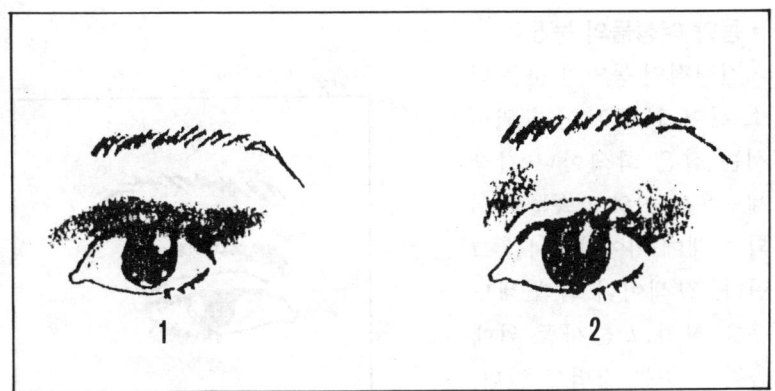

- **두 눈의 간격이 너무 좁은 경우 3**

  아이라이너로 선을 긋는다. 눈의 중심 부위에서부터 셰도우를 칠한다. 셰도우는 깊고 어두운 색조를 사용하는 것이 효과적이다.

- **특별한 날을 위한 눈화장 4**

  약간 어둡고 보다 강조적인 색조의 셰도우를 사용할 수도 있다. 그러나 밝은 색 셰도우를 사용하는 것이 더 좋다. 눈의 외곽과 쌍까풀 위에 보다 밝은 색을 칠해서 화사한 느낌을 연출한다.

  강조하기 위해 눈썹 아래를 밝게 한다.

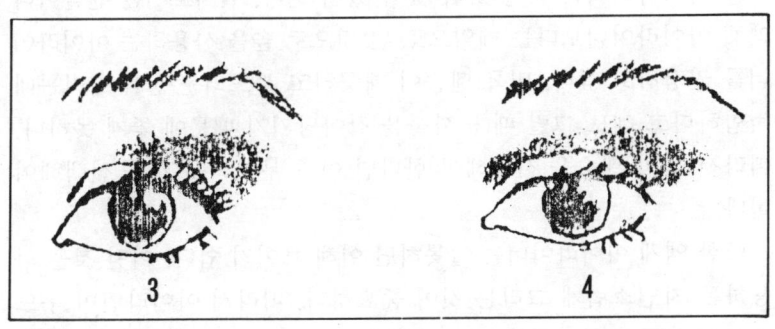

● 동양 여성들의 눈 5

전형적인 동양인 눈을 다소 깊이 있게 보이기 위해서는 짙은 회색이나 갈색 셰도우를 칠하고 속눈썹 위와 아래에 아이라이너를 그린다. 갈색이나 회색 셰도우를 칠하고 눈꺼풀 위에 음각을 주는 방법도 있다. 이 때 셰도우는 그림과 같이 약간 경사지게 칠한다.

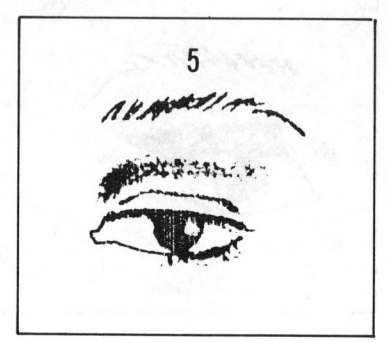

약간 나이가 든 여성들은 조심해야 할 사항이 있다. 즉 눈썹 밑에 밝은 셰도우로 강조해서는 안 된다는 것이다. 그 부분을 강조하기보다는 어두운 색으로 들어가 보이게 화장해야 한다. 왜냐하면 나이가 들수록 대부분 그 부위가 돌출하는 경향이 있기 때문이다.

① 아이셰도우를 하는데 있어 주의해야 할 마지막 사항은 색의 선택이다. 아이셰도우의 색상은 눈동자 색보다는 의상과 조화를 이루어야 한다. 정확하게 일치시킬 필요는 없지만 유사한 색상을 선택하는 것이 중요하다.

② 아이라이너는 눈을 보다 깊이 있게 한다. 필자로서는 펜슬이나 액체 아이라이너보다는 캐익으로 된 것으로 솔을 사용하는 아이라이너를 권장하고 싶다. 비록 펜슬이 깨끗하고 부드러운 선을 그리는데 적합하다고 해도 그릴 때 눈까풀을 잡아당기기 때문에 좋지 못하다. 따라서 굳이 펜슬을 사용해야 한다면 아주 부드러운 것을 선택해야 한다.

또한 액체 아이라이너는 잘못하면 야해 보이기 쉽다. 어떤 것을 사용하든 자연스럽게 그리는 것이 중요하다. 따라서 아이라인이 두드러지지 않도록 주변에 어두운 색 셰도우를 칠해야 한다.
　속눈썹이 시작되는 안쪽에서 밖으로 향해 라인을 긋는다 . 자신의 눈 모양을 따라 그려야 하며 항상 눈의 중간 지점보다 앞쪽에서 시작한다.
　③ 눈썹 관리에 관한 것은 뒤에 다시 설명한다. 숱이 많은 눈썹을 정돈하는 것은 화장에 있어 상당히 중요하다. 정돈되지 않은 눈썹은 단정치 못한 인상을 준다.
　④ 눈 아래나 눈 주위가 주근깨, 기미 등으로 거무스름하다면 크림색 계통의 밝은 색을 칠해 눈에 띄지 않게 한다. 그러나 지나치게 신경을 써서 순백색으로 칠을 한다면 아마도 부엉이처럼 보일 것이다. 당신이 사용하는 화운데이션보다 약간 밝은 것을 사용해야 한다.
　만일 눈 밑이 부풀어 있다면 주근깨가 있어 거무스름한 부분만 선별해서 조심스럽게 밝은 색 셰도우를 사용해야 한다. 잘못하면 부푼 것을 더욱 강조할 수 있다.
　⑤ 마스카라는 윗쪽 속눈썹의 위와 아래를 쓸어내리면서 바른다. 이것은 눈썹 숱이 많아 보이는 효과를 준다. 특히 눈을 아래로 내려 뜰 때에는 매력적으로 보인다.
　⑥ 아래 속눈썹에 마스카라를 칠할 때에는 속눈썹 하나하나를 분리해서 칠해야 한다. 속눈썹 밑에 티슈나 면봉을 대고 마스카라의 솔을 수직으로 세워서 칠한다. 그렇지 않으면 얼굴에 묻게 된다.
　⑦ 마스카라를 칠한 후 마를 때까지 기다린 다음 다시 한 번 더 칠한다. 만일 다 마르기도 전에 겹쳐서 칠한다면 서로 엉켜붙을 염려가 있다.

● **눈썹을 그리는 방법**
　코의 측면에 펜슬을 직선으로 세워 눈썹이 시작되어야 할 지점을 결정한다. 이 지점을 경계로 코 가까이 있는 눈썹은 모두 뽑는다(그림1).
　정면을 향해 눈을 떴을 때 눈썹의 곡점이 홍채의 중앙에서 밖으로 약간 빗겨 위에 있어야 한다(그림2).

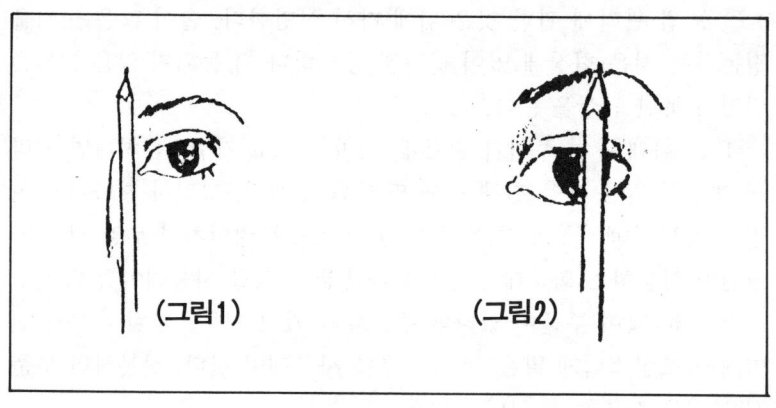

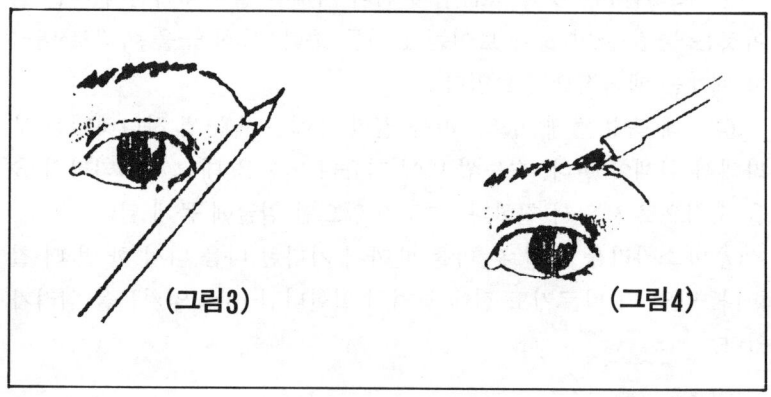

　눈썹이 끝나는 곳은 펜슬을 그림과 같이 콧구멍과 눈에 사선으로 대었을 때 만나게 되는 지점이다(그림3).

원하는 모양으로 눈썹을 뽑은 후에는 눈썹솔을 사용하여 눈썹을 그린다. 만일 펜슬을 이용했을 경우라면 마지막으로 솔을 이용하여 자연스럽게 펴 주어야 한다(그림4).

만일 원래의 눈썹이 앞의 설명만큼 충분히 길지 못하다면 솔이나 펜슬을 이용하여 그려 준다. 이 때 연장선은 자연스럽게 이어지도록 주의한다(그림5).

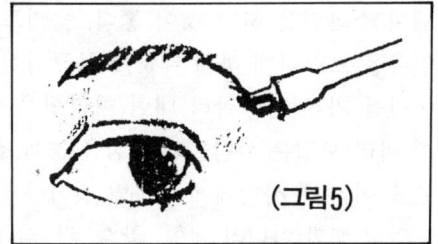
(그림5)

립스틱 라이너는 특히 입술선이 불분명한 여성에게는 꼭 필요한 화장품이다. 이것은 립스틱 색보다 어두운 것이어야 하며, 단단한 것이어야 한다. 무른 것은 입술에 번져 지저분해진다. 립스틱은 솔을 이용하는 반면 립스틱 라이너는 직접 사용한다.

그리고 화장을 다한 후에는 거울 앞에서 한 걸음 물러나 전체적으로 관찰한다. 그리고 화장이 조화를 이루고 있는지를 살펴본다. 예를 들어 화운데이션을 바른 경계선과 아이셰도우를 칠한 경계선이 부자연스러우며 두드러지지 말아야 한다. 필자의 경우는 손가락으로 모든 부위를 고루 바른다. 그러나 탈지면을 이용하는 것이 가장 이상적인 방법이다.

이제까지 화장법에 대해 간단히 설명했다. 그러나 그 무엇보다도 가장 중요한 것은 잠들기 전에 화장을 깨끗하게 지워 내야 한다는 점이다.

◇ 헤어 스타일

화장 이외에 당신의 얼굴형을 보완할 수 있는 방법은 헤어 스타일을 변형시키는 것이다. 자신에게 잘 어울리는 헤어 스타일을 선택하기 위해서 필요한 일반적인 지침은 다음과 같다.

① 사각형이나 역삼각형의 얼굴형을 보완하기 위해서는 비대칭적인 헤어 스타일을 지향하는 것이 바람직하다.

② 얼굴형에 확실히 문제가 있다고 생각된다면, 약간 길고 풍성한 헤어 스타일을 하는 것이 좋다. 숏카트나 뒤로 넘기는 머리 모양은 얼굴을 드러나게 하기 때문에 불균형한 얼굴형을 강조할 뿐이다. 앞머리를 가지런히 잘라 내린 머리형은 이 경우에 효과적일 수 있다. 이 머리 모양은 사람들의 관심을 눈에 집중시킨다. 따라서 이 머리형은 눈이 예쁜 사람에게 어울릴 것이다.

얼굴 뿐만 아니라 체형, 골격, 키, 몸무게 역시 머리 모양을 선택하는데 영향을 미친다. 비록 어떤 머리 모양이 그 사람의 얼굴만 보아서는 잘 어울릴지라도 전체적인 체형으로 볼 때 불균형을 이룰 수 있다. 예를 들어 얼굴이 작은 사람에게 간단한 머리형은 잘 어울린다. 그러나 그 사람의 체격이 크다면 전체적인 균형은 깨지고 만다. 같은 이유로 당신의 머리 모양은 외출복과도 어울려야 한다. 체형이나 골격뿐만 아니라 자신의 개성을 고려하는 것이 중요하다.

- **전형적인 사각형 얼굴**

　모델의 머리는 이마의 양쪽 각진 부분을 자연스럽게 가리면서 뒤로 빗어 넘겼다. 또한 얼굴의 양면에 드리워진 머리를 완만하게 빗어 넘기므로써 양볼을 모두 드러나게 했다. 여기에서 각이 생기지 않도록 완만하게 빗어 넘긴다는 말이 가장 중요하다. 머리카락은 턱선에서도 풍만하게 드리워져 각진 턱이 눈에 띄지 않는다.

● 장방형 얼굴

 매끄러운 단발 머리는 모델의 길고 좁은 얼굴을 더욱 강조하고 있다. 일반적으로 장방형의 얼굴에는 커트 머리가 잘 어울린다. 가능한 한 얼굴의 길이를 짧게 하고 폭을 넓게 하는 헤어 스타일을 선택해야 한다. 예를 들어 앞머리를 앞으로 가지런히 내리는 머리 모양이 적합하다.
 따라서 위와 같은 머리형은 긴 얼굴을 가리는데 아무 효과가 없다. 그러나 얼굴형에 적합치 않은 머리형이 때때로 위의 사진과 같이 강한 개성을 연출할 수도 있다.

● **하트형 얼굴**

   이런 얼굴형은 넓은 이마를 좁아 보이게 하고 뾰족한 턱이 눈에 띄지 않도록 머리 모양을 결정해야 한다. 머리의 길이는 턱선 정도까지 내려오도록 하는 것이 효과적이다.

위의 모델의 머리는 유연한 웨이브가 이마에 드리워져 있고 머리가 짧기 때문에 사실상 역삼각형의 얼굴형을 더욱 강조하고 있다. 따라서 이 얼굴형에 어울리지는 않는다.

그러나 필자는 뾰족한 턱을 강조하므로써 개성적으로 보일 수 있다고 생각한다. 모든 사람들이 완전한 계란형의 얼굴이어야 할 이유는 없는 것이다.

이제까지의 기본적인 지식을 바탕으로 약간 상상력과 창의력을 동원하여 자신의 개성을 살릴 수 있는 머리 모양을 결정한다. 물론 미용 전문가의 도움을 받는 것도 바람직하다. 마지막으로 당신의 머리 모양은 당신이 원하는 전체 이미지의 일부라는 사실을 잊지 말아야 한다. 즉 자신의 체형 등을 고려하여 전체적인 균형을 염두에 두어야 하는 것이다.

◇ 성형 수술

어떤 유명한 성형외과 의사는 뜻밖에도 다음과 같이 말했다.

「외모에서 오는 대부분의 결점은 머리 모양이나 화장술에 의해 수정할 수 있습니다. 성형 수술이 절대적으로 필요한 사람은 극소수에 불과합니다.」

성형 수술이 필요한 환자를 결정하는데 있어 그 의사의 생각을 정리하면 다음과 같다.

환자를 처음 만났을 때 그 환자의 몸단장이나 자세에 이상이 없는가를 살핀 후 성형할 부분을 검토한다. 단정하지 못하고 자세가 나쁜 사람들은 종종 자부심이 결여된 경우가 많다. 따라서 그런 사람들은 낮은 코를 높인다고 해도 그들의 근본 문제는 해결되지 않는다. 그러나 얼굴이 분노와 불만의 원인이 된다면, 그 사람에게는 성형 수술이 최상의 문제 해결책이다.

  당신이 만일 불가피하게 수술을 받기로 결정했다면, 성형외과 의사 자격증이 있는 사람에게 의뢰해야 한다. 아무리 경험이 많은 사람이라고 해도 자격증이 없는 사람에게 수술을 받는 것은 절대로 금해야 한다. 친구나 주위 사람들의 추천으로 명성있는 의사를 소개받을 수 있다면 안심하고 수술을 받을 수 있을 것이다. 그러나 별다른 정보를 수집하지 못했다면 담당 의사의 수술 사례를 사진으로 검토하는 것이 현명하다.

다음은 성형 수술의 몇 가지 사례를 소개하겠다.

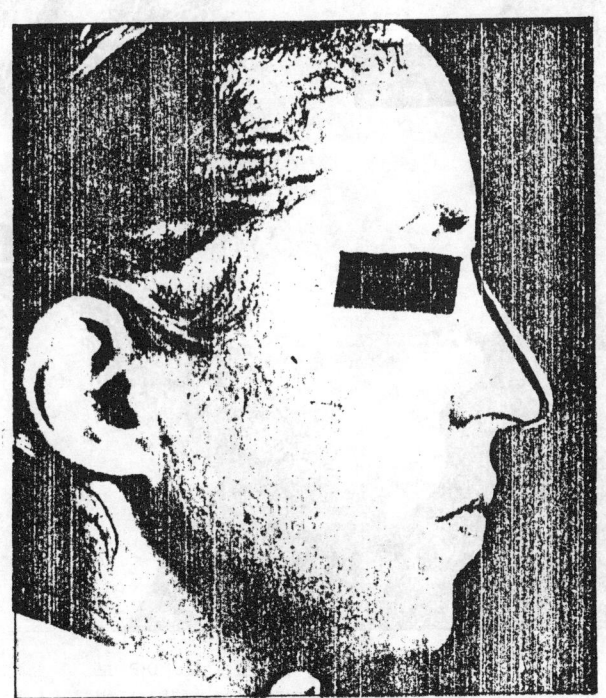

수술 전 : 환자의 큰 코를 어느 정도 낮출 것인가 결정.

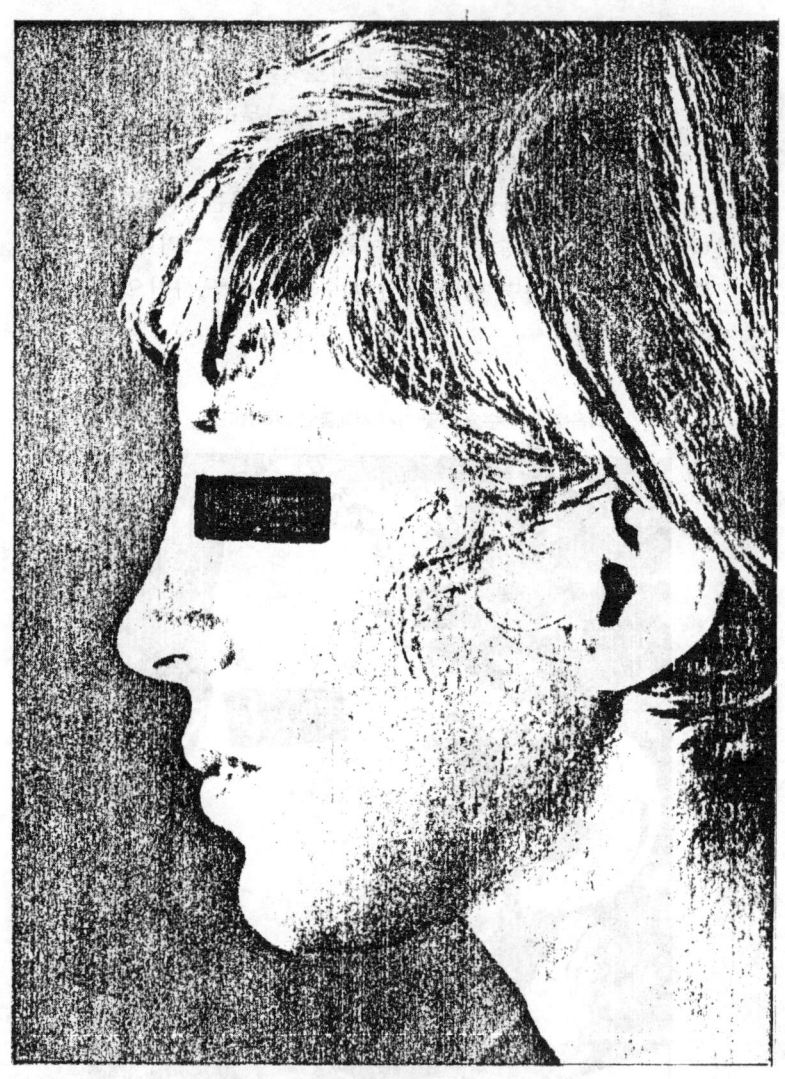

수술 후 : 코 성형 후의 모습. 보다 어려 보이는 외모에 맞추어 머리 모양과 머리 색을 변형시킴.

Part 2 외모의 개선을 통한 새로운 이미지 확립

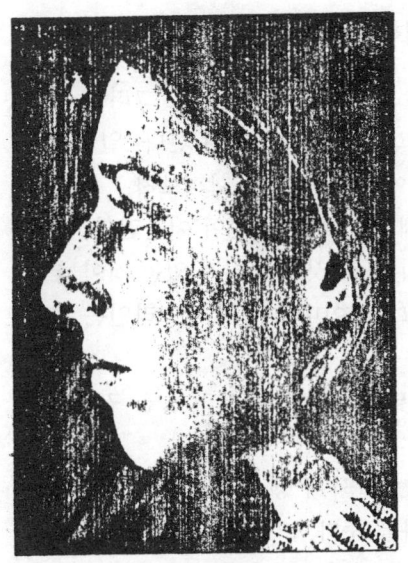

수술 전 : 코 수술과
턱 수술을 하기 전.

수술 후 : 코를 약간 낮추고 턱을
교정하므로써 균형잡힌 옆모습이 됨.

수술 전 : 이 여성은 노화로 인한 늘어진 턱
이 문제였다.

수술 후 : 얼굴과 목의 늘어진 부분을 끌어
올려 턱에 이식시킨 후 훨씬 젊어 보인다.

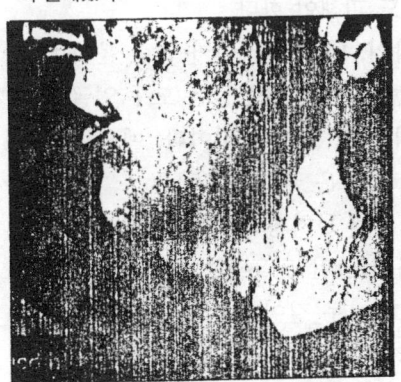

◇ 어울리는 네크라인을 선택하는 방법

 네크라인은 얼굴형을 보완하는데 상당한 작용을 한다. 그러나 그 외에도 상체의 크기, 목마 어깨의 크기 역시 고려해야 한다. 얼굴과 목, 그리고 어깨의 각기 다른 유형들에 대해 차례로 살펴보자.

 ① **둥근 얼굴** : V자형과 같이 길게 파진 네크라인이 어울린다. 얼굴의 둥근 선을 눈에 띄지 않게 하기 위해 깃도 떨어져 있는 것이 좋다. 목 높이 올라오는 터틀식의 네크라인이나 U자형 네크라인은 피한다.

 보석류를 선택할 때에는 목에 꼭 맞는 목걸이나 크고 둥근 귀걸이는 피해야 한다.

 ② **짧은 목** : 목이 짧은 사람에게는 열쇠 구멍 모양의 네크라인이 어울린다. 즉 목이 길어 보이는 효과를 준다. 그 외에 스퀘어 네크라인이나 벌어진 깃이 그런 효과를 준다. 블라우스나 셔츠의 윗 단추를 열어 놓는 방법도 목이 길어 보인다.

 나이가 어린 여성에게는 피터팬 깃을 권하지만 성숙한 여성에게는 너무 소녀적 취향이기 때문에 곤란할 것 같다. 터틀이나 목에 장식하는 나비 리본 역시 피하는 것이 좋으며, 목의 넓이를 강조하는 느낌을 주는 높은 깃이나 나비 넥타이 등도 피해야 한다.

 ③ **길고 가는 얼굴** : U자형 네크라인, 나비 넥타이가 달린 블라우스, 그리고 보트형 네크라인을 권장한다. 이런 유형들은 모두 얼굴이 통통해 보이는 효과를 준다. 터틀 역시 잘 어울릴 것이다. 예외적인 사람이 아닌 한은 뾰족한 V자형 네크라인은 금한다.

 ④ **길고 가는 목** : 긴 목을 감추기 위해 U자형 네크라인을 선택하고 약간 굵어 보이게 하기 위해 모자가 달린 옷을 입는다. V자형 네크라인은 매력적으로 보일 수도 있고 너무 길어 보일 수도 있다. V자형 네크라인을 입었을 경우에는 진주나 체인으로 된 목걸이로 장

식을 하면 효과적이다. 터틀식 네크라인이나 보트형 네크라인은 목이 넓어 보이는 효과를 주기 때문에 이런 경우에 잘 어울린다.
 열쇠 구멍형 네크라인, 피터팬 모양의 깃, 그리고 스퀘어 네크라인은 피한다.
 ⑤ **넓은 어깨** : 어깨가 넓은 사람은 어깨심이 들어간 옷이나 퍼프 소매를 피한다. 어깨선에 주름이 잡힌 것 역시 어깨를 더욱 넓어 보이게 하므로 입지 않는 것이 현명하다. 그 대신 자연스럽고 부드럽게 흘러 내리는 어깨선을 선택한다.
 어깨가 지나치게 넓은 여성은 두껍고 무거운 옷감보다는 유연성 있는 옷감을 선택해야 한다. 넓게 파인 네크라인과 넓은 망토식의 소매 역시 피하는 것이 좋다. 실제 어깨선보다 약 1인치 가량 들어간 곳에서 소매가 시작되는 옷을 선택한다. 그리고 소매가 없는 옷은 절대로 입지 말아야 한다.
 ⑥ **작고 처진 어깨** : 빳빳한 직물, 퍼프 소매, 라그랑과 기모노 스타일의 소매, 심이 들어간 어깨, 그리고 양복 어깨 등으로 어깨를 보완하여 넓어 보이게 한다. 손목에 꼭 맞는 긴 소매가 어울린다. 주름 잡힌 네크라인과 소매통이 넓고 끝에 주름이 잡힌 긴 소매는 피한다.
 당신은 어깨를 넓어 보이게 하는데 주력해야 한다. 엉덩이나 팔목, 허리선이 넓어 보이는 옷은 축 처진 느낌을 준다.
 ⑦ **좁은 어깨** : 좁은 어깨의 사람은 작고 처진 어깨에서 언급했던 주의 사항을 거의 대부분 지켜야 한다. 어깨선 대신 소매단의 넓이에 신경을 써야 한다. 심이 들어가 있는 어깨가 가장 이상적이다. 작은 심을 구입하여 블라우스와 정장 자켓에 덧붙인다면 보다 효과적이다.
 소매 없는 블라우스나 라그랑 소매는 입지 않는 것이 좋다. 만일 어깨선이 유연하고 목선이 아름답다면 홀터 네크라인을 선택해도 좋다. 그러나 결정권은 당신의 판단에 맡기겠다.

⑧ **솟은 어깨** : 마치 긴장하고 서있는 것처럼 보이는 각진 어깨를 갖고 있는 여성이 있다. 만일 당신이 여기에 포함된다면, 실크나 부드러운 직물로 된 옷을 입어야 한다. 네크라인은 높고 돋보이는 것이 적당하다.

라그랑 소매와 V네크, 그리고 스카프나 넥타이 등으로 장식하는 것 등은 모두 잘 소화해 낼 수 있다. 보트형 네크라인은 어깨가 넓어 보인다. 특히 일자로 파인 네크라인은 더욱 심하다. 이런 유형의 네크라인은 피해야 할 것이다.

• **동그란 얼굴형을 위한 네크라인(그림 1~3)**

그림1 : 일반적으로 가장 잘 어울린다. V자형 네크라인은 얼굴을 길어 보이게 하므로 동그랗고 통통한 얼굴형에 적합하다.

그림2 : 이것 역시 잘 어울린다. 이 때 첫단추는 항상 열어 놓아야 한다.

Part 2 외모의 개선을 통한 새로운 이미지 확립 **133**

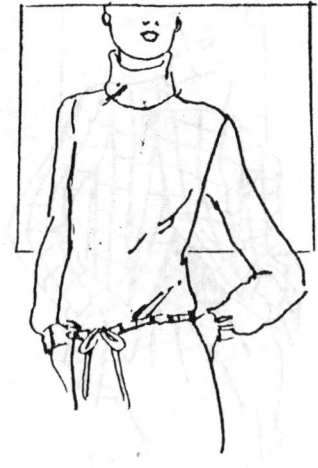

그림3 : 어울리지 않는 대표적인 유형의 옷이다. 터틀형은 동그란 얼굴형에 적합하지 않다.

● 짧은 목에 어울리는 네크라인 (그림 4~7)

그림4 : 일반적으로 가장 이상적인 형이다. 깃을 벌리고 목을 개방하므로써 길어 보이는 효과를 준다.

그림5 : 이것 역시 무난하다. 열쇠 구멍형 네크라인은 목이 짧은 여성에게 안성맞춤이다.

그림6 : 대체로 어울리지 않는다. 목이 짧은 여성에게는 깃이 이렇게 서있는 옷이 어울리지 않는다. 턱이 어깨에 붙은 것처럼 보이기 때문에 부적합하다.

그림7 : 이 역시 부적합하다. 목에 바짝 붙여서 맨 나비 모양의 리본이 목을 완전히 가리기 때문에 목이 없는 것처럼 보인다.

● 길고 마른 얼굴형 (그림 8~10)

그림8 : 일반적으로 가장 이상적이다. 이런 네크라인은 마른 얼굴을 약간 살쪄 보이게 한다. 그리고 이 유형은 목이 긴 사람에게도 어울린다.

그림9 : 일반적으로 가장 잘 어울린다. U자형 네크라인은 마른 얼굴을 약간 커 보이게 하는 효과를 준다.

그림10 : 전혀 어울리지 않는다. 긴 V네크는 마른 얼굴을 더욱 강조하므로 절대적으로 피해야 한다.

● 길고 가는 목 (그림 11~14)

그림11 : 가장 이상적이다.

그림12 : 그런대로 어울리는 형이다. 목선이 우아한 여성은 이런 V네크를 무난히 소화해 낼 수 있다. 단 목에 간단한 장식을 곁들인다면.

그림13 : 비교적 어울린다. 이 옷의 넓은 어깨와 넓은 힙은 긴 V네크를 완화시키고 있다. 목이 가는 여성들에게는 잘 어울린다.

Part 2 외모의 개선을 통한 새로운 이미지 확립 **137**

그림14 : 아마도 어울리지 않을 것이다. 피터팬 칼라가 목의 너무 아래 부분에 위치하고 있어 멋없이 길어 보이기만 한다.

● 넓은 어깨 (그림 15~18)

그림15 : 일반적으로 가장 잘 어울린다. 넓은 어깨를 감추어 주는데 있어 부드러운 천은 매우 효과적이다. 뻣뻣하게 일어나는 두꺼운 옷감은 피해야 한다.

그림16 : 대체로 잘 어울린다. 매끈하고 자연스러운 어깨선을 선택하고 주름이나 장식이 들어간 어깨는 되도록 피한다.

그림17 : 아마도 어울리지 않을 것이다. 퍼프 소매나 심이 들어간 어깨는 피한다.

그림18 : 적합하지 않을 것이다. 넓게 파진 네크라인은 넓은 어깨를 더욱 강조하기 때문에 부적합하다.

Part 2 외모의 개선을 통한 새로운 이미지 확립 **139**

● **작고 처진 어깨 (그림 19~22)**

그림19 : 대부분 잘 어울린다. 양복처럼 심이 들어간 어깨는 작은 어깨를 보완해 준다.

그림20 : 이 모양도 대부분의 사람들에게 잘 어울린다. 꼿꼿하게 선 어깨선과 부드러운 천으로 만든 퍼프 소매가 잘 어울린다.

그림21 : 아마도 적합하지 않을 것이다. 위와 같이 어깨선이 자연스럽게 흘러내리는 옷은 처진 어깨를 더욱 강조한다. 어깨 부위는 좁고 팔목 부위는 넓게 디자인되어 상대적으로 어깨가 더 좁아 보인다.

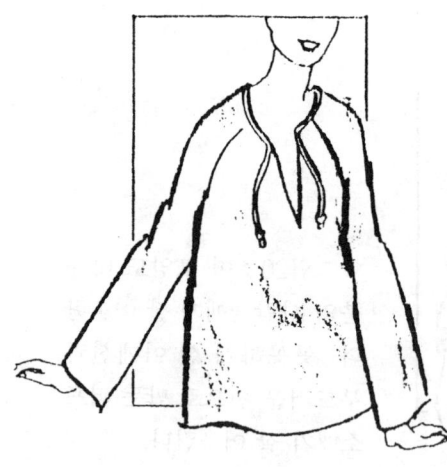

그림22 : 이런 유형도 어울리지 않는다. 소매가 넓어 보여서 상대적으로 어깨가 위축될 뿐 아니라 전체적으로 기운이 없어 보이기 쉽다. 중간에 벨트를 매면 다소 문제점이 해결될 듯 싶으나 어깨가 처져 보이기는 마찬가지이다.

Part 2 외모의 개선을 통한 새로운 이미지 확립

● **좁은 어깨 (그림 23~25)**

그림23 : 대체로 잘 어울린다. 어깨에 심이 들어간 옷은 좁은 어깨를 감추기에 적합하다.

그림24 : 당신의 선택에 달려 있다. 유연하고 아름다운 어깨와 우아한 목선을 갖고 있다면 홀터 네크라인을 입어도 좋다. 아마도 매력적으로 보일 것이다.

그림25 : 아마도 어울리지 않을 것이다. 소매 없는 옷은 어떤 것이든 피해야 한다. 소매 없는 옷이 어울리는 사람은 거의 없다.

● 각이 진 어깨(그림 26~27)

그림26 : 대부분 이런 유형의 옷이 가장 좋다. 이런 블라우스는 각이 진 어깨를 감추어 줄 수 있다. 높고 눈에 띄는 네크라인과 주름이 잡힌 요크가 그 몫을 하고 있다.

그림27 : 아마도 어울리지 않을 것이다. 보트형 네크라인은 어깨를 넓어 보이게 한다. 특히 위와 같이 일자형 네크라인은 더욱 심하다.

◇ 건강한 피부

피부에 문제가 있는 독자들은 이 부분에 관심을 기울여야 할 것이다.

무엇보다도 자신의 피부를 위해 할 수 있는 가장 중요한 것은 청결을 유지하는 것이다. 매일 쓰는 비누는 자신의 피부에 잘맞는 고급 화장 비누를 사용해야 한다. 가능하다면 피부 관리를 전문으로 하는 사람과 상담하여 적합한 비누를 선택하는 것이 좋다.

● **피부 유형에 대한 자기 진단법**

자신의 피부가 어떤 유형에 속하는지를 파악한 후에 화장품이나 비누 혹은 다른 피부 보호제를 선택해야 한다. 그렇지 않으면 피부에 오히려 해가 되는 것들을 비싼 값으로 사들이는 결과를 초래할 것이다.

당신의 피부는 과연 어떤 유형에 속하는지를 알아 보기 위해 다음 질문에 대답해 보자. 질문에 대답할 때 당신의 피부 상태는 화장이나 크림을 바르지 않은 맨 얼굴이어야 한다. 세수한 후 몇 시간이 지난 후에야 피부는 원상 복귀된다. 이 때를 기다렸다가 피부 상태에 대한 다음 질문에 대답한다.

① 전체 얼굴에 기름이 흐르는가?
② 털구멍이 넓혀져 있는가?
③ 얼굴의 T존(T-zone ; 이마, 코, 턱 부분)에 비늘 모양의 질이 형성되어 있는가? (이것은 기름으로 형성된 외피이기 때문에 벗겨서 떨어지지 않는 각질이다.)
④ 피부가 두껍고 거친 편인가?
⑤ 여드름이나 까만 잡티가 많은가?

①~⑤까지의 질문에 모두「예스」라고 대답했다면 아마도 당신은 지방성 피부일 것이다. 질문 ⑤에 대해「예스」라고 대답한 사람

은 피부에 문제가 있는 사람이다. 비록 여드름이 완전히 치료될 수는 없을지라도 장기적으로는 어느 정도 치료가 가능하다. 정도가 심하다면 피부과 전문의의 치료를 받아야 한다. 즉각적인 치료를 위해서뿐만 아니라 얼굴에 상처가 남지 않게 하기 위해서 의사의 치료가 필요하다.

만일 당신이 지방성 피부가 아니라면 계속해서 다음 질문에 응답하기 바란다.
① 부드럽고 단단한 피부를 갖고 있는가?
② 혈색이 좋은가?
③ T존 부근에 때때로 비늘 모양의 질이 형성되어 있는가?
④ T존 부근에 약간의 기름이 끼는가?
⑤ 모이스춰라이저나 크림류를 발랐을 때 얼굴이 번쩍거리는가?
⑥ 비교적 땀구멍이 넓지 않은 편인가?

위의 질문 중 대다수에 「예스」라고 대답했다면 당신은 평범한 피부를 갖고 있다는 이야기이다. 평범한 피부는 모이스춰라이저를 바르지 않아도 피부가 건조해지지 않는 것이 보통이다. 그러나 피부가 건조하게 느껴진다면 약간씩 발라 피부에 유연성을 주는 것이 좋다.

T존 부근이 기름으로 번쩍거린다면 그 부위만 크림이나 모이스춰라이저를 바르지 말아야 한다. 이 피부는 때때로 어떤 특정 부위만 건조해지는 경우가 있다. 특히 겨울철에 이런 현상이 나타난다.

만일 당신의 피부가 여기에도 해당되지 않는다면, 다시 다음 질문을 유심히 살피기 바란다.
① 피부가 얇고 바싹 말라 있는 것 같은가?
② 눈, 입 주위에 주름이 있는가?
③ T존 부위만이 아니라 얼굴 여기저기에 비늘 모양의 질이 형성되어 있는가?

만일 이에 대한 당신의 대답이 긍정적이라면, 로션 등을 바르지 않았을 때 얼굴이 당겨지는 느낌을 받을 것이다. 이것이 건성 피부이다. 대부분 30대 이전까지는 지방성 피부에 속하고 40대 이상이 되면 건성 피부가 된다.

이제까지의 어떤 유형에서도 당신의 피부 유형을 찾을 수 없었다면 다음을 살펴보라.

① 얼굴에 깊은 주름이 있는가?
② 피부가 축 처져 있는가?
③ 피부가 얇고 바싹 말라 있는가?

이런 피부는 50대 이후의 여성에게 많다. 이것은 심한 건성 피부로 외관상 구별하기가 쉽다.

● **지방성 피부의 관리**

항상 뽀송뽀송하고 깨끗한 피부를 유지해야 한다. 자신의 피부에 잘 맞는 비누를 선택하여 잘 씻고 뜨거운 물로 여러 번 헹구어 낸다. 세수를 한 후에는 아스트린젠트를 바른다. 가능한 한 하루에 세 번 정도는 세수를 하는 것이 좋다.

아스트린젠트는 휘발성 화장수이므로 지방성 피부에 좋다. 특히 부분적으로 지방성 피부를 갖고 있는 사람은 그 부위에만 바르는 것이 바람직하다.

여러 가지 주장이 있지만 필자의 생각으로는 지방성 피부를 갖고 있는 여성은 크림류를 바를 필요가 없는 것 같다. 자신의 천연적인 기름만으로도 충분한데 거기에 더 바를 이유가 무엇인가? 비누로 세안을 하고 아스트린젠트를 바르는 이유는 얼굴의 기름기를 제거하는 데 있다. 애써 기름기를 닦아 내고 다시 크림을 발라 기름을 공급할 필요는 없지 않은가. 자신의 얼굴에서 나오는 기름은 시중에서 살 수 있는 어떤 인공 화장품보다 더 좋다.

그러나 눈 근처와 목 주위에는 크림을 발라야 한다. 눈 주위의 피부는 나이가 들어감에 따라 가장 빨리 건조해지므로 아이 크림으로 미리 주름을 방지해야 한다.

열은 지방을 분비하는 선에 자극을 준다. 따라서 지방성 피부는 겨울보다는 여름이 관리하기 어렵다.

지방성 피부에 필요한 화장품으로는 자신의 피부에 맞는 비누의 선택과 더불어 아스트린젠트, 아이 크림, 목에 바를 크림류이다.

● 정상적인 피부의 관리법

이런 피부라고 해서 완전한 피부를 의미하는 것은 아니다. 그러나 부분적으로 지성이거나 건성인 특성을 갖고 있다고는 해도 가장 이상적인 피부임에는 틀림이 없다.

정상적인 피부를 갖고 있다면, 밤에 영양 크림을 사용하지 않는 것이 좋다. 밤에는 가벼운 로션을 바르거나 아니면 전혀 바르지 않아도 된다. 그러나 앞에서도 말한 것처럼 눈과 목에는 영양 크림을 발라야 한다.

정상적인 피부에 필요한 화장품으로는 오일(비누로 세수하기 직전에 솜에 오일을 묻혀 얼굴에 바른다)과 지방성용 비누도 아니고 건성용 비누도 아닌 보통 비누, 아이 크림(화장할 때는 물론 수시로 발라 준다)목에 바르는 영양 크림, 나이트 크림, 영양 크림, 로션, 스킨 등이다.

● 건성 피부의 관리

오일을 바르고 세수하는 것을 권장한다. 헹굴 때에는 지방 분비선을 자극하기 위해 따뜻한 물을 사용한다. 건성용 세수 비누를 사용하는 것이 중요하며, 만일 비누보다 크린싱 크림을 사용하는 것이 좋다고 느낀다면 그렇게 해도 괜찮다.

건성 피부에 필요한 화장품으로는 오일(세수하기 직전에 항상 오일을 고루 바른다), 건성용 비누나 크린싱 크림, 영양 크림, 스킨, 로션, 아이 크림, 목에 바를 크림 종류, 건성용 나이트 크림 등이다.

● 심한 건성 피부의 관리

심한 건성 피부의 관리는 건성 피부의 관리법과 비슷하다.

오일(세안 직전에 바른다), 건성용 피부를 위한 특별한 비누(많은 양의 따뜻한 물로 깨끗하게 씻어 낸다. 비누 대신 크린싱 크림을 사용해도 무방하다), 영양 크림이나 건성용 로션, 아이 크림과 목에 바르는 크림, 건성용 나이트 크림이 필요하다.

정상적인 피부, 건성 피부, 그리고 심한 건성 피부는 특히 다음 사항에 유의해야 한다. 목욕이나 샤워 후에 피부를 완전히 건조시키지 말아야 한다. 바디 로션을 발라 피부 전체를 촉촉하게 만들어 준다. 이것은 얼굴에도 마찬가지로 적용된다. 세안 후에는 피부에 보습 효과를 주어야 한다.

● 복합적인 피부의 관리

이마, 코, 그리고 턱은 지방성 피부인 반면 나머지 얼굴은 건성인 사람들도 있다. 이런 사람은 지방성인 부위에는 아스트린젠트를, 건성이나 정상적인 부위에는 로션을 발라 주어야 한다. 즉 지방성인 부위는 지방성 피부 관리법에 따르고 건성인 부위는 건성 피부 관리법에 따라야 한다.

● 피부와 연령

어떤 유명한 피부 전문의는 다음과 같이 말했다.

「어떤 것으로도 노화를 막을 수는 없다. 나이가 들어감에 따라 피부도 같은 비율로 나이가 든다. 그런 자연 현상을 멈출 수 있는 것은 아무 것도 없다.」

필자는 이런 말을 듣고 상당히 주눅이 들었었다. 그러나 다행히도 그는 이렇게 덧붙여 말하므로써 희망을 주었다.

「피부의 노화는 자신의 피부를 적절하게 관리하지 않는 여성에게 더욱 가속화된다.」

앞에서 언급했던 것과 마찬가지로 눈 주위의 피부와 손은 나이에 가장 민감하게 반응한다. 그러므로 잠자리에 들기 전에 아이 크림을 바르는 것을 잊지 말아야 한다.

그리고 목욕탕이나 부엌 싱크대 위에 핸드 로션을 두어 손을 씻거나 설겆이를 한 후 즉시 로션을 바를 수 있게 한다. 많은 시간을 소비하는 장소에 튜브로 된 소형 로션을 준비해 두고 수시로 바르는 것이 좋다.

● 피부에 영향을 주는 다른 요소들

피부 자체의 특성에 관계없이 당신은 피부를 시기에 따라 약간씩 다르게 관리해야 한다. 날씨, 영양 상태, 기분 그리고 운동 부족 등의 요소가 당신의 피부에 영향을 미칠 수 있다.

그 예로 당신은 월경이 시작되기 직전에 피부가 평상시와는 약간 다르다는 것을 느낄 수 있었을 것이다. 피부 전문의는 다음과 같이 말했다.

「생리 직전에는 대부분 많은 지방이 생산된다. 때때로 생리 전에 여드름이 나는 이유는 바로 이 때문이다. 생리 기간중에는 소량이 생산되며 월경이 끝난 직후에는 그 비율이 가장 낮다. 그 다음에는 점차 원상태로 돌아간다.」

그러므로 월경이 시작되기 전 며칠 동안은 아스트린젠트를 보다 많이 사용할 필요가 있다. 위장의 상태에 따라 필요한 시기에 음식물을 공급해 주듯이 피부의 상태에 따라 필요한 영양분을 공급해 주어야 한다.

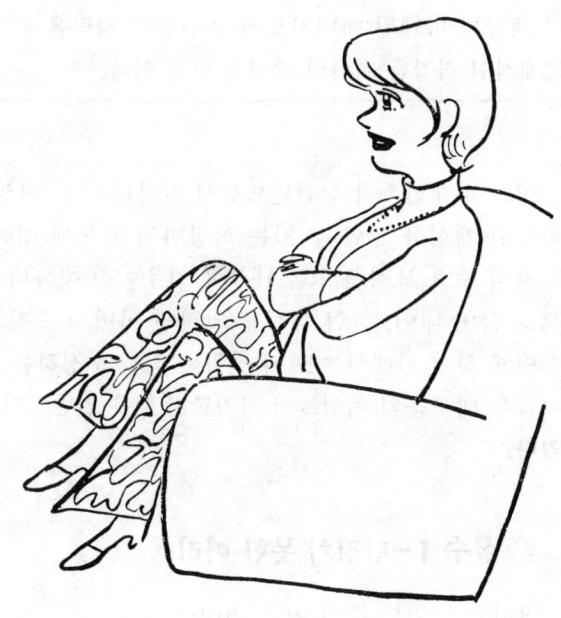

화장, 패션 그리고 의상에 있어 가장 저지르기 쉬운 실수 15가지

스테판 튜더 (Stephanie Tudor)

유명한 뉴욕 시티 이미지 개선소를 2년간 경영했다. 화장품의 생산 개발과 마케팅 매니저로서 12년간의 경력을 갖고 있으며 현재는 국제적인 화장품 회사의 중역을 맡고 있다.

이미지 개선소의 상담원으로서 필자는 많은 여성들에게 그들만의 독특한 개성을 살릴 수 있는 화장법과 패션에 대해 충고해 주었다. 필자의 주요 목적은 그들 내부에 감추어진 아름다움과 생명력을 밖으로 끌어 내어, 그런 특성을 외적인 이미지로 전환시키는 것이다. 그렇게 하기 위해서는 먼저 잘못된 점을 수정하는 것이 급선무이다. 다음은 대부분의 여성들이 저지르기 쉬운 일반적인 실수들을 열거하였다.

◇ **실수 1 – 단정치 못한 머리**

머리는 그림의 틀과 같은 것이다. 머리 모양은 그 사람의 얼굴과 상체의 전체적인 선을 강조한다. 뿐만 아니라 그 여성의 내면을 말해 주기도 한다.

머리는 그 사람의 성격을 대변한다. 따라서 당신의 성격과 머리는 일치한다는 사실을 기억해야 한다. 다음은 보기 흉한 머리의 일반적인 원인을 분석한 것이다.

● 부적합한 머리 모양

잘 알고 있듯이 헤어 스타일은 의상의 유행과 함께 변화한다. 의상에 의해 표현되는 이미지는 머리 모양과도 긴밀한 관계를 갖고 있다는 사실을 기억할 필요가 있다.

많은 여성들이 유행이 이미 지나간 후에도 오랫동안 같은 헤어 스타일을 고수하는 경향이 있다. 그들은 변화를 거부하는데 익숙해진 사람들이다. 그러나 불행하게도 이런 버릇은 자신의 이미지에 긍정적인 효과를 주지 못한다. 주기적으로 변화하는 의상의 유행을 따르듯이 머리 모양도 유행에 맞추어갈 필요가 있다. 그렇다고 해서 유행의 첨단을 걸어야 한다는 말은 아니다. 다만 시대에 발 맞추어 갈 수 있을 정도는 되어야 한다는 것이다.

● 부적합한 것

아름다운 머리를 가꾸기 위한 기본은 얼마나 머리를 잘 어울리게 자르느냐에 있다. 당신의 머리가 세련되고 잘 어울리며 잘 관리되고 있는가를 결정하는 가장 중요한 요소는 바로 어떻게 자르느냐에 달려 있다.

유명하고 기술이 뛰어난 미용사에게 머리를 맡기는 것이 좋다. 값비싼 미용실이라고 해서 다 좋은 것은 아니다. 그러나 헤어 스타일은 당신의 이미지에 치명적인 영향을 미치므로 돈을 아끼지 않는 것이 현명하다.

◇ 실수 2 - 메이크업 베이스의 잘못된 사용

메이크업 베이스를 사용하는 원래의 목적은 피부색 자체를 자연스럽게 만들어 주는 것이다. 그러나 많은 여성들이 얼굴색을 바꾸기 위해 사용하는 경향이 있다.

메이크업 베이스는 가능한 한 당신의 피부색과 비슷해야 한다. 그래야만 마스크를 쓴 것처럼 목과 완연히 구분되지 않고 자연스런 효과를 볼 수 있다.

피부를 바꿀 수 있는 것은 바로 화운데이션이다. 그러나 이것도 자신의 피부색과 약간만 다른 것을 선택해야지 너무 동떨어진 색은 어색해 보인다. 예를 들어 분홍빛이 나는 베이지색 피부라면 노란빛이 나는 베이지색 화운데이션을 사용하여 얼굴의 혈색을 약간 누그러뜨린다.

메이크업 베이스는 얼굴에 바르는 것이기 때문에, 피부색과 비교해 보기에 가장 적합한 곳은 얼굴이다. 흔히 손등에 발라 비교하는데 얼굴색과 손등의 색은 당연히 다르므로 소용없는 일이다. 메이크업 베이스를 선택하기에 앞서 그것을 아래턱에 바르고 턱선과 목을 향해 문질러 본 다음 피부색과 완연하게 차이가 난다면 다른 것을 실험해 보아야 한다.

◇ 실수 3 - 기이한 눈썹

눈썹은 얼굴 중 가장 표현이 풍부한 부위이다. 눈썹은 눈 주변의 모양을 결정하고 얼굴의 분위기를 좌우한다.

일자 눈썹은 시종 일관 화가 난 여자처럼 보이게 한다. 반대로 지나치게 휘어진 곡선은 우스꽝스럽게 보인다. 또한 심하게 각이 진 눈썹은 깜짝 놀란 인상을 준다.

눈썹은 부드러운 곡선을 그려 상대에게 자연스러운 인상을 주어야 한다. 너무 두꺼운 눈썹이나 너무 가는 눈썹과 같이 극단적으로 인위적인 인상을 주는 것은 피한다. 숱이 많은 눈썹은 정리하여 가늘게 만들고 지나치게 숱이 적은 눈썹은 펜슬로 교정한다. 눈썹은 규칙적으로 뽑아서 정리해 주어야 한다.

◇ 실수 4 – 화장 자국이 남는 경우

화운데이션이나 볼터치 혹은 루즈를 너무 많이 바르고 골고루 펴 바르지 않았을 때 화장이 뭉쳐 자국을 남긴다. 이 경우 자연스럽지 못하기 때문에 화장이 얼굴의 일부라고 느끼기가 어렵다.

◇ 실수 5 – 천박스러운 손톱

손은 항상 드러나 있기 때문에 상대에게 강한 인상을 줄 수 있다. 이 때 손톱은 그 사람에 대해 매우 중요한 것을 말해 준다. 잘 다듬어진 손톱과 부드러운 손은 그 사람이 자신에 대해 관심을 갖고 있다는 것을 암시한다.

손톱은 항상 짧게 깎고 끝은 계란형으로 부드럽게 다듬는 것이 가장 보기 좋다. 끝을 뾰족하게 갈아 놓으면 손톱이 부러지기 쉽고, 길고 뾰족하게 단장한 손톱은 상대에게 위압감을 준다. 입으로 물어뜯어 지저분해진 손톱 역시 보기 흉하며 아마도 사람들은 당신이 신경질적인 사람이라고 생각할 것이다.

매니큐어는 1주일에 한 번씩 바른다. 필요하다면 주중에 다시 손질한다. 손톱 위에 있는 외피는 뒤로 단정하게 밀어 손톱이 길고 넓어 보이게 한다.

◇ 실수 6 – 귀신 같이 보이는 진한 화장

화장을 지나치게 진하게 하면 귀신 같은 인상을 주고 거부감을 준다. 화장대에 앉아 화장을 시작하기 전에는 항상 진한 화장이 되지 않도록 유의해야 한다. 화장은 당신의 외모를 돋보이게 하자는 것이지 마스크를 쓰자는 것은 아니다. 당신을 대하는 사람들이 당신의 외모가 아름답다고 칭찬해야지 당신의 화장이 훌륭하다고 말해서는 안되는 것이다. 그러므로 외모를 살릴 수 있을 정도의 가벼운 화장을 권장한다.

귀신 같은 인상을 주는 원인은 진한 화장뿐만 아니라 색의 부조화에도 있다. 의상의 색과 색조 화장의 색은 서로 조화를 이루어야 한다.

예를 들어 갈색 아이셰도우에는 갈색이나 산호색 혹은 붉은 볼터치나 립스틱이 잘 어울린다. 반면 산호색 립스틱에 짙은 포도주색 아이셰도우를 바른다면 현란해 보일 것이다. 이런 경우에는 짙은 포도주색이나 핑크빛으로 통일하는 것이 효과적이다. 결론적으로 같은 계통의 색으로 의상과 화장을 통일해야 한다는 것이다.

◇ 실수 7 – 화장에 대한 그릇된 충고

자신의 얼굴을 분석하고 많은 지식을 습득한 후에 최종적으로 어떻게 가꾸어야 하는가는 자기 스스로가 결정해야 한다. 그러나 이에 앞서 전문가로부터 적절한 충고를 듣는 것이 중요하다. 그들은 당신의 이미지를 개선하는데 도움을 줄 수 있는 많은 지식을 갖고 있다. 그리고 당신에 대해 구체적인 평가와 감정을 해줄 수도 있다.

올바른 조언을 얻으려면 좋은 미용실이나 백화점의 화장품 전문 코너에서 전문가와 상담을 해야 할 것이다. 그러나 당신의 외모를 개선하는데 별 관심이 없고 화장품을 판매하는데 더 열을 올린다면 전문가라고 해도 아무 도움을 주지 못할 것이다. 따라서 올바른 충고와 그릇된 충고를 구별할 수 있어야 한다.

◇ 실수 8 – 의상의 색이 서로 조화를 이루지 못하는 경우

갖고 있는 의류의 색들이 서로 어울리지 못하고 다양하기만 한 경우가 있다. 옷뿐만 아니라 핸드백과 같은 액세서리의 색도 의상과 동떨어져 있다면 무질서하고 혼돈된 느낌을 준다. 대개 이런 현상의 원인은 충동 구매에 있다.

이런 실수를 방지하기 위한 최선책은 구매를 하기에 앞서 계획을 세우는 것이다. 3~4가지의 중간색을 선정하여 이에 준해서 옷을 선택한다. 대부분 각 개인이 좋아하는 색을 의상 선택의 기준색으로 선정하기란 어렵다. 그러나 액세서리 등의 보조적인 색으로 좋아하는 색을 이용할 수는 있다.

상담을 요청한 어떤 여성은 밝은 핑크색을 가장 좋아했다. 그러나 직장 분위기에 적합한 색은 그보다 약간 어둡고 짙은 색이었다. 밝은 핑크색은 너무 들떠 보이는 경향이 있었다. 이런 문제점을 해결하기 위해 우리는 여러 가지 색이 혼합된 실크 스카프를 활용했다. 그 스카프에는 옅은 자주색, 흰색, 회색, 포도주색 그리고 그녀가 좋아하는 밝은 핑크색이 모두 들어 있었다. 결국 스카프는 다목적 액세서리의 역할을 해냈다. 다시 말해서 포도주빛 울 드레스와 회색 정장에 잘 어울릴 뿐 아니라 그녀가 좋아하는 핑크색을 활용할 수 있어 스카프는 일석 이조의 효과를 주었다.

◇ 실수 9 – 곡마단원 같은 의상

지나치게 밝고 번쩍거리는 의상과 무늬가 너무 큰 옷은 평상복으로 적합하지 못하며, 사무실에서 이런 옷을 입는다면 부정적인 이미지를 남기게 된다.

직장에서 입기에 적합한 색은 짙고 어두우며 눈에 잘 띄지 않아야 한다는 것은 비공식적인 규칙이다. 그런 색상은 학구적인 분위기와 신중한 이미지를 준다. 또한 짙은 색상은 상대에게 신뢰감과 성실성을 심어 준다. 은행원, 판사, 그리고 경찰관 등이 회색이나 검정색 제복을 입는 이유는 여기에 있다.

밝은 색은 가볍고 야해 보인다. 그런 색상의 옷을 입고 있는 사람까지도 가벼워 보이기 때문에 상대에게 신뢰감을 주기란 어렵다. 회의석상에 화려한 옷을 입고 나온다면 아마도 그 사람의 이야기보다는 의상에 더 관심이 쏠리는 상황을 쉽게 상상할 수 있을 것이다. 번쩍거리는 밝은 색 의상은 효과적인 의사 소통에 장애가 된다.

커다란 무늬가 있는 옷도 마찬가지로 상대를 어지럽게 한다. 일반적으로 작은 무늬의 옷이 보다 신중하고 교양이 있어 보인다. 무늬의 크기가 적절하기만 한다면 매력적으로 보일 수 있다.

◇ 실수 10 – 부조화

자신은 미처 인식하지 못하고 있는 사이에 많은 부조화를 저지르고 있는 경우가 허다하다. 그것을 다른 사람에게서 발견하기는 쉬워도 자신에게서 찾기란 쉽지 않다. 흔히들 그냥 지나쳐 버리는 부조화와 불균형에 대해 언급하겠다.

부조화로 인한 실수는 대개 다음 네 가지 나뉜다. 디자인, 색상, 옷감의 성질, 그리고 전체적인 효과가 그것이다.

만일 큰 무늬를 선택한다면 서로 어울리지 못할 것이다.

색상의 경우 같은 부류의 색상을 선택하든가, 검정, 회색, 혹은 베이지색처럼 중간색에 어울릴 수 있는 색상을 선택하는 것이 가장 무난하다. 희미한 색의 옷을 입었을 경우에는 보다 밝고 선명한 색상의 블라우스나 액세서리를 이용하여 침체된 분위기가 되지 않도록 유의한다.

너무 밝은 색 옷을 입었을 경우에도 마찬가지 원칙이 적용된다. 옷감의 두께나 무게 등도 고려해야 한다. 그러나 옷감에 대해 전문적인 지식이 없는 평범한 사람들은 그것을 구분하기가 어려울 것이다. 그러나 세련된 용모를 가꾸기 위해서는 이런 세심한 배려도 아끼지 말아야 한다. 예를 들어 울로 된 정장을 입는다면 보통 두께의 블라우스나 스웨터를 속에 입어야 한다.

다른 예로 한겨울에 울 스커트와 자켓 속에 면 블라우스를 입는 실수를 저지르는 경우도 종종 있다. 비록 면이 4계절 모두 입을 수 있는 것이기는 해도 가장 적절한 시기는 봄과 여름이다. 울과 잘 어울리는 옷감은 실크나 폴리에스테르 합성 섬유이다.

마지막으로 고려해야 할 것은 당신의 의상이 전달하는 어떤 효과이다. 예를 들어 모든 직장 여성들은 짙은 감색과 같은 점잖은 색의 정장을 갖고 있을 필요가 있다. 이런 옷은 선이 곧으며 단정하고 색상도 안정되어 있다. 또한 이런 정장은 권위와 품위를 의미한다. 이에 대한 심리학적인 원인은 많고 다양하지만, 그 효과는 항상 같다.

반대로, 꽃무늬처럼 화려한 무늬가 있는 옷은 부드러움과 나약함을 의미한다. 이런 옷은 대부분 곡선이 많고 색상도 파스텔 색조이며 밝고 명랑한 느낌을 준다.

같은 이미지를 전달하는 옷끼리 짝을 맞추어 입는 것이 중요하다. 위의 짙은 감색 정장에 흰색 블라우스는 아주 잘 어울린다. 그러나 그 정장에 파스텔 색조의 꽃무늬 블라우스를 입는다면 그 정장의 권위적인 효과는 상실되고 만다.

부조화로 인한 실수를 피하는 최선의 방법은 거울 앞에서 자신의 의상을 비판적으로 관찰하는 것이다. 이제까지 언급한 네 가지의 기본 범주 내에서 자신을 검토해 볼 필요가 있다. 아마도 한눈에 자신의 결함을 발견할 수 있을 것이다.

◇ 실수 11 – 잘 맞지 않는 의상

아무리 비싸고 아름다운 옷이라고 해도 당신에게 꼭 맞지 않는다면 보기가 흉하다.

　많은 사람들이 소매가 너무 길거나 너무 짧은 정장 자켓을 그대로 입고 다닌다. 때때로 자켓 자체의 길이가 상체의 길이에 비해 짧거나 긴 경우도 있다. 또 어떤 사람은 헐렁한 옷을 그대로 입기도 한다.

　흔히 있는 중요한 실수 중에 하나는 옷을 지나칠 정도로 꼭 끼게 입는 경우이다. 비만한 사람들은 꼭 끼는 옷이 날씬해 보이기를 기대하면서 이런 실수를 저지른다. 그러나 결과는 오히려 그 반대이다.

　스커트의 길이는 유행에 따라 길어지기도 하고 짧아지기도 한다. 그러나 자신에게 가장 잘 어울리는 길이는 스스로 결정해야 한다. 단 그 시기의 유행을 어느 정도는 수렴한다는 기본 원칙을 갖고 있어야 진부해 보이지 않을 것이다.

　그러나 무엇보다도 가장 중요한 요소는 편안함이다. 옷을 입었을 때 자신은 물론 상대방도 편안하게 느낀다면 그 옷은 잘 입었다고 할 수 있다. 옷이 잘 맞지 않아서 한쪽이 달리고 뒤틀린 모양을 상상해 보라. 아마도 그 사람을 바라보는 것조차 민망할 것이다.

　좋은 옷을 잘 입는 방법은 자신의 몸에 맞게 입는 것이다. 크지도 작지도 않게 적당히 입는다. 구입한 기성복이 잘 맞지 않으면 유능한 재봉사에게 의뢰하여 고쳐 입어야 한다.

◇ 실수 12 – 보기 흉한 몸매

　당신은 건강하고 적절한 몸매를 갖고 있는 사람일 수도 있고 너무 비만하거나 마른 사람일 수도 있다. 신체적인 결함을 감추기 위한 소위 위장 전술이라는 것에 대해 필자는 거의 모두 알고 있다. 그러나 그런 눈가림이 모든 결함을 해결해 주지는 않는다.

　당신의 몸매는 먹는 것과 직결된다. 사람은 복잡한 기계 장치를 갖고 있기 때문에 적당한 영양 공급과 적당한 운동을 하기만 하면 최상의 컨디션을 유지할 수 있다. 옷만으로는 당신의 아름답고 건강한 몸매를 만들 수 없다.

　대부분의 여성들이 아름다운 몸매를 가꾸는데 상당한 관심을 쏟고 있다. 그 기본이 당신의 체격이며 의상은 단지 장식에 지나지 않는다. 체격 역시 당신의 이미지에 상당한 영향을 미친다는 사실을 기억해야 한다.

◇ 실수13 – 때와 장소를 가리지 않고 보석을 사용하는 경우

　보석류는 화려한 장식품이다. 이것을 사용하므로써 의상과 그 사람을 한층 돋보이게 할 수 있다. 그러나 시기와 장소에 맞지 않게 사용한다면 꼴불견이다.

　사무실에서 근무하는 한 여성이 소리가 나는 고리 팔지를 끼고 있다고 생각해 보자. 무의식중에 당신은 그 여자를 교양없고 센스가 없는 여자라고 생각할 것이다. 분명히 이런 여자로 낙인 찍히고 싶은 사람은 아무도 없으리라 생각한다.

　변색된 금 도금 목걸이나 팔찌 또한 꼴불견이다. 조금이라도 변색된 보석은 지저분한 인상을 준다.

　다른 환경에서는 아름답고 돋보일 수 있지만 사무실 분위기에는 전혀 걸맞지 않는 화려하고 유행에 민감한 보석류는 삼가해야 한다. 분위기에 적합한 보석을 선택해야 한다.

　근무 환경에 적합한 보석으로 생각되는 몇 가지가 있다. 앞에서 언급했던 것처럼 진품을 권하고 싶다. 금이나 은 제품이 가장 무난하다. 금이나 은은 매력적이고 고급스러워 보이며, 좋은 투자가 되기도 한다.

　디자인은 단순한 것이어야 한다. 상대에게 간결하고 깨끗한 인상을 심어 주고자 한다면 고전적인 선을 살린 보석이 무난하다.

　한 번에 2~3 종류 정도만 착용한다. 그렇지 않으면 자신은 물론 상대방도 부담스럽게 느껴진다. 진주 목걸이, 팔찌, 그리고 반지 하나 정도면 충분하다. 귀걸이의 크기가 작고 잘 눈에 띄지 않는 것이라면 착용해도 무방하다. 그러나 큰 귀걸이는 다른 사람들의 시선을 집중시킬 것이다. 만일 큰 귀걸이를 하고 싶다면 다른 보석류들은 모두 빼놓는 것이 바람직하다. 이 때에도 달랑거리는 귀걸이는 사무실에서 착용하지 말아야 한다. 귀걸이는 얼굴 크기에 비례하고 머리 모양에 어울리는 것을 착용해야 한다.

◇ 실수14 - 향수의 오용

자신의 분위기에 어울리지 않는 향수와 향이 짙은 향수는 삼가한다. 향수는 원래 지니고 있는 자신의 향기를 강화시키기 위해 사용하는 것이다. 당신의 주변에서 약간의 은은한 향기를 느낄 수 있으면 된다. 누군가 당신에게 「당신의 체취는 좋군요」라고 말하는 대신 「당신은 어떤 향수를 사용하십니까?」라고 묻는다면 향수 사용에 문제가 있는 것이다.

각각의 향수는 저마다 특별한 메시지를 전달한다.

향수는 자신의 분위기와 기호에 맞는 것을 선택해야 하며, 직접 냄새를 맡고 실험해 볼 필요가 있다. 그러나 한꺼번에 여러 가지의 향수 냄새를 맡고 나면 후각이 둔화되므로 시간적인 간격을 두고 선택한다.

◇ 실수15 - 사소한 실수

사소한 실수로 인하여 상대에게 부정적인 이미지를 남기는 경우가 있다. 나쁜 인상을 남기지 않기 위해 다음 사항을 검토해 보아야 한다.

① 스커트의 길이가 코트 길이보다 긴 경우

② 칠칠치 못한 신발
③ 슬립이나 브래지어의 끈이 보이는 경우
④ 브래지어의 선이 비치는 경우
⑤ 팬티의 선이 드러나는 경우
⑥ 얼룩이나 때가 낀 옷, 신발 등
⑦ 페디큐어도 바르지 않은 맨발
⑧ 줄이 간 스타킹
⑨ 머리를 묶은 고무 밴드
⑩ 벗겨진 매니큐어
⑪ 머리가 자라 뿌리 쪽을 다시 손질해야 하는 염색 머리
⑫ 귀를 뚫어 놓고도 귀걸이를 하지 않은 경우
⑬ 고정되지 않고 느슨하게 풀어진 스카프
⑭ 틀어진 옷단
⑮ 지워진 립스틱
⑯ 거칠어진 팔꿈치
⑰ 엉덩이가 꼭 끼는 스커트
⑱ 땀에 젖은 옷
⑲ 풀어진 단추

Part3

**현명한 여성을 위한
내면적 에티켓**

사회 생활을
성공적으로
이끄는 방법

직장 생활에 있어 가장 치명적인 실수 9가지

재클린 톰슨 (Jacqueline Thompson)

직업 문제를 전문적으로 다루는 자유 기고가이다. 그녀의 글은 《뉴욕 매거진》,《직장 여성》등의 미국 잡지에 상당수가 실렸다.

　예의 범절은 문화 수준을 말해 주며, 정신적인 수준을 상징하는 것이기도 하다. 보다 문명화된 사회일수록 사회적인 예의 범절을 지키려는 의지가 강하다.
　예절은 인간을 짐승과 구별하는 요소이다. 또한 개인적인 생활 못지않게 사회 생활에서도 중요하다. 사실상 예절바른 행동은 일상 생활에 윤활유 역할을 하는 가장 중요한 요소이다.
　직업문제연구소의 소장으로 있는 찰스 가이 무어 (charles Guy Moore)는 직장 예절의 중요성을 다음과 같이 말하고 있다.
　「직업상의 이익을 증진시키기 위해 자신의 능력에만 의존하는 것은 현명하지 못하다. 만일 당신이 이해와 우정으로서 동료 직원의 인간적인 요구에 부응할 수 있다면 그들은 다른 사람들보다도 당신과 거래를 맺고 싶어할 것이다.」

당신은 동료들의 인간적인 요구에 어떻게 부응할 수 있겠는가? 품위있게 그들에게 응해야 한다. 이런 목표에 도달할 수 있는 수단이 바로 예의 범절이다.

직장 생활에서 흔히 범하는 실례 10가지를 선정했다. 이런 실례는 남녀에 관계없이 지양해야 할 치명적인 것이다.

만일 동료 직원이 당신에 대해 분노와 싫증을 느끼면서 멀어지기를 원하지 않는다면 다음의 행동을 삼가해야 한다.

◇ 실례1 — 직장 동료의 이름을 부르는 경우

작은 규모의 직장에서 사장이나 상관이 부하 직원의 이름을 부르는 경우는 종종 있다. 규모가 큰 직장에서는 이런 일이 거의 없으나 다만 친한 동료들 사이에서만 기대할 수 있는 일이다.

◇ 실례2 — 지저분하게 작성된 통신문을 보내는 경우

오자와 수정이 많은 통신문은 당신을 무능한 사람으로 인식시킨다. 이런 무성의한 통신문은, 청바지와 티를 입고 계약을 맺기 위해 상대방 사무실에 들어가는 것이나 다름 없다.

당신은 이 문서 한 통을 통해서「나는 세부적인 것과 표면적인 인상에는 관심이 없습니다」하고 말하고 있는 것이다. 그러나 불행하게도 사회 생활에 있어 세부적인 것과 표면적인 인상은 상당한 영향력을 갖고 있다.

서류 작성에 있어서는 어떠한 오류도 용납되지 않으며, 그 형식과 관례를 준수해야 한다. 편지지도 가능한 양질을 써야 한다. 특별한 이유가 없는 한 현대적인 감각을 갖고 있는 깨끗한 것을 이용한다. 봉투 역시 편지지와 비슷한 고급품으로써 서로 조화를 이루어야 한다.

◇ 실례3 — 동료의 비서를 혹사하는 경우

동료나 상사의 비서를 혹사하여 당신을 혐오하게 만든다면 전혀 이로울 것이 없다. 오히려 비서를 당신의 편으로 만들어야 한다. 그들은 사장과 가까이 있기 때문에 당신에 대한 이야기를 할 수도 있다. 그 때 만일 당신에 대해 부정적인 말을 한다면, 그것을 눈치챌 수도 없고 그에 대해 방어를 할 수도 없다. 어쩌면 동료 사장과의 중요한 약속이 결렬되는 불상사가 일어날지도 모른다.

많은 간부 사원들이 「나의 비서를 모욕하는 사람은 나를 모욕하는 것이다」라는 잠재의식을 갖고 있음을 명심하라.

◇ 실례4 — 업무상 전화에 대해 거만한 태도를 취하는 경우

업무 관계로 전화를 걸 때는 항상 먼저 자신의 신분을 밝히고 회사명을 말한다. 가까운 직장 동료에게 전화할 때에는 화사명까지 밝힐 필요는 없지만 자신의 이름은 확실히 전달해야 한다. 그렇지 않으면 상대에게 혼란을 주기 쉽다. 걸려 온 전화를 받을 때도 마찬가지로 자신의 신분을 밝히는 것이 예의이다.

장거리 전화를 했을 때 원하는 상대가 부재중이라면 상대에게 이익되는 용무가 아닌 이상 전화 부탁은 하지 말아야 한다. 예를 들어 어떤 기고가가 상대에게 특별한 기사를 제공하기 위해 장거리 전화를 했을 때 그 상대가 자리에 없는 경우라면 분명히 전화를 해달라고 요청하는 것이 당연하다. 그러나 세일즈맨이 물건을 팔기 위해 상대에게 장거리 전화를 걸어 달라고 요청한다면 납득이 되지 않을 것이다.

또한 전화상으로 누군가와 이야기를 하는 도중에 사무실에 있는 다른 사람과 이야기하는 무례한 행동은 절대적으로 삼가해야 한다.

만일 통화 도중에 그와 부득이 이야기해야 할 상황이라면 상대에게 정중하게 양해를 구하고 간단하게 대답해 준다.

부재중인 사람 대신 전화를 받게 되었을 때에는 그 사람이 부재중인 이유나 전화를 받을 수 없는 이유를 분명하게 알려 주어야 한다. 예를 들어「그는 회의중입니다」라든가「죄송합니다. 지금은 받을 수 없습니다. 나중에 전화 하시라고 할까요?」라고 분명하고 정중하게 답변한다. 만일 당신이 부재중이었을 때 전화가 왔었다면 그 말을 들은 즉시 전화해 준다.

◇ 실례5 — 업무상 약속을 지키는 것을 불분명하게 실행하는 경우

우연히 지나는 길에 업무상 동료로 지내고 있는 사람의 사무실을 불쑥 찾아가는 것은 삼가해야 한다. 사전에 약속도 없이 누군가의 사무실을 방문하는 것은 무례한 행동이다. 그 사전이나 도착 직전에라도 양해를 구하는 것이 예의이다. 상대가 바쁘다는 것을 당신이 인정해 줌으로서 동료의 위엄을 인정하는 것이 된다.

또한 계속해서 약속 시간에 늦게 나타나면 당연히 나쁜 인상을 준다. 그것은「내 시간은 당신 시간보다 훨씬 귀중하다」라고 말하는 것과 마찬가지가 된다. 약속 시간을 지키지 않는 것은 상대를 모욕하는 것이다.

◇ 실례6 — 사업상의 동료와 함께 점심 식사를 했을 때 계산에 대해 갈등을 느끼게 하는 경우

「X라는 식당에서 점심을 함께 드시죠!」라고 말하는 것은 점심을 살 의향이 있다는 이야기이다. 테이블에 앉아서 주도권을 쥐었을 경우도 계산할 의향이 있다는 암시이다. 만일 당신이 일방적으로 식당을 결정하고 웨이터에게 음식을 주문하고서도 돈을 지불할 때 머뭇거린다면 당신의 점심 파트너는 기분이 상할 것이다.

처음부터 계산을 따로 할 생각이라면, 말을 달리 해야 한다. 아마도「함께 점심 드시러 갈까요? 어디로 가는 것이 좋겠습니까?」라고 해야 할 것이다.

◇ 실례7 − 업무상 만난 동료라고 해서 사업에 관한 이야기만 하는 경우

업무 이외의 주제에 대해 당신의 견해를 말하기를 꺼려 한다면 그에게 당신은 낯선 사람으로 남게 된다. 만일 사업 이외에 다른 화제가 없거나 관심조차도 없다면, 그런 무관심에서 탈피하라고 권장하고 싶다. 매일매일 신문을 열심히 읽고 취미를 갖는다면 보다 풍요로운 생활을 할 수 있을 것이다. 유동적이고 취미가 다양하며 다재 다능한 사람은 어떤 환경에서도 자신의 삶을 안락하고 풍요롭게 엮어 갈 수 있다.

사업상의 동료와 함께 점심 식사를 할 때는 우선 업무 이외의 사소한 관심사에 대해 가볍게 이야기를 나누는 것이 관례이다. 일반적으로 그 식사를 주도한 사람이 업무 이외의 일상적인 이야기를 주도하여 식사 분위기를 즐겁게 만든다.

◇ 실례8 − 사장이나 상사가 당신을 사적으로 대접하기도 전에 먼저 대접하는 경우

사장이나 상사가 먼저 부하 직원을 집으로 초대함으로써 사무실의 분위기를 부드럽게 하는 일은 자연스럽다. 그러나 그 반대 상황이라면 부자연스럽고 아첨의 인상을 준다.

대부분의 사장들은 부하 직원에게 어떤 식으로든 빚지게 되는 것을 싫어한다. 그런 빚은 부하 직원을 관리하는데 어려움을 주기 때문이다. 그러므로 상사가 먼저 사적으로 식사에 초대하거나 집에 초대하기 전에는 부하 직원이 그런 자리를 마련하는 것은 삼가해야 한다. 또한 만일 직장 상사를 개인적으로 대접하거나 그에게서 대접을 받았다면 그 다음날 사무실에서 지나치게 친근감 있게 행동함으로서 그 상황을 이용하려고 하지 말아야 한다.

◇ 실례9 — 서면상으로 감사하다는 말을 하지 않는 경우

동료의 호의에 대해 적절한 감사 표시를 하지 않는 사람은 일반적으로 이기적이다. 그들은 대부분 다른 사람의 입장을 생각하지 못한다. 예를 들어 다른 사람의 시간을 귀중하게 여기지 않는 사람들이 그렇다. 그런 사람들은 상대의 호의에 서면상으로는 물론 말로도 감사 표시를 하지 않는 경우가 많다.

전화의 등장으로 인해 편지를 통한 왕래가 급격히 저하되었다. 따라서 감사하다는 인사말도 편지보다는 전화로 간단하게 끝내는 경우가 많다. 이것은 불행한 일이 아닐 수 없다. 필자의 견해로는 전화 통화보다는 글로 감사의 뜻을 표하는 것이 훨씬 진지하고 의미가 있다고 생각된다. 글로 남기는 것은 확실한 반면 말은 쉽게 잊혀진다.

사업상 동료의 사소한 호의나 환대에 대해서는 잊지 않고 감사의 뜻을 표해야 한다. 서면상으로 감사의 뜻을 전달하는 일은 아무리 많아도 지나치지 않다. 만일 이런 행동에 인색하다면, 당신은 실수를 저지르고 있는 것이다.

좋은 인상을 남기기 위한 행동 지침

필립 그레이스(Phillip Grace)

그는 경영 관리학 학사 학위와 석사 학위를 갖고 있다. 최근에는 조지 타운 마케팅연구소의 회장으로 재직중이다. 이 기관은 경영 문제를 해결하는 전문가들의 두뇌 집단이며 마케팅과 광고에 역점을 두고 연구하고 있다.

여기에서는 야망에 찬 여성들을 위해 직장 예절과 그것을 활용하는 방법을 소개하겠다. 물론 남자들을 위한 것이 될 수도 있다. 포부가 큰 여성들의 최대의 관심사는 직장의 동료들이나 상사들, 아니면 거래처의 직원들을 가장 기품있고 재치있게 다루는 방법이다. 사무실 내에서뿐만 아니라 업무상 외부에서 만났을 경우 그 행동은 중요하다.

남녀 평등주의가 만연한 오늘날 급진적인 생각을 갖고 있는 어떤 여성들은 예의 범절에 있어서도 완전한 남녀 평등을 주장하고 있다. 비록 이것이 오늘날의 지배적인 생각이라고 해도 필자는 여기에 완전히 동의할 수 없다.

사실 당신의 목표가 좋은 이미지를 갖고 있다면, 그 목표는 해방과 남녀 차별주의에 관한 당신의 생각과 서로 모순된다는 것을 의미한다. 그러므로 당신은 한 가지를 선택해야 한다. 즉 침착하고 안정된 한 여성으로 인식되기를 원하는가 아니면 어떠한 남녀 차별도 용납하지 않는 급진적인 여성으로 인식되기를 원하는지를 결정해야 한다.

그렇다고 해서 필자가 구시대의 예의 범절을 위해 여성 해방 운동의 근본 취지를 배반하는 것은 절대 아니다. 필자의 의도는 여성들이 이 시대의 현실성을 반영한 예의 범절을 따라야 한다는 것이다. 무엇보다도 예절을 지키는 목적은 여자든 남자든 모든 사람의 삶을 보다 즐겁게 만드는 데 있다.

예의 범절은 성별에 관계없이 상대를 생각해 주는 마음에서 시작된다. 상대에 대한 배려는 그들의 견해를 존중한다는 것을 의미한다. 남녀간의 관계가 급속히 변해 가고 있기는 하지만, 고루한 남존 여비 사상을 갖고 있는 사람들이 여전히 있다. 특이 나이든 사람들일수록 그러한 행동에 익숙해져 있어 변화한다는 것이 거의 불가능하다. 우리가 사회 생활을 하면서 어떤 류의 사람을 만나게 될지 아무도 모른다. 따라서 이렇게 고루한 생각을 갖고 있는 사람과도 원만하게 사귈 수 있는 재치를 배워 두어야 한다.

직장에서 유능하고 좋은 이미지의 여성으로 인정받기 위해 삼가해야 할 몇 가지 구체적인 에티켓을 소개하겠다.

◇ 사무실에서

어수선한 책상은 나쁜 인상을 주므로 항상 책상을 단정하게 정돈해 두어야 한다. 동료나 상사에게 당신의 리더십을 확신시키고자 한다면 질서 정연하게 정돈된 이미지를 주어야 한다.

책상 주변이 그 사람의 일반적인 취향을 반영한다면, 그것은 당신의 이미지를 확실하게 심어 주는 매체가 될 수도 있다. 여성적인 취향이라면 우아할 수도 있고 크리스탈 꽃병에 꽂힌 장미 한 송이처럼 간결한 느낌을 줄 수도 있다. 그러나 지나치게 자신의 취향을 드러내는 것은 삼가해야 한다.

예를 들어 유독 혼자만 의자 커버를 씌운다거나 가족 사진을 여러 개 올려 놓는 것이 여기에 해당된다. 어떤 사람은 중국 도자기로 된 잔에만 커피를 마시는 유별난 취향을 갖고 있다. 이런 과장된 행동은 지양해야 한다.

거래상의 손님을 위해 당신의 책상 옆에 하나 정도의 빈 의자를 두어야 한다. 그것이 여의치 않으면 필요할 때 가져다 쓸 수 있는 의자라도 있어야 한다. 또 손님과 마주앉아 이야기를 할 때에는 2.4m 이내의 간격을 유지해야 한다.

직장 생활의 초기부터 사람을 다루는 외교적인 수완을 익혀 두어야 한다. 잡담을 좋아하거나 부담을 주는 동료로 인해 업무에 방해를 받아야 할 이유는 전혀 없다. 불청객이나 추근거리는 동료에 의해 괴로움을 당할 때에는 다음과 같이 처신하라.

그가 다가왔을 때 그에게 눈을 돌리지 말고 계속 업무에 열중한다. 그러면 상대는「잠깐만 시간을 내주실 수 있으세요?」하고 말을 걸어 올 것이다. 바로 이 때가 거절할 수 있는 절호의 기회이다. 거절은 확실하게 그러나 품위있게 해야 한다. 여전히 일에 열중해 있는 것처럼 행동하면서 거절의 뜻을 확실하게 밝힌다. 그러나 만일 과거에 그에게 인자하고 관대하게 대해 주었던 경력이 있다면 그를 저지하기가 어려워진다.

이미 굳어진 당신에 대한 사람들의 기대와 이미지를 수정하기란 상당히 어렵다. 그러므로 직장 생활의 초기부터 업무중에 방해받는 것을 싫어하는 사람이라는 인식을 심어 주어야 한다.

◇ 비공식적인 장소에서

규모가 큰 회사에는 구내 식당이나 휴게실과 같은 비공식적인 장소가 있다. 야망이 큰 여성이, 이런 장소에서 그녀의 미래에 영향력을 발휘할 수 있는 사람을 만날 가능성은 상당히 크다. 그런 장소에서 상대에게 주는 첫인상은 그녀의 미래에 큰 영향을 미칠 수가 있다. 그러므로 조심스럽게 행동하여 그런 기회에 접근해야 한다.

◇ 술을 마실 때

필요에 의해 혹은 직장 동료들과의 친목을 위해 술을 마실 기회가 있을 경우 다음 세 가지를 삼가하는 것이 바람직하다.

첫째, 소주를 마시는 것은 삼가한다. 주류 중에서 특히 소주는 화이트 칼라에 속하는 여성에게 부적합하다.

둘째, 주정이나 악담은 삼가한다. 술과 주정은 때때로 함께 따라다닌다. 술에 취해서 내뱉는 불경스러운 말들은 당신이 이제까지 쌓아온 좋은 인상을 하루아침에 흐려 놓기에 충분하다. 지나친 농담도 마찬가지로 혐오감을 준다.

셋째, 직장 친목회에서 마음을 터놓고 이야기하는 것을 삼가한다. 분명히 상대는 그 이후로 당신을 얕보게 된다.

◇ 자동차를 탈 때

자동차 문을 여는 예절법이 현대에 와서는 남녀 공동의 예절로 변화되어 가고 있다. 남자와 동행할 경우 남자가 문을 열어 줄 때까지 기다리는 것은 구시대적인 발상이다. 자동차 이외의 어떤 문앞에서도 마찬가지이다. 그러나 만일 동행하던 남자가 문을 열어 주려고 자세를 취한다면 그것을 막지는 말아야 한다. 굳이 자신이 문을 열어 상대에게 불쾌감을 줄 필요는 없다. 사소한 일로 공연한 소란을 피우는 것은 역시 좋지 못한 매너이다.
　당신이 직접 운전을 하는 경우이든 아니면 승객 입장이든 마음대로 라디오를 만지작거리는 행동을 삼가한다. 만일 승객 입장이라면 절대로 라디오나 에어컨디션을 만지지 말아야 한다. 그런 것들을 켜고 안 켜고는 운전자 마음에 달려 있다.

◇ 거리에서

　전통적으로 남자가 보도의 외곽에서 걸어가게 되어 있다. 비가 오거나 하여 길이 지저분할 경우 여자 옷에 흙탕물이 튀는 것을 막아 주기 위해서였다. 오늘날에 와서는 도로의 포장이 잘 되어 있기 때문에 그렇게 할 이유가 없다. 그러나 이것을 지키는 사람들도 많이 있다.

◇ 함께 음식을 먹고 돈을 지불하는 경우

　어떤 사람과 함께 식사를 하게 되면 흔히 계산을 누가 할 것인가 하는 문제를 놓고 곤란을 겪는다. 그 해결책은 간단하다.
　사업상 함께 식사를 한 경우라면 초대한 사람이 지불하는 것이 원칙이다. 만일 당신이 사업상 어떤 남자를 초대하여 식사를 함께 했는데 그가 계산서를 쥐고 있게 되었다면 당신은 상냥하게 그러나 확고하게 다음과 같이 말해야 한다.
　「지불은 제가 하도록 해주십시요.」
　이것은 오랫 동안 사업계에서 수립되어 온 원칙이므로 대부분의 사람들은 당신의 정중한 호의를 받아 줄 것이다.
　만일 사교적인 만남이라면 그 상황에 약간 혼돈이 일어날 것이다. 필자는 이 경우에도 초대한 사람, 즉 약속을 청한 사람이 지불해야 한다고 생각한다. 예외적인 경우도 있다. 혼자서는 감당하기 어려울 정도로 많은 사람들이 모여 식사를 하거나 음료 혹은 주류를 마셨다면, 개인별로 혹은 그룹별로 내는 것도 바람직하다.

당신이 영국 여왕이 아닌 이상 축배의 인사를 주도하지 말아야 한다. 이것만은 여전히 남자들이 주도하고 있는 행동 중에 하나이다.

◇ 출장을 가는 경우

관광 산업의 발달로 인하여 여성 혼자 여행하는 것이 예전에 비해 안전하고 보편적인 일로 변모하고 있다. 편리하고 쾌적한 환경뿐만 아니라 안전면에서도 많은 발전이 진행되고 있다. 그러나 아직도 여성 혼자 여행하는데는 위험한 요소들이 산재해 있다. 이런 위험 요소들을 극소화하기 위해 다음 사항에 유의한다.

첫째, 항상 명함을 갖고 다닌다. 명함에는 당신이 기혼자인지 미혼인지 구분없이 이름만 나와 있으며 회사명과 주소가 있다. 따라서 명함은 호텔 등록을 간단히 해결할 수 있게 해주며 당신의 소속을 분명히 밝혀 주기 때문에 유리하다.

둘째, 기혼자라면 반드시 결혼 반지를 끼고 다닌다.

셋째, 호텔방에 손님을 초대하지 않는다. 호텔방에 있는 침대는 선정적이며, 손님을 초대하는 행동은 사업파트너에게 나쁜 이미지를 심어 준다.

◇ 사무적인 관계를 개인적인 친분 관계로 전환해도 좋은 시기와 방법

회사의 휴게실에서 만났던 사람이 직업적인 관심보다는 개인적인 관심을 자극한다고 상상해 보자. 당신의 감정을 그에게 알려야 하는가? 그렇다면 어떻게 전달해야 하는가?

만일 그 사람이 당신의 동료 그룹에 속하고 같은 사무실 내에서 일하는 사람이 아니라면 괜찮지 않겠는가? 회사의 규모가 클수록 당신의 주의를 끄는 사람을 만나게 될 확률이 크다.

그러나 만일 그 상대가 같은 회사에 근무하는 상사라면 잊어버리라고 권하고 싶다. 당신의 사장이나 같은 사무실의 동료와 개인적으로 친밀한 관계를 갖는 것도 마찬가지이다. 그런 관계는 불쾌해지기 쉬우며 결국 당신은 패자가 되고 만다. 어떤 경우에는 직장을 옮겨야 하는 불상사가 일어날 수도 있다.

그러나 만일 상대의 남자가 적당하고 같은 회사의 다른 부서에서 근무한다면 어떤 조처를 취하는 것이 효과적일까?

그와 몇 마디 담소를 나눈 뒤에 그가 긍정적인 반응을 보인다면 부끄러워하지 말고 데이트 신청을 한다. 자신감을 갖고 행동한다면, 당신의 이미지가 손상될 염려는 없다. 중요한 것은 로맨스가 일어나기 전에 처음에 어떻게 우정을 발전시키느냐이다.

그러나 처음으로 상대에게 초대나 접대 의사를 밝힐 때에는 그에게 탈출구를 열어 주어야 한다. 만일 그가 거절하면서 바쁘지 않을 때 다시 시도할 기회를 당신에게 준다면, 다시 한 번 시도해 본다. 그러나 두번째도 실패한다면 더 이상은 청하지 말아야 한다. 그 다음은 상대방 차례이다.

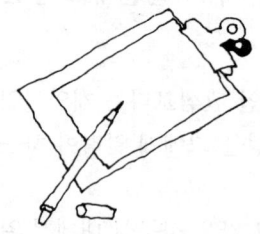

목소리는 완벽한 악기

린 매스터스 (Lynn Masters)

그녀는 지난 12년 동안 목소리 개발과 화술 개선을 전문으로 하는 기관을 경영해 왔다. 그녀는 독특한 목소리 개발법에 의해 연극계와 사업계에서 인정받고 있다. 많은 유명한 방송계의 인물, 변호사, 세일즈맨, 의사, 외교관, 정치가, 그리고 교사들이 그의 지도를 받았다.

당신은 천부적으로 완벽한 악기, 즉 목소리를 타고 났다. 말할 때마다 당신은 그 악기를 연주하게 된다. 지문과 마찬가지로 목소리는 사람마다 각기 다르며 신원 확인을 위해 사용될 수도 있다. 어떤 사람의 목소리도 당신만의 독특한 음성과 같을 수 없다.

◇ 표현의 매체인 목소리

목소리의 혼은 자신을 효과적으로 표현하고, 자신의 생각을 상대에게 납득시키기 위해 중요한 요소로 작용한다. 당신의 목소리는 당신의 외모만큼이나 중요하다. 당신의 목소리와 말씨는 외모의 일부이다.

당신은 자신의 시각적인 이미지에는 소심할 정도로 신경을 써왔다. 그러나 청각적인 이미지에 대해서는 과연 얼마나 관심을 두어 왔는가? 당신에 대한 잠재적인 인상은 목소리와 말씨에 의한 청각적인 것에 기초를 두고 있다. 잘 이해가 안 가겠지만 사람들은 발음보다 당신의 특징적인 목소리에 보다 민감하게 반응한다.

◇ 자신의 목소리 평가

자신의 목소리가 다른 사람에게 어떻게 들리는가를 평가하기 위해서 녹음기를 이용하는 방법이 있다. 그러나 녹음이 의식적으로 되어서는 안 된다. 다른 사람과 자연스럽게 대화하는 것을 녹음해야 자신의 평소 목소리를 관찰할 수 있다.

녹음한 테이프를 들어 보면서 객관적인 입장이 되어 자신의 목소리를 평가한다. 특히 다음 사항을 주의깊게 관찰한다.

① 목소리에서 콧소리가 나는가?
② 쥐어짜는 듯한 소리를 내는가?
③ 귀에 거슬리는 거친 소리가 나는가?
④ 날카로운 쇳소리가 나는가?
⑤ 목소리가 너무 큰가?
⑥ 성량이 모자라 가식음이 나는가?
⑦ 실제보다 목소리가 어리게 들리는가?
⑧ 목소리가 권위적인 분위기를 주는가?
⑨ 목소리에 애교가 있고 명랑한가? 아니면 차갑고 쌀쌀한 느낌을 주는가?
⑩ 목소리가 너무 단조로운가?

만일 위의 질문에 대해 하나라도 「예스」라고 대답한다면 목소리에 문제가 있는 것이다. 그러나 매일매일의 간단한 운동을 통해 이와 같은 문제점을 보완하고 최상의 목소리를 소유할 수 있다.

◇ 목소리는 어떻게 나오는가

말을 할 때 사람은 하나의 악기를 연주하는 것과 같다고 말한 바 있다. 바이올린 연주자는 활로 선을 끌어당겨 특별히 고안된 나무 상자를 진동시킨다. 마찬가지로 사람은 자신의 몸이라는 박스를 진동시킨다. 실제로 성대에서 만들어지는 소리는 매우 작다는 것을 알면 깜짝 놀랄 것이다. 그 작은 소리가 사람의 몸을 진동시켜 확대되어 밖으로 나오는 것이다. 공명 현상이 일어나는 곳은 머리와 가슴의 공간이다. 성대와 그 주변의 가슴, 머리의 진동이 결국 당신이 독특한 목소리를 만들어 내는 것이다.

목젖에 손가락 두 개를 대고「안녕하세요」라고 말해 보라. 진동을 느낄 수 있을 것이다. 다음에는 다른 손을 머리 위에 놓고 다시 간단한 말을 해보라. 머리에서 진동이 느껴지는가? 진동을 느껴야 정상이다. 그러나 진동이 느껴지지 않는다고 해서 걱정할 필요는 없다. 매일의 간단한 운동을 통해 진동이 증가할 것이다.

다음에는 손을 가슴에 대고 다시 말해 본다. 머리 위에 있는 손과 가슴에 댄 손에서 모두 진동이 느껴져야 한다. 가슴과 머리의 공명 공간은 성대 주변의 작은 진동을 확대시키며, 그 진동은 몸 밖으로 퍼져 나가 목소리를 형성한다.

◇ 그릇된 호흡법

목소리는 호흡이 주가 되지 않는다는 사실을 기억할 필요가 있다. 많은 사람들이, 많은 호흡을 할수록 더 좋은 소리를 낼 수 있다고 잘못 생각하고 있다. 실제로 말을 할 때에는 짧게 숨을 쉬어야 좋은 소리가 난다. 만일 필요 이상으로 많은 공기를 들이마신다면, 들어온 공기 때문에 가슴이 근육을 압축시키게 된다. 뿐만 아니라 많은 공기가 빠져 나가면서 목소리는 쥐어짜는 소리를 내거나 가식음을 낼 것이다.

좋은 소리를 내는 중요한 열쇠는 호흡량에 있는 것이 아니라 성대와 공명 공간을 갖고 있는 신체 내의 근육의 공동 작업에 있다. 근육의 이러한 공동 작업에 가장 큰 방해자는 어깨, 목, 그리고 턱 부분의 근육 긴장이다. 물론 그 긴장은 자연스런 현상이며, 특별한 어떤 일로 흥분하거나 신경을 곤두세워서 나타날 수도 있다.

사람들은 대부분 긴장된 순간 숨을 크게 쉰다. 즉 흉곽을 확장시키고 어깨를 들어올리며, 목과 턱에 힘을 준다. 바로 이런 수축과 압박감이 목소리를 내는데 장해가 된다. 그러나 만일 당신이 하루에 세 번씩 다음 다섯 가지의 운동을 한다면, 그런 긴장을 조정할 수 있다. 일단 그 운동 방법을 터득하기만 하면, 그 다섯 가지 운동을 다 하는데 5분도 못 걸릴 것이다.

중요한 사람에게 소개받을 일이 있거나 중요한 회의, 오디션 등이 있을 경우 거기에 나가기 전에 이 운동을 하면 긴장을 풀 수가 있다.

◇ 긴장을 푸는 운동

● 운동1

① 걸상에 앉아 발을 편안하게 바닥에 내려 놓는다. 이 때 다리를 꼬지 않도록 한다.

② 봉제 인형처럼 축 늘어뜨리고 앉는다. 머리를 앞으로 떨구고 어깨를 축 처지게 한다. 이 때 목 뒷부분이 약간 당겨지는 느낌을 느낄 수 있어야 한다.

③ 양손은 양편에 늘어뜨리거나 무릎 위에 올려 놓고 완전히 긴장을 푼다.

④ 정신적으로 그리고 육체적으로 잠시 동안 해방시킨다.

⑤ 해방감을 느끼고 똑바른 자세로 돌아갈 준비가 되었다고 생각될 때, 척추의 아래부터 서서히 몸을 일으킨다. 천천히 움직일수록 더 많은 효과를 얻을 수 있다.

⑥ 그 마지막 동작으로 머리를 들어올린다. 천장에 매달린 것처럼 앉아 있는다.

만일 등에 문제가 없고 건강 상태가 양호하다면, 일어서서 이 운동을 해보고 싶은 생각이 들 것이다. 일어서서 할 경우에는 등 아래 부분의 무리를 예방하기 위해 무릎을 약간 굽힌다. 앉아서 하든 서서 하든 이 운동을 완전하게 하는데 약 1분 정도가 소요된다.

● 운동2

① 일어서서 양팔을 천장을 향에 뻗는다. 할 수 있는 한 팽팽하게 높이 뻗는다.

② 다음에는 아주 천천히 허공에서 수영 동작을 한다. 왼팔은 계속해서 천장을 향해 뻗으면서 오른팔을 배영을 하듯이 뒤로 두 번 천천히 원을 그린다. 다음에는 팔을 교대하여 오른팔은 천장을 향해 뻗으면서 왼팔을 뒤로 두 번 돌린다. 천천히 움직이는 것이 효과적이다.

③ 이번에는 왼팔이 천장을 향에 뻗치고 있는 동안 오른팔을 앞으로 뻗어 원을 두 번 그린다. 이 때에도 천천히 느린 동작으로 하는 것이 중요하다. 그 다음 오른팔과 왼팔을 교대해서 똑같이 한다.

④ 마지막으로 양팔을 한꺼번에 천장을 향해 뻗은 다음 팔에 힘을 빼고 아래로 내린다. 잠깐 동안의 이 운동을 통해 어깨 부근의 긴장을 완전히 풀 수 있다.

이 운동에서 중요한 것은 팔을 팽팽하게 뻗는 데 있다. 물 속에서 자신을 끌어당기는 것처럼 팔을 뻗어야 한다. 아마도 편안한 느낌을 경험할 수 있게 될 것이다.

● 운동3

① 양어깨를 귀에 닿을 정도까지 움츠린 다음 어깨를 돌린다. 어깨쭉지 부근과 목에서 그 움직임을 느끼게 된다.

② 양팔을 어깨 높이로 해서 옆으로 뻗는다. 마치 어깨에 무거운 짐을 진 것처럼 팔꿈치를 약간 굽힌 다음 양손목의 힘을 빼고 손을 늘어뜨린다. 팔이 무겁게 느껴질 것이다.

③ 팔은 뻗은 상태 그대로 두고, 어깨를 귀 근방까지 끌어 올려 그 상태에서 어깨를 돌린다. 이 때 팔을 밖으로 많이 뻗는 것이 좋다. 그러나 힘은 더 많이 들 것이다.

④ 한 방향으로 2~3번 돌린 다음 반대 방향으로 다시 2~3번 돌린다.

⑤ 차렷 자세로 팔을 내려 놓는다. 아마도 어깨 부근의 긴장이 완전히 풀린 느낌을 가질 수 있을 것이다.

⑥ 다시 손을 양쪽 머리에 대고 양쪽 팔꿈치를 마주댄다.

⑦ 팔꿈치를 마주대고 있는 상태를 유지하면서 그대로 앞으로 쭉 내밀었다가 긴장을 푼다.

⑧ 양팔을 옆으로 편하게 늘어뜨린다. 그리고 다시 완전한 이완 상태에 들어간다.

⑨ 통닭의 날개처럼 팔꿈치를 등 뒤로 향하게 한다. 등 뒤에서 팔꿈치가 만날 수 있도록 세게 당긴다.

⑩ 이제 긴장을 풀고 이완 상태가 된다.

이 운동은 책상 앞에서 많은 시간을 보내는 사람에게 유리하다. 그러나 여기에 소개하는 다섯 가지 운동은 모두 필연적인 연관 관계가 있으므로 차례로 하는 것이 바람직하다.

• 운동 4

① 편안한 자세로 의자에 앉는다. 그러나 축 늘어지게 앉지는 말아야 한다.

② 근육의 긴장을 완전히 풀면서 턱을 가슴을 향해 떨군다. 목 뒤가 약간 당기는 것을 느낄 수 있어야 한다. 그러나 억지로 숙이는 것은 삼가한다.

③ 턱 끝에 분필이 달려 있어 그것으로 그림을 그린다는 상상을 하면서 턱 끝을 오른쪽 어깨 위로 서서히 옮겨간다. 그 다음에는 어깨 위에까지 온 턱을 들어 당신 뒤에 있는 뭔가를 보려는 듯한 자세를 취한다. 이렇게 하면 목이 약간 뒤틀리는 듯한 느낌을 받게 된다.

④ 뒤로 많이 돌아간 턱을 어깨 위에서 다시 중앙을 향해 부드럽게 되돌린 후 완전히 긴장을 푼다.

⑤ 이와 마찬가지로 반대 방향으로 선을 긋듯이 턱을 움직인다.

⑥ 머리를 뒤로 젖힌다. 머리를 뒤로 완전히 젖히면 턱과 뺨의 근육이 이완되는 것을 느낄 수 있다.

⑦ 머리를 뒤로 약간 젖힌다. 그 상태에서 머리를 양옆으로 움직인다. 이 운동은 약간 고개를 흔드는 정도로 약하게 해야 한다. 이 운동을 통해 머리의 밑부분에 안마 효과를 느낄 수 있다. 책상에 등을 구부리고 오래 앉아 있거나, 장시간 피아노를 치는 경우 목에서 느껴지는 부담을 덜어 주는 것이 이 운동의 목적이다.

⑧ 머리를 오른쪽 어깨를 향해 굴린다. 마치 귀를 어깨에 갖다 대듯이 한다. 그러나 너무 무리하지는 말아야 한다. 입이 벌어지면 벌어진 채로 둔다.

⑨ 머리를 뒤로 젖히면서 왼쪽 어깨를 향해 부드럽게 그리고 천천히 굴린다. 이것을 두세 번 실시한다.

⑩ 머리를 중앙으로 되돌리고 난 후 똑바로 세운다.

• 운동5

이 운동을 입 주변의 근육을 이완시키는 데 목적이 있다. 말을 할 때 입 주변의 근육을 많이 움직이지는 않지만 유연성이 있어야 한다.

① 첫째, 오리 입처럼 입을 앞으로 쭉 내민다.
② 위의 상태에서 입을 벌렸다가 원상태로 돌아온다. 서커스단의 광대가 하는 것처럼 입을 양쪽으로 늘려 침묵의 미소를 짓는다. 그 다음에는 입을 크게 벌린 다음 긴장을 푼다. 이 과정을 2~3회 반복한다.
③ 입 주변이 이완된 느낌을 받게 된다. 볼 근처가 약간 얼얼해야 정상이다.
④ 이 과정을 반복한다.
⑤ 손가락으로 뺨 아래를 부드럽게 훑어 내린다. 이 동작은 턱과 목 아래로 계속된다. 이렇게 하는 동안 턱이 완전히 이완되는 것에 관심을 집중한다. 처음에는 인식하지 못하겠지만 이 운동을 계속하다 보면 점점 더 턱이 벌어지는 것을 느낄 수 있게 된다. 이 운동을 계속함으로써 마지막에는 적어도 손가락 두 개가 들어갈 만큼 턱이 벌어져야 한다.

◇ 호흡법

앞서 언급한 5단계 운동법이 목과 목구멍, 그리고 턱의 긴장을 완화시킨다. 그러나 목구멍의 완전한 이완을 가져오는 유일한 방법은 깊게 숨을 쉬는 호흡법이다.

이미 앞에서 말했던 것처럼 공기를 많이 들이쉬는 것은 목소리와 아무 관계가 없다. 그러나 숨을 어떻게 들이쉬고 어떻게 내뿜느냐 하는 것은 상당히 중요하다.

첫번째로 목구멍은 소리를 만들어 내는 곳이 아니라 공기가 지나가는 단순한 통로라는 사실을 인식하기 바란다. 소리를 만들어 내는 것은 횡격막 밑에 있는 근육이다. 이것은 사람들이 깊게 한숨을 쉬거나 하품을 할 때, 또는 재채기를 할 때 사용되는 근육이다. 그리고 이것은 목소리가 실제로 울려 퍼지기 전에 강화된다.

● 심호흡을 하는 방법

① 바닥에 반듯하게 눕는다. 자신이 바닥으로 가라앉는다고 생각한다. 혀를 입천장에 올리지 말고 자연스럽게 아래에 내려 놓는다.

② 깊이 숨을 들이마시되 흉곽 상부가 올라올 정도로 많은 공기를 들이마시지 않도록 주의한다. 들이마신 만큼 완전히 내뿜는다. 그리고 들이마시고 내뿜을 때 도중에 멈추지 말아야 한다.

③ 갈비뼈 밑에 손을 대고 숨을 깊이 쉰다. 이 때 발바닥 끝에까지 공기를 흡입하는 것처럼 깊이 들이쉬어야 한다. 그러나 앞에서 언급한 바와 같이, 이 때에도 너무 많은 양의 공기를 흡입하지 않는다. 흉곽 위에 올려 놓은 손이 올라갔다 내려오면 너무 많은 양의 공기를 들이마신 것이다. 똑같은 양의 공기를 들이마시고 내뿜으면서 다섯 번을 연달아 호흡한다.

이 때 흔들리는 시계추의 움직임처럼 리드미컬하게 호흡한다. 호흡은 항상 입을 통해서 하며, 물로 코로 호흡할 수도 있지만 입으로 호흡하는 것이 보다 깊게, 보다 빨리 할 수 있다.

④ 들이마시고 내뿜는다. 이 운동을 시작한 첫주 동안에는 약간의 현기증이 느껴질 수도 있다. 한 번에 5회만 권장한 이유가 바로 그 때문이다. 따라서 약간의 현기증이 난다고 해도 걱정할 필요가 없다. 어느 정도 시간이 지나면 그런 증상은 사라진다.

뿐만 아니라 이 운동은 많은 하품을 유발한다. 앞서 언급했듯이 하품이나 한숨을 쉴 때 이 근육을 이용하기 때문이다. 어떤 경웨은 트림을 유발하기도 하는데 이런 것 모두 신경쓸 필요가 없다.

일단 무난히 다섯 번의 호흡을 마칠 수 있게 되면 일어나 앉아서

이 호흡법을 시도한다. 다음에는 일어서서 이 호흡 운동을 한다. 마지막으로 방안을 걸어다니면서 시도한다. 그리고 점차 속도를 빠르게 시도한다.

목소리가 빨리 개선되기를 원한다면, 한 시간에 한두 번 꼴로 하루에 여러 번 이 호흡법을 시행해야 할 것이다. 이 방에서 저 방으로 건너갈 때 이 호흡법을 할 수도 있고 손을 씻는 동안, 엘리베이터를 기다리는 동안, 혹은 진공 청소기를 돌리는 동안에도 얼마든지 가능하다.

이 호흡 운동을 많이 하면 할수록 말을 하는데 필요한 근육은 더욱 강화된다. 단 주의 사항이 하나 있다. 추운 날씨에 밖에서 이 운동을 하는 것은 금해야 한다. 기온이 안정되어 있는 실내에서만 해야 하는 것이다.

세련된 대화를 하기
위한 지침

케더린 가피간 (Catherine Gaffigan)

화술을 개발하기 위한 상담 사업을 했었다. 그녀는 영어 학사 학위를 받았으며 언어와 드라마 석사 학위를 갖고 있다. 영화 배우이자 연극 배우로 활약하며 개인 상담소를 경영한다

이 장에서는 대화의 한계를 극복할 수 있는 해결책을 제공할 예정이다. 곤란하고 난처한 상황을 재치있게 다루기 위한 방법과 기술을 가르쳐 줄 것이다.
물론 여기에는 앵무새처럼 같은 말을 반복하는 멍청한 말대꾸 따위는 없다. 이런 대화는 기계적이며 잘못된 것이다. 필자가 여기에서 제공하는 기본적인 틀을 가지고 당신 자신의 대화법을 스스로 창조해 나가기 바란다.

◇ 대화법을 개선하기 위한 열쇠

어떠한 힘든 상황에서도 당신은 보다 안정되고 성실하며, 솔직하고 지모가 풍부한 대화를 할 수 있으며 융통성과 위트를 발휘할 수 있다. 뿐만 아니라 보다 매력적이고 민감하며 자신감을 갖게 될 수도 있다.

그러나 그 모든 것은 당신 자신에게 달려 있다. 대화의 내용이나 분위기, 그리고 대화법을 개선하기 위한 열쇠는 습득한 지식을 성실하게 실행하려는 당신의 의지에 달려 있다. 필자는 다만 당신에게 충고를 해줄 수 있을 뿐이다. 필자의 충고를 통해 자신의 임무를 인식해야 한다. 그리고 실제로 그 임무를 성실하게 실행해야 할 사람은 바로 당신이다.

당신에게 우선 충실해야 한다. 다른 사람과의 원만한 대화를 위한 핵심은 융통성에 있다. 즉 듣고 이해하고 적절하게 반응하는 능력이 있어야 한다.

그런 능력을 소유하기 위해서는, 주어진 어떤 상황에서도 자신의 감정을 지킬 수 있어야 한다. 실제로 느끼고 있는 감정이 어떤 것인지를 자신이 인식해야 한다. 우울하고 절망적인 기분일 때 자신의 감정을 속이면서 쾌활하고 명랑하게 행동하지 말아야 한다.

다시 말해서 당신은 자신의 감정에 충실할 권리가 있다. 낯선 사람과 대화를 하는 동안, 그의 감정과 견해가 당신의 감정과 견해인 양 착각하지 말아야 한다. 또한 사회적인 인습에 순응하기 위해 당신이 한 말을 번복하지도 말아야 한다.

그렇다고 해서 견해를 달리 하는 모든 사람과 논쟁을 해야 한다는 의미는 아니다. 이 항을 읽은 후에 당신은 정반대 되는 견해도 적절하게 표현할 수 있는 능력, 즉 대화의 기술을 익히게 될 것이다. 바로 이 점이 필자의 근본 취지이다. 또한 필요할 때 비교적 무난한 주제로 대화를 유도하는 방법도 터득할 수 있을 것이다.

자신에 대해 자부심을 갖아야 한다. 여자들의 대화 능력은 흔히 그들의 자부심과 관계되어 있다. 사실 당신을 처음 보는 사람은, 당신이 자신을 어떻게 표현하는가에 관심을 기울이므로써 당신이 스스로를 어떻게 생각하는가를 파악할 수 있다. 즉 대화 형식과 내용을 통해 상대는 당신이 자부심을 갖고 있는 사람인지 아닌지를 알게 된다.

당신은 정신적으로 안정된 사람인가? 자제력이 강한 사람인가? 상황에 맞게 적절한 말을 할 줄 아는가?

남성들과 대화할 때, 특히 처음 보는 남성일 경우 여성들은 수동적이 되는 경향이 있다. 그녀들은 자처해서 전통적인 여성상으로 되돌아가고 대화의 주제를 선정하는 일은 남성에게 맡겨 버린다. 이런 여성들은 함께 대화를 하기보다는 일방적으로 상대 남성의 독백을 들어 주고 계속 혼자 이야기하게 만든다.

이런 여성들은 대부분 자부심이 결여되어 있으며, 자신의 견해를 주장하면 너무 남자 같은 이미지를 주게 될까봐 두려워한다. 만일 당신이 이런 여성이라면, 필자의 충고 중 어떤 것들에 대해 거부감을 느낄지도 모른다.

◇ 자존심의 형성

자기 자신을 인정하는 사람일수록 상대에게 긍정적인 사람으로 보인다. 당신이 진정으로 기분이 좋고 여유로우며 자신에 차있을 때를 상상해 보라. 아마도 다른 사람들에 대해 보다 관대해지며, 마음이 평온하고 상대와 보다 좋은 관계를 유지하게 될 것이다. 그러므로 당신은 우선 자신에 대해 좋은 감정을 유지해야 한다.

당신 자신에 대한 기존의 부정적인 감정을 긍정적으로 전환하려면 어떻게 해야 하는가?

그 첫단계가 당신의 무의식 속에 건전한 의지를 심는 것이다. 건전한 의지란 바로 다른 사람에게 자신을 보다 긍정적으로 소개할 수 있는 당신 자신에 대한 이야기이다. 건전한 의지는 사람들 앞에서 겁을 내거나 움츠러들게 하는 것이 아니라 대화하는 동안 당당하고 안정된 감정을 갖도록 도와준다.

필자는 목록 카드를 만들어 거기에 필자의 건전한 의지를 수록했다. 아래의 예가 바로 그것이다. 만일 당신이 원하는 특별한 의지나 계획이 있다면 그것을 아래와 같이 기록한다. 단 구체적이고 간략하게 기록해야 한다.

① 나는 나의 자존심을 건드리거나 직업적인 위치를 위태롭게 하는 말은 절대로 하지 않는다.

② 나는 다른 사람과 비교해서 열등하거나 하찮은 존재라고 생각하고 싶지 않다. 또한 행실이 단정치 못하고 무지한 사람이 되기는 싫다.

③ 나의 지성과 이미지를 손상시키는 어떤 일이든 하지 않을 것이다. 예를 들어 어떤 사람이 나 자신에게 다음과 같이 말하는 경우이다. 「지금 우리는 커피를 만들어 줄 사람이 필요해」 혹은 「조용히 가만이 있는 것이 우리를 도와주는 거야」.

④ 무조건 무시당하고, 위협을 받기보다는 타당성 있는 이유와 설명을 요구할 것이다.

⑤ 대화에 있어 주제 선정의 기회를 보다 많이 갖겠다.

⑥ 실수를 인정하고 그것을 통해 많은 것을 배울 것이다.

⑦ 모든 만남이 다 중요한 것은 아니다.

⑧ 내가 가장 원하는 것은 ～이다(～에 그 내용을 기록한다).

⑨ 나에게 방법이 있고 어떤 일이든 가능하다면 나는 ～을 하고 싶다(마지막 두 개 카드의 공란을 채우고 당신 자신의 의지를 세 개 더 추가한다).

이 12개의 카드에 표지를 만들어 항상 갖고 다닌다. 첫 1주일 동안은 하루에 적어도 세 번씩 이 카드를 읽는다. 처음 6일 동안 매 시간마다 이 내용을 읽는다면 저절로 외워질 것이다. 그 다음에는 카드를 갖고 다니지 않아도 말할 수 있게 된다.

당신의 궁극적인 목적은 잠재의식 속에 「건전한 의지」를 심는 것이다. 위의 내용을 외움으로써 점차 그것은 당신의 일부가 된다. 당신 자신과 어떤 행동에 대한 생각이 변화하는 시기가 오고, 점차 그것은 실제로 당신의 제2의 천성으로 자리잡게 된다.

◇ 단어는 훌륭한 대화의 초석이다

문장은 단어의 연결로 만들어지며 대화 역시 단어를 이용하여 완성된다. 그러므로 많은 단어를 알고 있을수록 자신에 대해 보다 효과적으로 표현할 수 있다는 것은 분명한 사실이다.

많은 단어. 즉 많은 어휘를 습득하기 위해서는 책이나 신문 등을 많이 읽어야 한다. 책이나 신문 혹은 다른 사람과 대화를 하는 도중에 모르는 단어가 나오면 그때 그때 찾아서 뜻을 익히고 외워야 한다. 신문 등의 낱말 맞추기를 하는 것도 어휘력 향상에 도움이 된다.

◇ 피해야 할 대화 내용

흥미진진한 대화를 하기 위한 노력으로, 어떤 사람들은 흔한 많은 정보들을 수집하는 오류를 범한다. 많은 수의 정보와 필요없는 사실들을 술술 읊어대는 대화는 반드시 지양해야 한다. 언어학자인 사피르(Edward Sapir)는 이렇게 지적했다.

「정보를 전달하는 것은 좋다. 그러나 홍수 같이 많은 정보는 지루하게 만든다. 대화라는 것은 정보를 교환하는 것 이상의 기능을 갖고 있기 때문이다.」

특수 용어나 상투어구는 가능한 한 삼가한다. 특수 용어는 대화에 있어 일종의 속기라고 말할 수 있으며, 그러나 그것을 이해하고 말할 수 있기 사람에게는 상관없으나 그것을 이해하지 못하는 사람에게는 의사 소통에 장애 요소가 된다. 뿐만 아니라 대화의 신선함을 감소시킨다. 사업, 과학, 학술, 혹은 다른 분야의 전문적인 용어를 너무 많이 사용하여 의사 전달이 잘 되지 않고 있는 것은 아니가 한 번 의심해 보아야 한다.
　상투어구는 다음과 같은 진부한 표현을 말한다. 「저는 아무래도 상관없어요」, 「당신의 편지에 대한 답장으로」, 「당신이 여기에 있기를 바랍니다」.
　상투어구는 절대적으로 피해야 한다. 그러기 위해서는 어휘력을 증강시켜야 할 것이다.

◇ 예절바르게 소개하는 방법

　① 우선 이 평범한 사회 현상의 목적을 인식해야 한다. 서로를 소개하는 것은 사교적인 교류를 하기 위한 한 방법이다. 소개받고 소개함으로써 우리는 정보를 교환하고 결속을 강화하며 다른 사람을 알게 된다.
　소개할 때 조심해야 할 사항은 손아랫사람을 손윗사람에게 소개해야 한다는 것이다. 예를 들어 「할머니, 이 아이가 제 친구 보은이입니다」, 혹은 「사장님 박양을 소개하겠습니다」라고 하면 된다. 그러나 연령이나 지위가 같은 동료끼리 소개를 시킬 때는, 누구를 먼저 소개해도 상관없다. 「보영 이 쪽은 민수야」, 혹은 「민수 이 친구가 바로 내가 말했던 보영이야」 대기는 당신 옆에 가까이 서있는 사람에게 먼저 소개시킨다.
　② 소개를 받았을 경우 상대의 이름을 주의깊게 듣고 그것을 반복해서 즉시 말한다. 그러나 잘못 알아들어 상대가 교정을 해주었을 경우에는 당황하지 말고 즉시 수정해서 다시 불러 준다.
　「만나뵙게 되어 반갑습니다. 진양.」
　「제 이름은 진이 아니고 진희입니다.」
　「만나뵙게 되어 반갑습니다. 진희양 음악 소리가 너무 큰 것 같죠?」
　③ 금방 들었던 것을 기억하는 방법을 연구해 보라.

금방 들었던 이름을 잘 생각해 보면 어떤 친구의 이름과 비슷한 경우가 있다. 그 친구 이름과 연관지어 생각한다면 쉽게 기억할 수 있을 것이다. 이와 같이 연상법을 이용하는 것도 한 방법이다.

◇ 말문을 여는 가장 간단한 방법

대화의 소개가 궁핍할 때 상대에게 질문을 던지는 것은 확실한 다목적 쇄빙선(碎氷船)이라고 말할 수 있다. 대화를 시작하기 위한 가장 간단한 방법은 상대에게 질문을 하는 것이다. 그 효능은 확실하다. 단 질문의 내용은 상대에 관한 것이어야지 자신에 대한 것이어서는 안 된다.

즉「제 머리 모양이 어때요?」라는 식의 질문은 하지 않는다. 예를 들자면 아래와 같은 질문이 가장 적당하다.

「하시는 일은 재미있으십니까?」
「요즘 근황은 좀 어떠세요?」
「바쁜 일정을 어떻게 지혜롭게 엮어가십니까?」
「고향이 어디입니까?」
「당신은 여기가 마음에 드십니까?」
「당신은 회의를 기다리고 계신가요?」

이것을 일명 상대에게 관심을 집중하는 방법이라고 한다. 그러나 이 방법에도 주의 사항이 있다.

① 질문 내용은 상대에게 관계된 적절한 것만 선택하여야 한다.

② 당신의 뛰어난 지성을 과시하기 위해 만들어 낸 다루기 힘든 질문은 피한다. 예를 들어「일리어드 제4권에 대해 어떻게 생각하십니까?」하는 식의 질문이다.

③「당신에 관한 모든 것을 말해 주십시요」혹은「당신의 인생 이야기를 들려 주십시요」하는 식의 질문은 피한다. 이런 질문은 상대를 난처하게 한다.

◇ 대화의 장애를 극복하기 위한 문구

적어도 이론상으로는 대화를 시작하기 위한 마법의 문구 같은 것은 불필요하다고 되어 있다. 단지 필요한 것은 어떤 순간에도 깨어 있는 빛나는 의식이다. 그러나 항상 이런 의식을 지닐 수 있도록 기술을 개발하기 위해서는 많은 연습이 필요하다.

현실적으로 사교적인 혹은 사업상의 특별한 상황에서는 긴장이 따르기 때문에 의식이 마비될 수도 있다. 따라서 이런 장애를 극복할 수 있도록 도와주기 위해 몇 가지의 문구를 제공한다.「곤경을 벗어나기 위한 문구」라는 제목을 쓴 카드에 아래 문구들을 기록한다. 규칙적으로 읽고 암기한다면 곤경에 처했을 때 자연스럽게 이 문구들이 떠오를 것이다.

• 곤경을 벗어나기 위한 문구
① 멋진 타이를 매셨군요.
② 이런 연회를 좋아하세요?
③ 재미있는 광경이군요.
④ 당신은 매우 재미있는 분 같습니다(혹은 매력적인 아니면 신비한 등등).
⑤ 향수 냄새가 참 좋군요.
⑥ 어떤 직업을 갖고 계십니까?
⑦ 몇 시 입니까?

◇ 대화하는 방식

직선적으로 이야기하는 사람은 그만큼 자신감과 확신이 뚜렷하다는 것을 의미한다. 그러나 단호한 말과 공격적인 말에는 분명한 차이가 있다. 공격적인 언사는 다른 사람을 희생시킨다. 그러나 단호한 언사는 자신의 생각, 즉 감정과 견해를 분명하게 표현하는 것을 말한다.

이와는 반대로 소극적인 대화 방식이 있다. 자신의 권리나 바램은 묵인하고 평온한 분위기만을 유지하려는 것을 말한다. 주저주저하고 모호한 말은 자신에 대해서, 그리고 자신의 말에 대해서 확신이 없다는 것을 말해 준다.

◇ 사전에 대본을 준비한다

일상 생활에서 흔히 일어나는 난처한 상황에 대비하기 위해 스스로 약간의 대본을 준비할 필요가 있다. 이런 대본은 강연이나 연설을 하기 위한 장황한 것이 아니라 손바닥 만한 카드에 수록될 만큼의 간단한 것이다.

고용주의 입장에서 의견을 달리 하는 직원과 대화를 할 때 다음과 같은 대본을 마련할 수 있을 것이다.

① 일이 잘못된 것 같습니다.
② 그 일을 다시 검토해 봅시다.
③ 내 생각으로는 다시 처리해야 한다고 판단됩니다.
④ 당신의 생각은 어떻습니까?
⑤ 이 일을 이 시점에서 잘 처리할 수 있는 방법이 있다고 봅니까?

이런 예는 집안에서도 찾아 볼 수 있다. 예를 들어 파출부를 고용하여 전반적인 규칙을 정할 때에 이 방법을 사용한다.

① 시간당 급료는 어느 정도가 적당하겠어요?
② 하루에(혹은 1주일이나 한 달에) 필요한 시간은 오전 9시에서 오후 4시까지입니다.
③ 만일 당신에게 무슨 일이 생겼을 경우 대신 해줄 사람이 있습니까?

◇ 참견하기 좋아하는 질문에 대한 응답

부적합하고 무례한 질문을 받는 경우가 종종 있다. 그런 질문에는 다음과 같은 예가 있다.
「나이가 몇이세요?」
기혼일 경우
「왜 아기를 갖지 않으세요?」
가장 흔한 질문으로
「당신은 여자 의사(부사장, 변호사)로서 그 문제를 어떻게 생각하십니까?」
이렇게 꼬치꼬치 캐묻는 성가신 질문에는 다음과 같이 대답할 수 있다.
① 그런 것에 대해서는 말하고 싶지 않습니다.
② 당신이 FBI라도 되나요?
③ 당신과는 상관없는 일이예요.
④ 그 질문에 대답하지 않는 저를 용서해 주신다면 그런 질문을 한 당신을 용서해 드리죠.

◇ 당신의 대화법을 개선하는 요령

어떤 상황에 새롭게 대처하기 위해서는 많은 연습이 필요하다. 단지 달리 행동하는 방법을 알고 있는 것만으로 다르게 행동할 수 있는 것은 절대 아니다.

진실되어 보이는 어떤 충고나 제안을 들었으면 즉시 그것을 시도해야 한다. 그러나 한꺼번에 모든 것을 실행하겠다고 덤벼들어서는 안 된다. 앞으로 개선해야 할 당신의 대화법을 나열하고 쉬운 것부터 차례로 시도하는 것이 중요하다.

안정을 유지하고 신경을 진정시키는 확실한 방법

셜리 E. 포터(Shirley E. Potter) 박사

회사나 대학 그리고 문화 단체에서 의사 전달의 방법 등에 대해 강연을 해왔다. 대중 앞에서 이야기를 할 때, 인터뷰를 할 때, 그리고 사교적인 모임에서와 같이 긴장된 상황에서도 편안하게 의사 전달을 할 수 있는 방법을 연구하였다. 현재는 개인 상담소를 경영하고 있다.

사람들은 자신들이 상대에게 어떤 모습으로 보일까에 대해 항상 신경을 쓴다. 그렇기 때문에 우리들은 대부분 대중 앞에 서는데 겁을 먹는다. 또한 우리들 자신이 청중의 앞에 설 자격이 없다고 생각하기 때문에 두려움을 갖는다. 잘 해야겠다는 생각이 너무 강해서 청중 앞에서 굳어 버리는 경우도 있다. 흥분이나 불안감은 쉽게 가라앉지 않는다. 물론 진정제를 복용하는 방법이 있기는 하지만, 그것은 위험하다. 습관화되기가 쉽고 자신감을 되찾기가 어렵다. 또한 장기적으로 사용하면 긴장된 상황에 접했을 때 불안하고 두려운 감정이 더욱 증

가하게 된다.
 긴장감과 두려움을 치유하는 방법에는 여러 가지가 있다. 다른 모든 방법들이 그렇듯이 필자의 방법도 성실한 실천력이 필요하다. 흥분을 진정시키는 방법은 관심의 촛점을 자멸적인 생각에서 ① 자기 자신, ② 상대방, 그리고 ③ 자신이 처한 환경으로 옮기는 것이다.
 사람들은 대부분 그들의 환경과 상대방에 대해 편협한 인식을 갖고 있을 뿐 아니라 그들 자신에게 대해서도 한정된 견해를 갖고 있다. 그러나 남의 이목을 의식하는 것으로부터 벗어나기 위해서는 인간의 세 가지 영역 (자신, 상대방, 그리고 환경)에 관심의 촛점을 두어야 한다.

◇ 자신에 대한 관심 집중

 다음 훈련은 자신에게 관심을 집중시키는 방법을 가르치고 있다. 즉시 착수하라. 그리고 자기의 것으로 만들어라.
 이 운동을 하는 정확한 방법은 없다. 다만 당신에게 가장 효과적인 방법일 뿐이다.

● 훈련1

 이것은 중요한 회의가 열리기 전, 연설을 하기 위해 연단에 나가기 전, 어느 곳에서나 할 수 있다. 앉아서뿐만 아니라 서서도 할 수 있다. 그러나 가능하다면 앉아서 하는 것이 바람직하다.
 ① 걸상에 편안하게 앉는다
 ② 옷매무세를 단정히 하여 방해가 되지 않게 한다. 좋다면 눈을 감는다
 ③ 당신의 관심을 머리에서부터 시작하여 신체 각 부위로 옮겨간다. 즉 머리, 눈, 코, 입, 목, 어깨, 상체, 엉덩이, 허벅지, 장딴지, 그리고 발에 이르기까지 소마음으로 훑어보듯이 한다. 만일 혼자 있다

면 아래의 질문에 큰소리로 대답하고 그렇지 않으면 속마음으로 대답한다.

④ 나의 신체에서 감각이 가장 분명하게 살아 있는 곳은 어디인가?
⑤ 긴장이 느껴지는 곳은 어디인가?
⑥ 근육이 긴장되어 있는가 이완되어 있는가?
⑦ 신체 부위 중 가장 이완된 부위는 어디인가?
⑧ 편안하게 느껴지는가?
⑨ 옷의 착용감은 어떠한가?
⑩ 옷이 조이는 느낌을 주는 곳은 어디인가?
⑪ 의자와 몸이 접촉된 부위는 어디인가?
⑫ 신체의 어떤 부위가 의자에 의지하고 있는가?
⑬ 의자에 의지하고 있는 부위는 등의 어디인가?
⑭ 몸무게의 태반은 어디에 있는가?
⑮ 발의 어떤 부위가 바닥에 닿아 있는가? 발의 볼인가 발등인가 아니면 뒷꿈치인가?
⑯ 발이 서로 닿아 있는가? 그렇다면 발의 어떤 부위가 어떻게 닿아 있는가?

신체 부위를 보다 세분하여 관심을 가질수록 좋다. 사람들은 대부분 자신의 신체를 지나치게 일반화하며, 구체적으로 생각하기보다는 막연하게 이론적으로만 본다. 그렇기 때문에 신체에서 실제로 어떤 일이 일어나고 있는지를 파악하지 못한다. 뿐만 아니라 「나는 몸이 상당히 안 좋아」라든가 「신경이 날카로와져서 이성적으로 생각할 수가 없어」라는 식으로 근거도 없이 부정적인 생각에 사로잡히는 경향이 있다.

이 운동은 어떤 사실을 설명하기보다는 당신의 감각을 있는 그대로 표현하는 것이다. 예를 들어 「속이 울렁거린다」 혹은 「태양이 따뜻하게 느껴진다」라는 식으로 느낌을 말하는 것이다.
 신체 내에서 일어나고 있는 현상에 대해 구체적이고 세세하게 관심을 갖게 되면 점차 마음의 긴장이 풀어지고 평정을 찾게 된다.
 앞서 언급했던 것처럼, 자신에게 관심을 집중시키는 이 운동은 긴장되는 회의나 정식 소개에 나가기 전 마음을 진정시키는데 효과적이다.

◇ 다른 사람들에 대한 관심 집중

 두번째 관심의 대상은 다른 사람들이다. 그들이 말하고 행동하는 것, 외모, 태도, 그리고 그들에 대한 전체적인 인상 등이 모두 관심의 대상이 된다. 어떤 사람을 처음 만났을 때에는 가장 흥미가 느껴지는 상대의 특징에 촛점을 맞춘다. 그 특징은 머리카락 색일 수도 있고 의상일 수도 있다. 이 때 상대의 특징을 개인적인 비평 없이 그 자체만을 말하는 것이 중요하다.

• 상대방의 특징에 대한 언급
 상대의 인상적인 특징에 대해 말하는 것은 낯선 사람과 대화를 시작하기 위한 가장 손쉬운 방법이다. 당신의 관심에 대해 화를 내거나 싫어할 사람은 아무도 없을 것이다.
 보다 의욕적으로 대화에 임하기 위해 상대의 특징에 당신의 견해를 첨가할 수도 있다. 그러나 당신의 견해는 그릇된 것일 수도 있으므로 굳이 권하고 싶지는 않다. 예컨대 당신은 이렇게 말할 수도 있다.
 「피부가 갈색이 되었군요. 상당히 매력적으로 보입니다. 태양 아래에서 장시간 있었나 보지요? 햇볕에 너무 오래 피부를 노출하면 좋지 않습니다.」
 상대방은 아마도 마지못해 대화를 이끌어가거나 아니면 돌아서서가 버릴 것이다. 잘 알지도 못하면서 대화의 처음부터 상대를 판단하거나 비판하는 언동은 지양해야 한다.

처음에는 상대의 특색 그 자체만을 언급한다. 점차 어색한 분위기가 사라져갈 때 악의 없는 질문을 시작할 수 있는 것이다.

「피부가 검게 탄 것 같군요. 어떻게 그렇게 되셨어요?」

이 때에도 당신의 견해를 말하기는 아직 이르다.

● 시선 처리

눈은 마음의 창이라고 한다. 상대방의 눈을 빤히 들여다보는 것은 우리 사회에서 좋은 예절로 인식되어 있지 않다. 따라서 시선은 상대의 목 근처나 몸 전체로 향한다. 때때로 상대의 몸을 향했던 시선을 상대의 눈과 직접적으로 마주치기도 한다. 가장 편안한 시선 처리 방법을 발견하기 위해 각자 연구해 보자.

◇ 주위 환경에 대한 관심 집중

당신 자신과 상대방에 대한 관심 집중처럼 환경에 대한 주의 집중도 긴장과 흥분을 가라앉히는데 도움을 준다.

당신의 관심을 자신에 대한 비판으로부터 주위 환경 중 특기할 만한 자극으로 이끈다. 환경에서 발견되는 특기 사항은 상대방과 함께 공유할 수 있는 유일한 것이다.

● 훈련 2

현재 앉아 있는 방안을 관찰하면서 눈에 띄는 것들을 이야기한다. 예를 들어 나무로 만든 의자가 보인다. 그 의자는 벽에 그림자를 만들었다. 의자 옆에 있는 창문으로 장미빛 하늘이 보인다. 태양이 커튼을 비추고 있다……

이 훈련은 즐겁고 흥미 진진해야 하며 눈에 들어오는 상태에 대해 평가를 하려고 하지 말아야 한다. 평가나 비판을 하는 경우 흔히 정신적인 긴장을 가져오기 때문이다.

당신은 이 훈련을 실제 생활에서 다양하게 적용할 수 있어야 한다. 초대를 받아 간 집에서 당신이 평소 존경했던 사진 작가의 작품 한 점을 접하게 되었을 때 당신은 이렇게 말할 수 있다.

「당신은 피카소의 판화를 소장하고 계시군요. 저는 그의 판화를 상당히 좋아합니다.」

그렇게 함으로써 주변 환경에서 공동으로 이야기할 소재를 찾게 된다. 생활 주변에서 특기할 만한 대상을 발견하게 되면 거기에는 많은 흥미로운 이야기 소재가 있기 마련이다. 이 때 주위 환경에서 가장 관심을 끄는 대상을 선정하는 것이 중요하다. 자신의 상상력을 자극하는 대상에 대해 이야기할 때 당신은 가장 자신에 차고 몰두할 수 있기 때문이다. 별로 당신의 관심을 끌지 않는 대상을 선택한다면 자신의 견해를 밝히는 것도 어려워지고 자신감도 잃게 된다.

당신의 관심을 자극하는 대상을 찾아서 이야기할 때 그것은 쌍방에게 강장제 역할을 할 수 있다. 가장 중요한 것은 당신의 상상력을 자극하는 주제를 선정하거나 흥미를 끄는 논제를 발견하는 것이다. 당신의 열정을 선보이는데 결코 두려움을 갖지 말아야 한다.

- **전체적인 환경을 주시할 것**

이 말은 어느 한 곳에만 관심을 두지 말고 환경 전체를 두루 살펴보라는 의미이기도 하다. 이 방법은 한 곳에만 관심을 집중시켜 간과해 버릴 수도 있는 대상들을 포착할 수 있게 한다.

예컨대 낚시 여행중에 물고기가 물 밖으로 튀어 오르는 광경을 한 번도 못본 사람이 있다고 하자. 만일 그가 당신이라면 아마도 환경을 전체적으로 살피기보다는 어느 한 곳만 집중적으로 살피는 유형일 것이다. 물고기가 물 밖으로 튀어 오르는 광경을 목격하기 위해서는 호수 전체를 두루두루 살펴볼 수 있어야 한다. 호수의 한 지역만 바라보고 있다면 물고기의 진기를 볼 수 없다.

환경이나 상황을 전체적으로 파악하는 능력은 특히 청중 앞에서 이야기할 때 진가를 발휘한다. 그러한 인식력을 통해 청중이 혹은 상대가 어떻게 반응하는가를 직감할 수 있으며 사람들의 태도나 표정을 읽는 능력은 바로 여기에서 비롯된다.

예를 들어 청중이 관심을 집중하고 있다면 움직임 없이 조용히 앉아 있을 것이나, 지루해 하고 있다면 사람들은 몸을 뒤틀며 안절부절 못한다.

◇ **흥분을 진정시키는 단기적 방법**

긴장과 흥분을 안정시키는 최상의 방법은 어떤 사물을 세부적으로 관찰하는 것이다. 하나의 대상을 아주 조그마한 특징까지 예리하게 관찰하는 과정에서 모든 긴장은 차단된다. 물론 그 긴장의 원인이 내부에 있건 외부에 있건 마찬가지이다.

예를 들어 연필을 관찰한다고 하자. 우선 연필의 모양, 크기, 그리고 색상 등이 눈에 들어온다. 평범한 연필이라고 해도 자꾸 들여다보면 특별하게 보인다. 점차 연필 끝 부분에 이빨 자국이 보이고 연필 뒤에 고무를 싸고 있는 금속에서 빛이 나는 것 등을 보게 된다.

이렇게 상세한 관찰을 가속화함에 따라 한 가지에 몰두하게 된다. 그처럼 한 가지 생각에 빠져드는 경험을 통해 당신은 중요한 자리에 나가기 전에 마음의 평정을 얻을 수 있게 된다.

다음에는 손을 무릎 위에 얹고 거기에 촛점을 맞춘다. 마치 손을 처음 보는 것처럼 뚫어지게 바라본다. 그 손의 세부적인 것에 더 많은 관심을 집중시키면 시킬수록 연단에 서는 일에 대한 흥분은 감소된다.

긴장되는 자리에 나가기 직전 그 흥분을 가라앉히기 위한 방법이 몇 가지 더 있다.

① 입 안이 건조해지는 것을 예방하기 위해 작은 사과 조각 하나를 입에 넣고 빨아 먹는다. 이야기 도중 목이 거북하면 물을 마시되 소량만 섭취한다. 너무 많이 먹는 것은 오히려 해롭다.

「목이 아파서요. 실례하겠습니다.」
라고 말한다면 청중은 충분히 이해해 줄 것이다.

② 연단에 나가기 전에 간단한 운동을 한다. 두뇌 혈액 순환을 돕고 몸을 따뜻하게 유지하기 위해 제자리 뛰기를 한다. 그 다음 똑바로 서서 양팔을 천장을 향해 뻗는다. 몸의 긴장이 풀어질 때까지 이 운동을 계속한다. 점차 정상적인 상태로 돌아올 것이다.

③ 여섯을 세는 동안 코로 깊게 숨을 들이마신다. 이 때 부드럽게 하는 것이 중요하다. 넷을 세는 동안 들이쉬지도 내뿜지도 말고 그 상태를 유지한다. 그 다음에는 한숨을 쉬듯이 입으로 크게 내뿜는다.

④ 자신에게 신념을 줄 수 있는 말을 한다 「나는 할 수 있다.」, 「나는 훌륭해」, 「난 내가 할 수 있다는 것을 알아」. 자신감과 활기를 줄 수 있는 말을 생각해 낸다. 그리고 그 말이 믿어질 때까지 큰소리로 반복한다.

◇ 흥분을 진정시키는 장기적 방법

① 두 개의 리스트를 만든다. 첫번째는 일어날 가능성이 있는 모든 불행한 일을 나열한다. 두번째는 생각하기만 해도 쉽게 마음이 들뜨는 즐거운 일들을 기록한다.

이 두 리스트를 기초로 훈련을 시작한다. 불행한 일과 관련된 부정적인 이미지를 두번째 리스트의 긍정적인 이미지로 전환시키는 연습을 한다. 긍정적인 이미지를 확고하게 건립하는데는 많은 시간이 걸릴 것이다. 아주 세부적인 것에 대해서도 그 긍정적인 생각을 활용하도록 노력한다. 궁극적인 목표는 부정적인 이미지를 긍정적인 것으로 대치시키는 일이다. 긍정적인 이미지를 유발하는 세부 사항이 많으면 많을수록 이 방법은 효과적이다.

② 자기 자신, 주위 환경, 그리고 다른 사람들에게 관심을 집중하는 능력을 키우기 위해 많은 연습을 한다(앞에서 설명한 내용을 기초로). 이 훈련은 집이든 직장이든 어디에서든지 가능하다. 하루에 5회씩 연습한다.

③ 사물에 대한 상세한 관찰과 전체적인 환경 주시 사이의 차이점을 알고 그 훈련을 한다. 즉 전자는 특정 사물이나 장소를 선택하여 그것을 상세하게 관찰하는 것이다. 앞의 흥분을 진정시키는 단기적 방법에서 이미 언급한 것처럼 한 가지 물건이나 어느 한 장소에 완전히 몰두하여 상세한 특징 하나하나를 관찰한다.

이와는 달리 전체적인 환경 주시법은 시선을 어느 한 곳에 국한하지 말고 여기저기 두루 살피는 훈련을 지칭한다. 시야를 넓혀 환경을 전체적으로 파악하는 것이다.

이제까지 언급한 모든 방법을 자기 것이 되도록 연습하고 훈련하는 것이 가장 중요하다. 성실한 반복 훈련에 의해 당신은 불안하고 긴장된 환경에서도 안정과 침착, 그리고 기민함을 유지할 수 있게 된다.

자기를 주장하는 방법

프랜사인 버거(Francine Berger)
유능한 연설가와 유망한 지도자들을 20년간 양성해 왔다. 뛰어난 연설가일 뿐만 아니라 의사전달과 듣는 기술에 관한 프로그램을 개발하였다. 현재도 이 분야에서 계속 연구·지도하고 있다.

　우리들은 대인 관계를 중시하기 때문에 다른 사람과 이야기를 하고 그들의 이야기를 들어 주는데 많은 시간을 투자한다. 이것은 남자들도 마찬가지이다. 그런데 문제는 그룹을 대상으로 말을 해야 할 때 발생한다.
　여자들은 이런 상황에 처했을 때 유능한 어떤 남자의 이야기에 귀 기울이며 가만히 앉아있는데 익숙해 있는 것이 사실이다. 그러므로 먼저 자신의 생각을 피력하는데 필요한 기술이 모자라다는 것을 인정해야 한다. 대부분 여자들은 그런 상황에서 어떻게 적절하게 행동해야 하는가를 모른다.
　그러나 단호하게 행동하고 생각하는 방법을 터득함으로써 이런 환경에서도 효과적으로 의사를 전달할 수 있는 능력을 갖게 된다. 동시에 긍정적이고 생산적인 자기 이미지를 형성할 수 있게 된다. 즉 단호한 생각과 행동은 당신이 원하는 사람이 되도록 도와주며 당신이 원하는 일을 하도록, 그리고 당신이 원하는 것을 얻도록 도와줄 것이다. 그러나 이 방법을 터득하기 위해서는 많은 시간과 노력, 그리고 열의가 필요하다. 그러나 그 만큼의 가치가 있다.

◇ 단호하게 생각하는 방법

 필자의 글을 머리 속으로 구상하면서 읽는다. 당신의 오른쪽 뇌에는 모든 개념과 규칙, 마음가짐과 의무가 들어 있다는 것을 상기한다. 부모, 친구, 친척, 교사, 종교 지도자, 그리고 그 외의 사람들에 의해 만들어진 수천 마디의 말들이 길고 낡은 테이프에 녹음되어 있다. 이 말들 중에 어떤 것들은 때때로 당신에게 유익하지만 삼가해야 할 것들도 많다. 특히 성가신 문제점은 두뇌에 있는 테이프가 자동적으로 돌아간다는데 있다. 즉 거기에는 스위치가 없다. 당신은 조정할 수가 없다. 잠시 동안 당신의 낡은 테이프에 있는 목록들에 대해 심사숙고할 필요가 있다.

 이제는 왼쪽 뇌를 상기해 보자. 왼쪽 뇌는 가장 새롭고 가장 최근의 소리 체계와 새로운 원고를 기다리고 있는 빈 테이프를 갖고 있다. 그리고 무엇보다도 좋은 점은 스위치가 있어 당신이 조정할 수 있다는 것이다. 그것을 틀면 오로지 깨끗하고 명쾌하고 예리한 말들이 들린다. 지금 당장 스위치를 켜고, 하루에 몇 번씩 재생한다. 그렇게 되면 모든 중요한 상황에서 자동적으로 이 테이프를 틀게 될 것이다. 그리고, 단호하게 생각하게 될 것이다. 테이프는 이제 작동을 시작했고 당신은 다음 여섯 가지 사항을 듣고 자기 것으로 만든다.

- **포인트 1 : 변화는 당신에게 유익하다.**

 변화에 의해 당신 자신, 당신의 일, 혹은 당신과 가까운 사람에게 불행이 닥치고 난처한 일이 생긴다는 것을 확신한다면, 그리고 자신이 점점 경직되고 비판적이고 반항적으로 되어 간다고 느낀다면 모든 것을 중단하라. 그리고 시간을 갖고 그 상황을 심사숙고하라.

그 다음에 다음 말을 상기하라.

「직장을 옮기는 것에서부터 집을 옮기는 것에 이르기까지 자신에 의해 이루어지는 모든 결정에 공포가 따르기 마련이다. 나는 두려운 감정을 제거할 힘은 없다. 그러나 그 두려움의 노예가 되는 일도 결코 없다. 공포라는 것은 생활의 일부분이라고 생각한다. 특히 변화에 대한 두려움과 무지에 대한 두려움이 그렇다. 그래서 나는 돌아오라, 더 이상 모험을 한다면 죽게 될 것이다 하고 말하는 두려운 마음에도 불구하고 앞으로 전진해 갈 것이다.」

● 포인트 2 : 자신이 원하는 사람이 되고 하고 싶은 것을 하라. 그리고 그것에 대해 만족하라.

「좋지 않은 일이 일어날 것 같아.」

이런 식의 사고 방식에서 탈피해야 한다. 당신은 앞으로 닥칠 어떤 일에 휩쓸리는 것 대신 민첩하게 대응하는 쪽을 선택할 수 있다.

「네」라고 대답하고 화를 내며 일을 하다가 중요한 실수를 저지르는 쪽을 택하기보다는 상대의 요구를 거절하는 쪽을 선택해야 한다. 당신은 능히 그렇게 할 수 있다. 누군가가 A·B 둘 중의 하나를 선택하라고 당신에게 말했다고 하자. 다른 사람이 당신의 선택을 대신해 줄 수는 없다는 것을 상기하면서 자신의 생각을 굽히지 말아야 한다. 그런 상황에서는 이렇게 대답할 수 있을 것이다.

「A·B 둘 중에 하나를 선택하라고 하셨지요. 그러나 다른 것을 선택할 여지는 없는지를 알고 싶군요.」

결국 A·B 둘 중에 하나를 선택하게 될지라도 그것은 어떤 사람의 강요에 의한 것이 아니라 당신 자신의 결정에 의한 것이 된다.

● 포인트 3 : 당신이 조정할 수 있는 유일한 대상은 자기 자신이다.

다른 사람들이 당신을 조정하게 하지도 말고 당신 역시 그들을 조정하려고 하지 말아야 한다. 행동하고 생각하는데 대한 책임을 감수하라.
「네가 나를 비난했을 때 너는 나를 화나게 만들었어.」
라는 식으로 말하지 말아야 한다. 그런 분노의 감정이 일어나도록 허용한 것은 바로 당신 자신이라는 사실을 인정할 필요가 있다. 이런 상황에서는 다음과 같이 말하는 것이 바람직하다.
「오늘 회의에서 네가 나를 비난했을 때 나는 분노를 느꼈어. 앞으로 그런 문제에 대해서는 사적으로 이야기해 주었으면 좋겠어.」

● 포인트 4 : 위험을 무릎쓰고 새로운 어떤 것에 도전하며 긍정적인 면을 보기 위해 노력하라.

대부분의 사람들은 실패가 두려워 새로운 도전을 회피한다. 만일 당신이 위험을 피해 간다면 성장과 발전도 피해 가는 것이다.

● 포인트 5 : 가능한 한 많은 것을 배워 자신을 강하게 만든다.

당신이 속해 있는 조직체를 비판적인 눈으로 관찰하라. 그 조직체를 실제로 주도해 나가는 사람은 누구인가를 파악하려고 노력하라. 당신은 비록 이런 필자의 생각을 좋아하지 않을지 모르지만, 조직체 내의 대인 관계를 훌륭히 이끌어가기 위해서는 필수적인 요소이다. 예전에는 여자들이 뒷전으로 밀렸지만 오늘날에는 그렇지도 않다. 그 이유는 여자들도 모든 것을 이해하고 판단하며 즐길 수 있기 때문이다.

● 포인트 6 : 권리란 자신에게 스스로 부여함으로써 얻어지는 것이다.

타인으로부터 존경받을 권리, 거절할 권리, 그리고 결단을 변경할 권리는 당신 스스로 찾는 것이지 남이 가져다 주지 않는다. 당신이 원하고 필요로 하는 다른 것들과 함께 그런 권리도 두뇌에 있는 테이프에 수록하라. 또한 다른 사람의 권리를 존중할 권리와 당신의 권리들이 충돌을 일으킬 때 그들과 타협할 권리를 무시하지 말아야 한다.

◇ 단호히 행동하는 방법

 이제 당신은 단호한 생각을 갖기 위한 여섯 가지의 요점을 터득했다. 이번에는 단호한 행동을 살펴보자. 바람직한 행동을 어떤 한 가지로 규정지을 수는 없다. 그러나 여기에서는 가장 이상적인 행동 유형 하나를 선보이겠다. 아래에서 언급하는 여성을 기초로 당신의 행동을 변화시키기 바란다.
 당신이 자신을 어떻게 생각하고 취급하느냐에 따라 사람들의 당신에 대한 태도는 달라진다.
 X라는 여성은 이런 생각을 갖고 자기 자신을 통제하고 올바르게 처신한다. 그녀는 자신의 외모와 건강을 관리하는데 정성을 다한다. 항상 활기차게 행동하며 바른 자세를 갖고 있다. 항상 자신의 개성을 살리는 의상을 선택하고 상황에 맞게 세련된 옷차림을 한다. 모임이나 회의 등에서 그녀의 눈은 반짝이며 민감하게 반응한다. 행동은 자연스럽고 앉은 자세는 편안해 보이며 목소리는 언제나 침착하고 맑고 듣기 좋다. 또 적당한 시기에 긴장된 분위기를 완화시키기 위해 뛰어난 유머 감각을 발휘한다. 이 때에도 항상 조심스럽게 언어를 선택하여 품위를 잃지 않는다. 그녀는 진지하고 품위있게 상대방을 칭찬할 줄 알며, 절대로 아첨은 하지 않는다. 상대방에게서 칭찬을 듣게 되면, 항상
 「그렇게 말씀해 주셔서 감사합니다. 당신은 저를 유쾌하게 만들어 주시는군요.」
 하고 답변한다.
 그녀는 긍정적으로 말하는 것을 좋아한다. 즉 「이 보고서를 작성

하는데 너무 오랜 시간을 낭비하지 마십시오」하고 말하기보다는 「이 일을 1주일 내에 해주십시오」하고 말한다.

그녀를 지켜보고 있으면, 자신이 원하는 것은 무엇이며 또 그것을 위해 개인적으로 사회적으로 어떻게 행동해야 하는가를 분명히 알고 있다는 인상을 준다.

당신 자신과 이 여성을 비교해 볼 때 어떤 느낌을 받았는가. 만일 여기에 미치지 못한다고 판단되면 이 여성의 이미지를 닮기 위해 노력해야 한다. 아마도 이러한 노력은 당신을 성공의 길로 인도할 것이다.

◇ 도전적인 언사에 대응하는 방법

우리들은 때때로 자신을 옹호하고 방어해야만 하는 상황에 처하게 된다. 어떤 사람이 당신에게 도전적으로 이야기할 때가 바로 그런 경우이다. 이런 경우에 처했을 때, 지혜롭게 대처하는 방법 하나를 소개하겠다.

우선 도전자의 견해를 되받아서 말한다.

「제가 말한 것을 당신은 그렇게 생각하시는군요? 그렇지만 저는 이렇게 생각됩니다.」

하고 말하면서 당신의 주장을 편다. 말을 하는 동안에는 당신의 주장을 강화하고 그 상황과 당신 자신을 조정하기 위해 제스처를 사용한다. 이 때 다음 사항에 유의한다.

- 첫째 : 자세를 바르게 고치고 심호흡을 한 번 한다.
- 둘째 : 상대의 눈을 정면으로 바라본다. 표정은 자연스럽게 하고 웃지도 말고 조소하는 표정을 짓지도 않는다.
- 셋째 : 이 상황에서 당신이 원하는 권리를 재검토한다. 즉 당신의 견해를 고수할 권리, 상대의 그릇된 생각에 대항해서 자신의 직분을 다할 권리, 그리고 품위를 잃지 않을 권리 등을 염두에 둔다.

- 네째 : 효과적인 반론을 생각하고 낮고, 크며 분명한 음성으로 상대에게 말한다.

◇ 회 의

일반적으로 너무 길고 비생산적인 회의에 참석하는 것에 대해 많은 사람들이 불평을 한다. 그러나 회의 시간을 낭비시켜서는 안 될 일이다.

회의가 비생산적이고 시간의 낭비가 아니라는 사실을 인식시키는 것이 바로 회의를 주도하는 의장의 의무이다. 유익하고 효과적인 회의를 만드는 열쇠는 완전한 준비에 있다. 당신의 모임체가 문제를 논의하기에 적절한 장소를 마련하는 것은 지도자로서 당신의 의무이다. 사람들이 도착하기 전에 미리 준비된 의제를 복사하여 참석자들의 자리에 올려 놓는다.

너무 편안하지 않은 의자와 커다란 탁상에 둘러앉아 회의를 진행하는 것이 이상적이다. 약간 불편한 의자이어야만이 졸음을 예방할 수 있다.

제시간에 시작하고 회의의 목적을 설명한다. 만일 회의에 참석한 사람들이 서로 초면이라면 그들에게 자신을 소개할 기회를 준다. 그리고 먼저 토론에 자극을 주기 위해 질문을 던지는 것으로 시작한다. 당신이 중심이 되어서는 않된다. 당신의 임무는 회의가 논제를 벗어나지 않도록 규제하고 논리적이고 원칙에 맞게 진행될 수 있도록 유도하는 것이다.

이런 임무 이외에도 여러 가지가 있다. 회의 참석자 중에 말을 별로 하지 않는 사람이 있다면, 그의 의견을 말하도록 직접적인 질문을 한다. 반면에 한 사람이 회의를 독점하고 있다면, 단호하게 다음과 같이 말한다.

「당신의 의견은 충분히 알겠습니다. 그리고 좋은 생각인것 같습니다. 그러나 다른 사람의 의견도 들어 보아야 합니다. 이제는 다음 사람에게 발언권을 넘기겠습니다.」

회의의 흐름을 무난히 따라올 수 있도록 도중에 몇 번씩 회의 내용을 요약해 준다. 어디에서 시작해서 어디에 와 있는지 그리고 어디로 갈 것인가를 상기시킨다.

회의 도중 사람들의 태도나 자세, 표정 등을 관찰하여 민감하게 대응해야 한다. 그들의 태도 등은 말로는 드러내지 않은 숨겨진 반항이나 반대 등을 암시할 수 있다. 이런 경우 앞서 언급한 대본 작성법을 이용하여 대처한다. 다음의 사례를 통해 어떻게 대처하는가를 살펴보기로 하자.

◇ 대본 작성 방법과 사례

1단계 당신이 관찰한 사실을 설명한다.
예)「○○○씨, 당신은 팔짱을 끼고 얼굴을 찡그리고 있군요.」
2단계 당신이 그 태도에 대해 어떻게 생각하고 있는가를 설명한다.
예2)「제가 보기에는 이 회의에 대해 어떤 불만을 갖고 있는 것처럼 생각됩니다.」
3단계 그가 어떻게 행동하기를 원하는지 분명하게 그리고 구체적으로 말한다.
예3)「만일 당신이 이 회의에 대해 불만을 갖고 있다면 말씀해 주십시오, 그리고 그 이유가 무엇인지를 설명해 주시기 바랍니다.」
4단계 당신이 믿고 있는 결과에 대해 납득이 가도록 설명한다.
예4)「이러저러 해서 우리는 오늘 결정한 이 계획이 전체 조직에 적합하고 유용하리라고 확신할 수 있습니다.」

회의의 리더로서 당신은 회의석상에서의 성적 차별을 방지하는 조처를 취해야 한다. 남녀의 의사 전달 형식을 연구한 사회학자들은 놀라운 사실을 발견했다. 남성이 같은 남성의 의견을 무시하거나 여성이 같은 여성이나 남성의 의견을 무시하는 경우보다 남성이 여성의 의견을 무시하는 경우가 월등히 많다는 것이다. 또한 남녀에 의해 제안된 논제의 체택율을 볼 때 남자는 96%인 반면 여자의 경우는 36% 밖에 안 되었다.

여성이 제안한 논제에 대해 남성들은 그것을 무시하거나, 최소한의 반응만 보이는 경우가 허다하다. 당신이 회의를 주도할 때에는 이런 묵시적인 비행의 효과를 줄이기 위해 노력해야 한다. 아마도 다음과 같이 말하므로써 이런 비리를 막을 수 있을 것이다.

「박동호씨, 당신의 생각을 말하기 전에 정선진씨의 의견을 끝까지 들어볼 필요가 있다고 생각합니다.」

어떤 여성의 훌륭한 의견이 남성들에 의해 무시당하고 있다는 판단이 서면, 그녀가 용기를 갖고 끝까지 말할 수 있도록 도와주어야 한다. 그 문제에 대한 더 많은 정보와 설명을 요구하여 그녀에게 기회를 주는 것이 한 방법이다.

◇ 인터뷰

인터뷰는 목적이 있는 대화이다. 따라서 당신이 어떤 입장이든 자신의 분명한 목적을 달성하기 위해 대화에 임해야 한다. 그 목적은 승진을 하기 위한 것일 수도 있고, 부하 직원에게 업무 평가를 하는 것일 수도 있으며, 회사 혹은 모임체의 견해를 대외적으로 알리는 것일 수도 있다. 어떤 상황이든 당신은 필요한 모든 정보를 완전하게 준비하는 것은 물론 정신적으로도 무장이 되어 있어야 한다.

몸가짐이나 태도는 당신의 인터뷰를 성공적으로 이끄는데 본질적인 요소가 된다. 상대의 정면에 앉는 것보다는 빗겨서 앉으므로서 보다 부드러운 분위기를 만들 수 있다.

다른 사람의 사무실을 방문했을 경우 상황이 허락한다면 폭신하고 낮은 소파보다는 딱딱한 걸상을 선택해서 앉는 것이 좋다. 안락한 소파에 앉게 되면 자연히 등이 굽어 자신감 없고 겁먹은 것 같은 자세가 되기 쉽기 때문이다.

비록 행동이나 태도가 그 사람의 전체적인 인상을 말해 준다고는 하지만 어떤 사람들은 한 가지의 행동이 특정한 한 가지의 의미를 갖고 있다고 말한다.

한 연구 결과에 따르면 말을 할 때, 얼굴 특히 코에 손이 가는 사람은 거짓말을 하고 있다는 것을 의미한다고 한다. 만일 인터뷰 중에 상대방이 질문에 대답을 하면서 코를 만진다면 거짓말을 하고 있을지도 모른다는 의혹을 가져볼 필요가 있다. 만일 아주 중요한 순간에 얼굴이 가렵다면 참는 것이 현명하다.

◇ 회사 내의 사교적인 환경에서의 유의점

훌륭한 대인 관계는 업무를 보다 즐겁게 그리고 보다 생산적으로 해낼 수 있도록 도와준다. 휴식 시간, 점심 시간, 회식, 야유회, 그리고 송년 파티 등은 이런 대인 관계를 넓혀 나가는 좋은 기회이다. 소신있게 행동하고 말하므로써 이런 상황을 성공의 한 발판으로 이용할 수도 있다.

그러므로 이런 자리에서도 항상 조심하고 삼가해서 행동해야 한다. 비록 즐기기 위한 자리이기는 하지만, 여전히 업무의 연장이라는 사실을 잊지 말아야 한다. 당신의 행동은 항상 주목받고 있다.

◇ 남의 말을 경청하는 기술

남의 말을 경청하기 위해서는 많은 시간과 노력이 필요하다. 당신이 만약 상대의 말을 들을 수 없다면 그 사실을 행동으로 전하기보다는 말로 전달하는 편이 훨씬 좋다.

「저는 사실 이 문제에 상당한 관심을 갖고 있고 그에 대해 더 많은 이야기를 듣고 싶습니다. 그러나 지금은 시간에 쫓기고 있는 형편입니다. 오후 다섯시에 다시 만나 당신의 이야기를 듣고 싶은데 가능하시겠습니까?」

하고 말할 수 있다. 결정적인 시기가 아닌 한 상대는 당신을 이해해 줄 것이다

당신이 듣는 입장에 있을 때에는 상대의 이야기를 들어 줄 만반의 태세를 갖추고 조용히 앉아 있는다. 그리고 이야기하는 도중에 당신의 느낌이나 생각을 말하는 것은 삼가한다. 목소리의 톤에 귀기울이고 말하는 태도를 살펴 「행간의 의미」를 파악할 수 있도록 노력한다. 고개를 끄덕인다거나 하여 상대의 용기를 북돋아 주는 것은 좋다. 그러나 「그렇게 생각하시면 안됩니다」라고 말하거나 「이제까지의 성과로 보아서 이번 문제도 잘 해결하시리라 생각됩니다.」
라고 말하지 말아야 한다.

당신의 의도가 좋은 것이었다고 해도 이런 류의 말은 비난하거나 빈정대는 말로 들린다. 할 말이 있을 때에는 상대의 말이 끝난 후에 알기 쉽게 말해야 한다.

「비록 당신이 프로제트 X에 대한 책임을 지고 있기는 하지만, 그 일을 성공시키기 위한 모든 지원을 충분히 받은 것은 아니라는 말씀이지요? 제가 당신의 이야기를 완전히 이해 했습니까?」

당신이 이렇게 말했을 때 상대는 두 가지 대답을 할 수 있다. 그 하나는 「네 그렇습니다. 그 문제에 대해 저는 그렇게 생각합니다」이며 나머지 하나는 「꼭 그렇지는 않습니다. 그 문제는 다른 각도로……」이다. 이에 대해 당신은 부언 설명하고 다시 위와 같은 방식으로 되물을 수 있다.

당신이 이런 분위기를 유도할 때 종종 일어나는 놀라운 일은 상대

방이 스스로 문제 해결책을 찾아내기 시작한다는 것이다. 당신은 상대에게 해결책을 제시하는 것이 아니라 스스로 원인을 발견하도록 자극과 용기를 주어야 한다. 이것이 바로 매니저의 임무이다.

  업무상의 그룹에서 자신을 효과적으로 주장하기 위해서는 새로운 사고와 행동, 그리고 전략이 필요하다. 그렇게 되기 위해서는 많은 시간과 노력이 필요하지만, 확실히 가치있는 투자이다. 지금 당장 시작하라. 당신이 과거에 어떻게 행동해 왔는가를 걱정하지 말고 미래가 어떻게 될 것인가를 근심하지 말라. 어떤 철학자는 이렇게 말했다.

  「과거는 지불된 수표이며, 미래는 약속어음이다.」

  그리고 현재는 손에 쥐어진 현금이다. 그것을 이용하라.

청중을 사로잡는 방법

엘레인 스나이더(Elayne Snyder)

전 라디오 사회자이며 현재는 광고 회사를 경영하고 있다. 마이애미대학에서 언어 분야의 학사 학위를 받았으며 YWCA, YMCA 등에서 정보 전달 기술을 가르친다.

◇ 연설을 효과적으로 전달하는 요소들

사회자가 당신을 소개하기 위해 움직이는 순간부터 당신의 연설은 시작된다는 사실을 기억하라. 청중 앞에 모습을 드러내는 순간 당신의 자세와 태도, 그리고 외모는 그들에게 어떤 메시지를 전달한다. 이 때 당신은 안정감과 마음의 평정, 그리고 자신감을 느낄 수 있어야 한다. 이 때 너무 과민 반응을 해서도 안 되며 지나치게 자유 분방한 느낌을 주는 것도 좋지 않다. 또한 준비해 간 메모지를 만지작 거린다거나 천장을 쳐다보는 행동은 삼가해야 한다.

사회자의 소개가 끝나면 의자에서 일어나 연설대에 다가간다. 당신에 대한 간단한 소개말을 하고 연설대에서 자신을 적응시키기 위해 약간의 여유를 갖는다.

연설대에 메모지를 올려 놓고 마이크를 조정하는 동안 때때로 청중에게 시선을 돌린다. 준비가 다 되었으면 연설대에서 약 6인치 가량 물러나 숨을 두 번 쉬고 시작한다.

연설을 시작하자마자 당신은 청중의 관심을 집중시키기 위해 약 30초 가량을 할애하며 이야기해야 한다. 만일 그들이 당신의 이 첫 마디에 호응하지 못한다면, 당신의 연설에 집중하기보다는 다른 생각에 빠지게 될 것이다. 따라서 당신의 첫마디는 상당히 중요하다.

무엇을 말할 것인가보다는 어떻게 말할 것인가에 신경을 써야 한다. 비록 수천 명 앞에서 연설을 하는 경우라고 해도 당신은 비형식적인 대화체로 말해야 한다. 그 이유는 간단하다. 거대한 군중에 속해 있는 모든 사람들은 각기 당신에게 개인적으로 반응한다. 따라서 개개인을 대하듯 말해야 한다.

● **시선 충돌**

연설을 효과적으로 전달하기 위한 가장 중요한 기술은 청중과 시선을 맞추는 것이다.

만일 당신이 20~30명의 청중 앞에서 이야기를 한다면, 이야기를 하는 동안 그들과 모두 한 번씩 눈을 마주쳐야 한다. 절대로 한 명도 빼놓아서는 안 된다. 당신은 느끼지 못할지라도 그들은 매우 민감하게 느낄 수 있다.

청중이 많을 경우에도 개개인에게 이야기하고 있는 느낌을 갖게 해야 한다. 당신의 시선을 여러 곳으로 옮겨가고 그 때마다 개개인에게 시선을 준다. 이렇게 서로 시선을 마주침으로써 보다 친근감 있는 분위기를 형성하는 것이다.

처음 30초 동안 눈을 마주치게 하기 위한 한 가지 방법은 질문을 던지는 것이다. 이 때는 메모의 내용을 볼 필요가 없다. 아니면 당신이 잘 알고 있는 일화를 이야기할 수도 있다.

● **연설을 강조하는 방법**

말을 하는데 있어 제스처와 정지, 그리고 목소리의 빠르기와 높낮이는 중요한 역할을 담당한다.

이 세 가지와 더불어 청중과 시선을 맞추는 것을 통해, 청중에게 어떤 메시지를 전달한다. 즉 당신은 천박한 말로 그들을 불쾌하게 하지는 않을 것이라는 확신을 주는 것이다. 따라서 연설할 말을 연습하는 것과 마찬가지로 위의 네 가지도 연습해야 한다.

① **정지와 제스처** : AFkN의 투나잇 쇼(Tonight Show)를 보면 말을 중단했을 때의 위력을 알 수 있다. 사회자 자니 커슨(Johnny Carson)은 초대 손님이 지각없는 언행을 하면, 약간 싫은 듯한 표정으로 카메라를 뚫어지게 바라본다. 그는 침묵하고 있지만 그의 눈이나 표정은 언어 이상의 의미를 전달한다.

햄릿의 대사에서 「말에 맞게 행동하고 행동에 맞게 말하라」고 했다. 다시 말해서 말과 행동은 서로 어울려야 한다는 의미이다. 연단에서는 절대로 불필요한 행동을 삼가한다.

② **말의 빠르기**: 대부분의 연설가나 배우 등은 그들이 강조하고 싶은 말은 천천히 하고 이해하기 쉬운 말은 빨리 한다. 그들은 박자 측정기처럼 일률적인 속도로 말하지 않는다. 말의 속도를 적시에 조절하므로써 청중의 관심을 모을 수 있다.

③ **말의 높낮이**: 당신의 목소리는 조정이 가능한 악기이다. 말의 높낮이를 이용한다면 보다 효과적으로 연설 내용을 전달할 수 있다. 그렇지 않으면 가장 중요한 말조차도 청중의 귀에는 잘 들리지 않을 것이다.

◇ **대중 연설을 대화처럼 생각하라**

대중 연설을 친구와 이야기를 나누는 것처럼 생각할 필요가 있다. 이런 생각을 가져야만 청중 앞에서 어떤 이야기를 하든 앞에서 배운 방법들을 자동적으로 이용할 수 있을 것이다.

◇ 연설의 끝맺음

연설을 끝맺을 때에도 처음과 마찬가지로 청중에 관심을 집중시켜야 한다. 당신은 몸가짐이나 태도로 청중들과 함께 즐겁게 이야기했다는 것을 말할 수 있어야 한다. 마지막으로 결론이나 일화 혹은 인용문을 말하면서 가능한 한 많은 사람들과 정면으로 쳐다보아야 한다. 그들은 자신들의 존재를 인식하고 있는 당신의 태도에 깊이 감사할 것이다. 청중이 박수를 칠 때 따뜻한 미소와 고개짓으로 그에 답례하고 자리를 떠난다.

특별한 의견을 제출하는 경우

윌리엄 허시(William Hussey)

세일즈와 정보 전달 기술 방면에 20년의 경력을 갖고 있는 선전 광고업자이다.

◇ 의견 제시

승진을 요구할 때, 위원회에 새로운 아이디어를 제안할 때, 경영 최고 담당자에게 예산안을 제출할 때, 그리고 동료 직원들의 협의 사항을 전달할 때 맨 먼저 의결안 혹은 계획안이라고 하는 문서를 제출하여야 한다. 이 문서 안에는 이번 의결안 제시의 목적, 목적 달성의 방법, 그리고 당신이 겨냥하고 있는 청중이나 개인에게 미칠 영향이 씌여 있어야 한다.

계획안을 작성하기 전에 자신에게 다음 사항을 질문하여 검토한다.
- 이번 의결안 제출을 통해 성취하고자 하는 것은 무엇인가?
- 당신의 상사의 특성은 어떤가? (의견 제출 대상이 상사일 때)
- 나의 제안이 회사나 상대방에게 어떤 이익을 주는가?
- 나의 목표를 어떻게 성취할 것인가?

이 첫 단계를 통해 당신의 의도를 연구·조사한다. 목적을 실현하기 위해 이 네 가지를 면밀히 파악하고 있어야 한다.

각각의 내용을 구체적으로 검토해 보자.

- **이번 의결안 제출을 통해 성취하고자 하는 것**

목표를 설정하므로써 당신은 그 대담이 결국 어떻게 끝나야 하는가를 파악하고 상대방(중견 사원·상사)으로부터 당신이 원하는 반응은 무엇인가를 알게 된다.

예를 들어 당신이 화장품 회사의 상품부에 근무하고 있는데 혁신적인 포장 디자인을 구상했다고 하자. 그 구상이 실현되기만 한다면 판매량이 월등히 향상될 것이라고 당신은 확신하고 있다. 이쯤 된다면 당신은 가장 강력하고 효과적인 방식으로 부장에게 당신의 아이디어를 제출해야 한다.

부장과의 면담에서「이 아이디어는 판매량을 50% 정도 증가시킬 것입니다」라는 식으로 말하지는 말아야 한다. 비록 그렇게 할 자신이 있다고 해도 마찬가지이다. 획기적인 아이디어이기 때문에 당신은 그렇게 말하고 싶을지도 모른다. 그러나 그것을 지금 당장 증명할 길이 없다. 따라서 당신의 발언이 신뢰감을 갖기 위해서는 이렇게 말해야 한다.

「제가 구상하고 있는 포장 디자인은 독특하기 때문에 판매량을 증가시킬 것입니다.」

이렇게 목표가 뚜렷하고 납득할 만한 경우라면 상대방은 관심을 보일 것이 분명하다.

- **상대방의 특성은?**

전문 직장 여성은 자신의 의견을 듣고 결정을 내릴 상대방의 특성을 확실하게 파악하고 있어야 한다. 즉 그들이 어떤 편견을 갖고 있는지, 당신의 제안에 판결을 내릴 만한 권위를 갖고 있는지를 알아야 한다.

예를 들어 당신이 안정을 중시하는 오래 된 회사에서 근무하고 있다면 지나치게 급진적인 방법으로 자신의 아이디어를 제시하지 말아야 한다. 그렇게 되면 보수적인 상사들은 곧 경계심을 갖는다. 반면, 당신이 성장도상에 있는 신흥 기업에서 근무한다면, 그 회사의 사장이나 상사들은 아마도 예상 외의 일을 좋아하고 용기를 가상히 여기는 유형의 사람일 것이다. 간단히 말해서 당신의 의견을 제출할 상대방을 정확히 파악해야 한다.

만일 상대를 잘 모른다면, 연구 조사하여 일을 효과적으로 도모해야 할 것이다.

- **회사나 상대방에게는 어떤 이익이 있는가?**

이 말을 바꾸어 말하면 이렇게 된다. 나의 아이디어가 독특한 점은 무엇인가? 혹은 나의 아이디어가 회사나 상대방에게 있어 중요한 점은 무엇인가?

만일 당신이 회사나 모임체에 어떤 아이디어를 제출한다면, 당신의 아이디어는 다른 것들과 구별되는 어떤 특징이 있는지를 증명해야 한다. 그리고 당신의 아이디어를 채택했을 경우 그들에게 유익한 점을 증명할 수 있어야 한다.

예를 들어 당신이 광고 회사의 카피라이터인데 혁신적이고 적합한 아이디어를 갖고 있다면, 그것을 상사에게 제출하기 전에 다음 두 가지를 증명해야 한다.

① 그 아이디어의 독창성,
② 당신의 아이디어가 판매 실적에 궁극적으로 어떻게 영향을 미칠 것인가.

또한 당신이 제출한 의견은

③ 회사 간부들의 이익에 부합되고 그들의 독창력과 창의력을 충족시켜야 한다.

④ 판매량 증가를 최대의 목표로 삼고 있는 거래처에 호소력이 있어야 한다.

● **목표 달성의 방법**

당신의 목표를 이루기 위해서 필요한 자료와 방법들을 정밀하게 조사해야 한다. 주제를 밀도있게 연구하므로써 강조해야 할 사항, 증거 서류, 근거, 증명 그리고 성공적인 유추를 발견하게 된다. 모든 것은 질서 정연하게 배열되어야 한다.

결국 이러한 구성력이 일반 대화와 의견 제시를 위한 대담을 구분하는 중요한 요소 중 하나이다. 대화에서는 장황하게 이야기하는 것이 허용된다. 그러나 이런 대담에서는 처음부터 끝까지 이론적으로 논리 정연하게 이야기해야 한다.

◇ 의견 제출안의 골자 작성

구체적인 내용을 작성하기 전에 미리 골자를 제시하는 사람이 있는 반면, 작성하는 과정에서 윤곽을 드러내는 사람도 있다. 그 형식은 어떤 것을 선택해도 좋다.

서류의 골자를 작성할 때에는 제목과 부제의 논리적인 연결에 주의해야 한다. 제출 서류에서 다루고 있는 모든 사항은 중요도에 따라 각기 분류되어야 하며, 비교적 중요한 내용은 분명하게 강조되어야 한다.

◇ 계획안의 내용

골자를 분명하게 고안한 후에는 계획안을 작성한다.

이 때의 문제는 쉽고 대중적이며 서술적인 것이 바람직하다. 계획안을 어느 정도 작성한 후에는 녹음기를 이용하여 작성한 내용을 들어보는 것이 좋다. 자신이 작성한 계획안을 녹음기를 통해 들었을 때 문서를 읽는 것 같은 느낌보다는 이야기를 하는 듯한 느낌을 받아야 한다. 만일 그렇지 않으면 부분적으로 수정해야 할 것이다. 이렇게 하므로써 문어체에서 느껴지는 거만한 표현법을 피할 수 있다.

완성된 계획안은 단호한 의지뿐만 아니라 생동감을 느낄 수 있어야 한다.

Part4
직장 여성을 위한 에티켓

여성과 직장 생활

여성과 직장 생활

　근로직에서 고급 관리직까지 여성들의 사회 참여가 날로 늘어가고 있는 추세와 함께 직장에서의 여성의 에티켓 문제도 그만큼 중요한 것으로 대두되고 있다. 그러나 사실 매우 간단한 문제다. 그저 남성들과 마찬가지로 자기 일을 하면 되기 때문이다.
　그런데도 남성들은 상대방이 여성이기 때문에 구별하여 생각하려 하고, 길을 걸을 때도 반드시 여성을 보도 안쪽에 서게 한다든지 문은 반드시 남성들이 열어 주어야 한다는 식이 에티켓이라 생각한다. 물론 대부분의 여성들은 남성들의 그러한 호의를 정중하게 받아들인다. 그러나 게중에는 그것을 차별로 생각하며 불쾌하게 여기는 여성들도 있다.
　요즘 사람들은 전통적 에티켓을 매우 성가신 것으로 생각하는 경향이 있다. 특히 직장 생활에 있어서 모든 사람은 남성, 여성이 아닌 다 같은 고용인으로 각자 능력에 맞게 대접받는 추세로 나아가고 있다. 한편 그러다 보니 사람들의 사고 방식에 있어서도 많은 변화가 생겼다. 예컨대 만원 버스나 전철에서 여성이라고 하여 자리를 양보하는 남성들의 모습은 거의 찾아보기 힘들다. 여성들 역시 그런 남성들의 호의를 거절하기 일쑤다.
　그렇다면 직장 생활에 있어서 여성들이 가장 바라는 것은 무엇일까?

그것은 무엇보다도 사람들에게 여성 자신이 진지하게 받아들여지는 것이다. 이를테면 여성들의 의견이 객관적인 판단과 지식에서 비롯된 것이라고 인식되어지고, 편견이 작용하지 않은 상태에서 순수하게 그 내용이 좋고 나쁨에 따라 받아들여질 수 있기를 바란다. 또 여성들이 제출하는 보고서 역시 그들의 능력과 기술을 판단하는 척도로 이용될 수 있기를 바란다. 여성들에 대한 평가는 반드시 논리적이고 상식적인 수준에서 이루어져야 한다는 것이다.

그런데 실제로 여성들에 대한 평가는 그렇게 이루어지고 있지 않다.

나이 40세로 회사에서 대단한 능력 발휘하고 있는 한 독신 여성의 다음과 같은 말에서 우리는 그것을 여실히 느낄 수 있다.

「사람들은 나를 시기하지 않는 한 대단히 영리한 여자라고 생각하고 있죠. 그들 중에는 내가 성적 매력 하나로 이만한 지위에 오른 것이라고 중상하는 이들도 있어요. 내 능력으로 또 나 혼자만의 힘으로 지금까지 일해 왔는데 말이예요.」

어느 여성이라도 자신의 넉넉한 보수가 순전히 영리하고 약삭빠른 처신의 댓가 운운하는 말을 듣고 기분 나빠하지 않을 사람은 없다. 그런 소문을 내거나 직접 당사자에게 하는 사람은 반드시 그런 말을 한 근거가 무엇인지 밝혀야 한다. 그리고 공정하게 여러 사람으로부터 판단을 받아야 한다. 만일 여성들이 정말 그러한 방법으로 남성들보다 특별한 대접을 받거나 승진을 한다면 그녀의 위치는 오래지 않아 흔들리게 될 것이 분명하다.

◇ 여성다움을 잃지 않는 비결

여성들이 남성들과 동등하게 대접받으면서 한편으로 여성스러움을 유지할 수 있는 방법은 없을까? 또 남성들은 업무상 접촉하는 여성이 설령 높은 위치에 있는 중역이라 해도 여전히 여성은 여성이라는 사실을 망각하지 않을 수 없을까?

 이것은 사실 문제도 되지 않는다. 왜냐하면, 아무리 성공한 여성이라 해도 본래의 여성다움은 결코 잃어버리지 않기 때문이다. 따라서 그렇게 생각하는 것부터가 잘못이다. 여성이 담배를 피우고 바지를 입고 넥타이를 맬 때 남자 같다고 말할 수는 있을지 몰라도 그녀가 남자라고 할 수는 없는 것이다.

 여성다움을 잃지 않기 위한 최선의 비결은 그것에 대하여 신경쓰지 않는 것이다. 즉 자기 식대로 자연스럽게 행동하는 것이다. 만약 당신이 독신을 고집하여 당신의 어머니와 같은 인생을 살기 원하지 않는다면 그저 그 생각대로 밀고 나가라. 여자는 이러이러 해야 한다는 식의 낡은 고정 관념에 얽매일 필요는 없다. 유능한 캐리어 우먼은 스스로 선택한다. 그리고 그것에 대해 조금의 망설임도 없이 자신 있게 추진해 나간다.

◇ 가부장적인 상사와의 인간 관계

 비교적 높은 위치에 있는 캐리어 우먼조차도 남자 동료들이 자신을 당당한 직업인이 아닌 풋나기 소녀로 취급하고 있다는 불평을 간혹 하는 경우가 있다. 경력이 많고 지위가 높은 여성들에게서도, 이러한 남성들의 가부장적인 태도에 대한 불만이 높다는 사실은 참으로 놀라운 현상이 아닐 수 없다.

 「남성들의 가부장적 태도를 대하면 매우 우울해져요. 하지만 남성들은 그러한 것을 너무도 자연스럽게 당연한 것으로 받아들이죠.」

 한 젊은 여성의 고백이다. 문제는 이러한 남성들이 대개 여성들과의 사귐을 불편하게 느끼며 나름대로는 친근함을 표현하려 하지만 그것이 고작 그러한 식으로밖에는 표출되지 않는다는 점이다. 아마 그들이 대하는 여성은 기껏 해야 어머니나 아내 또는 딸이 전부일 것이다. 그래서 진심으로 여성들을 도와주고 싶은 생각이 있어도 그것이 행동으로 표출될 때는 자신의 딸을 대하듯 하게 되는 것이다. 그러니 결국 여성들이 스스로의 능력으로 성공하려고 해도 주위 사람들에 의해 좌절되고 마는 것이다.

특히 상사에게 진지하게 받아들여지지 않을 때만큼 좌절감을 느끼게 되는 때도 없다.

한 중년의 회사 중역은 젊은 남자 직원들에게도 간혹 아버지 같은 태도를 취할 때가 있다며 그것은 아마도 그들보다 사회 생활을 오래 했다는 연륜 의식에서 나온 것 같다고 지적한다. 그는 또 젊은 여직원을 대할 때처럼 가시가 돋힌 태도로 다른 남자 직원을 대하는 사람은 극소수일 것이라고도 말한다.

사실 남성들은 여성들보다 나이 많은 상사의 가부장적 태도를 진지하게 또 기꺼이 받아들이는 편이다. 그런데 여성들은 남성들과 같은 취급을 받아도 더 예민하게 적대감을 가지고 반응한다.

그래서 어떤 여성은 그 반발심의 표현으로 남자와 똑같이 행동하거나 신문의 스포츠 난을 열심히 탐독하여 나이 많은 남자 상사로 하여금 여성다움을 덜 느끼게 하는 한편 스스로도 그렇게 되고자 노력한다. 또 바지 복장만을 고수하여 어떻게 해서든 자신에게서 여성다움을 떨쳐버리려고 한다. 다만 남성들과 겨루어 이기기 위해 자신의 여성스러움을 희생시키는 것이다. 그것이 비록 큰 야망이나 성공에 대한 댓가라 해도 어쩔 수 없는 것이다.

나이 많은 남자 상사로 하여금 가부장적 태도를 버리게 하고 당신과 보다 진지한 관계를 가지게 하기 위해 강구 할 수 있는 방법 중 가장 효과적인 것은, 우선 그가 당신을 편안하게 대하도록 하는 것이다. 우선 당신과의 관계에 변화를 가져오도록 하라. 당신에게 해가 되지 않는 정도에서 극히 사무적인 태도를 취하라. 그리고 그가 당신의 재능을 알아 줄 때까지 기다릴 것이 아니라 계속해서 그의 눈에 띄도록 시도하라. 틈나는 대로 당신의 성공에 대한 의지를 표현하라.

또한 그런 한편 진지한 태도로 그에게 조언을 부탁하라. 자신이 잘 아는 것에 대해 누군가가 물어올 때 그의 마음은 편안해지지 않을 수가 없다. 서먹서먹한 관계에 있어서 조언을 부탁하는 것만큼 마음을 편하게 하는 것은 없다. 게다가 조언을 들을 수 있으니 당신에게도 많은 도움이 된다.

즉 당신은 그가 수 년에 걸쳐 터득한 지혜를 단 몇 분만에 얻게 되는 것이다. 어쨌든 당신이 먼저 마음의 장벽을 걷어 내면 그 역시 마음을 열게 된다. 그리고 아버지와 딸이라는 비사무적인 관계가 아닌 상사와 부하 직원의 관계가 새로이 정립되게 된다.

모든 문제는 덮어 두고 마음 속으로 불만을 키워 나가면 해결되지 않는다. 그러므로 이러한 상황에 있어서도 우선 그 돌파구를 마련하여야 진정한 상하 관계가 정립된다.

그러나 모든 여성들이 남성들의 가부장적 태도에 대해 반기를 드는 것은 아니다. 게중에는 그러한 태도를 개인적인 취향으로 일축해 버리는 여성들도 있다. 또 그것은 비즈니스 세계의 일반적인 습성이지 반드시 여성에게만 국한시켜 생각할 필요는 없다고 하는 여성들도 있다.

「여성들을 옭아매는 가장 큰 올가미는 바로 여성이기 때문이라는 거죠. 우리가 어떠한 실수를 저지르거나 불리한 입장에 처해 있으면 그것이 모두 여자이기 때문에 어쩔 수 없다는 식으로 판단해 버리는 거예요.」

한 성공한 직장 여성이 분노를 터뜨리며 하는 말이다. 그러나 이렇게 모든 것을 감정적으로만 생각해서는 안 된다. 우선 상대방의 입장도 한 번 고려해 보기 바란다. 무턱대고 상사를 당신의 생각에 따라 판단해서는 안 된다. 우선 이성적으로 상사가 어떤 사람인지 평가해 보고, 가능하면 당신 자신이 그에 맞추어 원만한 관계를 유지할 수 있도록 노력하는 것이 바람직하다.

◇ 가장 여성다운 방법으로 설득하는 비결

여성들이 부당한 처사를 당하면 어떻게 반응할까?
「보통 성을 내거나 언성을 높이게 되죠.」
한 회사 중역인 여성은 이와 같이 말한다. 어느 정도 높은 지위에 있는 여성들도 도저히 참을 수 없는 상황일 때 많이들 이와 같이 한다고 한다. 또 그녀들의 언성 높은 비난의 말은 실제로 부드럽게 할 때보다도 훨씬 효과적이라고 한다.

물론 이러한 자리에서 에티켓의 문제를 따지는 것은 어렵다. 병원에서 일하는 사람들과 같이 스트레스를 많이 받는 사람들은 오히려 이런 식으로 문제 해결을 하는 것이 정신 건강에도 좋다고 하니 말이다. 그러나 특히 계속해서 직장 생활을 하고자 하는 여성이라면 어떠한 상황에서라도 결코 자제심을 잃어서는 안 된다. 그녀의 장래를 위해서.

한 직장 여성이 다음과 같이 지적했다.
「여성들도 화가 나면 언성이 높아지고 날카로와지지요. 왜냐하면 작은 목소리는 설득력이 없기 때문이죠. 그래서 여성들은 소위 여성다운 방법으로 문제 해결을 하는 것을 아예 포기하고 말지요. 그러니 매너를 지킨다는 것은 어리석은 일이 되고 말고요.」

여기서 여성다운 방법이란 남성들을 성적으로 유혹하거나 어린아이 같은 행동을 취한다는 것이 아니다. 다만 거칠게 소리를 지르지 않고 부드러움을 잃지 않으면서 단호하고도 직접적으로 말하는 것, 그것이 가장 여성스런 방법이며 또 가장 효과적인 방법이다. 이는 남성들의 경우에도 마찬가지이다. 고함을 치기보다는 이성을 잃지 않은 강경한 말투가 문제 해결에는 훨씬 도움이 된다.

동료나 부하 직원에게 고함을 쳐서 좋을 것은 하나도 없다. 사람들로 부터 존경을 받으려면 우선 사태를 이성적으로 처리할 수 있는 능력부터 기르는 것이 중요하다. 만일 당신이 소리를 지르지 않으면 업무가 제대로 진행되지 않는다고 믿는 사람이라면 과연 그 방법이 얼마나 효과적인지 다시 생각해 보기 바란다. 그리고 당신의 방법이 옳은지도 판단해 보기 바란다.

◇ 부드러운 말투가 가장 효과적이다

여성들이 가장 싫어하고 노골적으로 불만을 나타내는 행동의 하나가 바로 여러 사람이 함께 대화를 나누는 데서 자신을 제외시켜 버리는 것이라고 한다.

남성들이 소위 말하는 남자들끼리 통하는 이야기를 하기 좋아하는 것은 사실이다. 그런데 그러한 자리에 여성들이 끼면 대개의 남성들은 불편해 한다. 아마도 여성들을 동료로서 생각하는 의식이 부족하기 때문일 것이다. 물론 남성들이 불편해 하는 이유 중에는 자신들이 쓰는 말이 여성들 앞에서는 차마 입에 담기 어려운 것이라고 생각하는 데에도 있다.

그러나 대부분의 여성들은 남성들이 생각하는 것 만큼 은어나 욕설 등에 대해 거부감을 느끼지 않는다. 그것들이 대개는 사람들 사이에 널리 쓰이는 말로 적어도 한두 번쯤은 들어 본 경험이 있기 때문이다. 그렇기 때문에 오히려 여성들이 들어서는 안 되는 말이라고 하는 남성들의 태도에 대해 기분 나빠하는 경우도 있다.

한 대기업의 중견 간부 여성이 겪은 일이다. 기업 간부 모임에 갔는데 그녀 옆자리의 한 남성이 말끝마다 「제기랄」, 「빌어먹을」이었다. 그러다가는 갑자기 그녀를 발견하곤 주춤하더니 사과를 했다.

「죄송합니다. 습관이 되어서 말 버릇을 쉽게 고칠 수가 없군요. 제기랄.」

솔직히 여성들이 들으면 좋지 않다고 하는 말을 들어 보면 남녀 누구가 들어도 좋지 않은 말인 경우가 많다. 도대체 듣기에도 좋지 않은 비어나 속어 등이 남성들이 들어서는 괜찮고 여성들이 들어서는 안 된다는 것은 무슨 이치인가. 직장 생활을 하는데 있어서는 남녀를 막론 하고 입이 거친 사람은 환영받지 못할 것이다.
　옆자리에 앉은 동료가 비어를 입에 붙이고 산다고 생각해 보라.
　「빌어먹을, 어제 보고서를 올리고 퇴근하는 건데 말야.」
　또 누군가 당신에게 이렇게 말한다고 생각해 보라.
　「제기랄, 왜 아직 보고서를 올리지 않는 거지?」
　간혹 여성들 중에는 비어 등 거친 말을 쓰는 것이 업무를 처리하는데 있어 보다 효과적이라고 생각하는 이들도 있다. 그러나 그녀가 아무리 높은 위치에 있는 사람이라고 해도 속어나 비어를 예사롭게 쓴다면 업무 처리를 신속하게 하기는커녕 부하 직원들로부터 빈축만 사게 될 것이 틀림없다.

◇ 대화에서 제외되지 않기 위해서

　여성에 대한 차별이 여실히 드러나는 때가 바로 회식 등의 사교적인 모임이 있는 자리이다. 남성들은 대개 이러한 자리를 자신의 출세나 업무를 유리하게 하기 위한 기회로 이용하는데 비해, 여성들은 타의로 상대방 남성의 지위에 상관없이 그의 유희 상대로 취급되기 일쑤이기 때문이다.
　따라서 이런 경우에 여성들은 혼자의 힘으로 수줍음을 없애고 자신이 원하는 방향으로 대화를 이끌어 나가도록 해야만 한다. 물론 이 때 대화를 이끌어가는 여성의 논리가 정연하고 화제가 풍부하다면 분위기도 자연히 그녀가 바라는 대로 되어 좋은 결과를 얻게 될 것이다. 그리고 그렇게 하는 것이 결례가 되지 않는다. 왜냐하면 원래 파티나 회식과 같은 사교적인 자리에서는 가능한 한 여러 가지의 주제에 대해 짧게 말하고 또 대화의 내용을 자주 바꾸는 것이 바람직하기 때문이다.
　이러한 방법은 여성이 바로 옆에 있는데도 불구하고 남성들끼리만 대화를 나누는 경우에도 효과적이다. 그 대화 내용이 그녀와 전혀 상관이 없는 경우가 아닌 이상 여성도 대화에 낄 수 있는 권리가 있다. 그러나 사람들이 당신을 제외하고 대화에 열중하고 있는데 무턱대고 그들의 대화에 끼어드는 것은 무례한 행동이다. 어떤 자리이든—특히 사교적인 모임인 경우에는 더욱—제3자를 제외하고 두 사람 또는 두 그룹만이 대화를 나누어야 할 때가 있다. 이럴 때 제3자는 침묵을 지키고 있던지 미소를 띠우며 조용히 자리를 비켜 주는 것이 에티켓이다.

◇ 여자 상사와 여자 부하 직원과의 관계

자신이 몸담고 있는 분야에서 최고가 되고자 하는 의욕적인 여성들 중에는, 연륜이 많고 어느 정도 확고한 위치에 있는 남성들이 같은 분야에서 일하는 후배 젊은이들을 이끌어 주고 도와주는 현상이 여성들에게는 부족하다고 불평하곤 한다. 아마도 그와 같은 현상이 생기게 되는 이유는 대부분의 성공한 여성들이 자신만의 힘으로 정상의 자리에 올랐기 때문에 후배들 역시 그래야 한다고 생각하기 때문인 것 같다. 물론 여성들 중에도 같은 여성인 선배나 상사로부터 상당한 도움을 받는 경우도 많다. 그리고 그 두 사람은 진실로 돕고 의존하는 관계를 유지해 나가기도 한다.

많은 여성 기업인들의 말에 따르면 그들의 여비서는 상사의 입지전적 성공을 시기하여 운이 좋아 성공했다는 식으로 하찮게 생각하는 경향이 있다고 한다. 그러나 일반적으로 상사와 비서가 모두 여성일 때 두 사람의 관계는 인간적으로 상당히 밀접하고 업무 처리에 있어서도 손발이 척척 맞는 유능한 커플을 이루는 것으로 알려져 있다. 즉 어느 의미에서는 동료 사이도 되는 것이다. 이는 남자 상사와 여비서의 관계에 있어서는—단 그들의 나이 차이가 많이 나지 않는 경우를 제외하면—좀처럼 찾아보기 힘든 현상이다.

◇ 엘리베이터와 회전문 이용시의 에티켓

여성과 관련된 새로운 에티켓은 거의가 엘리베이터와 회전문을 이용할 때에 관한 것이다.

언젠가 점심 식사를 하면서 나는 두 사람의 중역이 여성과 회전문을 이용할 때 어떻게 해야 하는지에 대해 대화를 나누는 것을 들은 적이 있다. 누가 먼저 들어가야 하는가? 문을 누가 밀어야 하는가? 어떻게 하면 주춤거리거나 상대방 여성에게 부딪히거나 그녀의 발뒷꿈치를 밟지 않을 수 있을까 하는 것들이 대화의 내용이었다.

회전문 이용에 대한 에티켓은 특별히 정해진 것이 없다. 그래서 여기서는 필자 나름대로 수집한 몇 가지 방법을 소개하고자 한다.

① 여성이 먼저 들어가는 경우에는 그냥 여성이 먼저 문을 들어가게 하고 남성은 그 뒤를 따라 들어간다.

② 남성 쪽에서 여성에게 먼저 들어가라는 말을 하며 밀어 준다. 그리고 남성은 뒤따라 들어간다.

위의 두 경우에서 모두 여성이 먼저 들어간 것은 일반적으로 그렇게 하는 것이 자연스럽기 때문이다. 하지만 무엇보다 편안히 쉽게 들어가는 것이 우선이므로 남성이 먼저 들어가든 여성이 먼저 들어가든 순서에는 구애받지 않아도 된다.

한편 두 사람의 여성이 함께 회전문을 이용할 때는 높은 지위에 있는 여성이 또는 나이가 많은 여성이 먼저 들어가게 하고 다른 한 명은 그 뒤를 따라 들어가도록 한다.

사람이 붐벼 회전문이 계속해서 돌아가고 있을 때도 있다. 그럴 때는 여성을 먼저 들어가게 하고 대개 남성은 바로 뒤에 붙어 들어가게 된다. 사람들 중에는 이렇게 하는 것이 예의가 아니라고 하는 이들도 있으나 남성이 여성의 뒤에서 문을 함께 밀어 주면서 들어가고, 한편으로 남성이 미리 안에 들어가서 여성이 나오는 것을 도와주어도 괜찮다. 이 때는 당황하거나 주춤거릴 필요가 없다. 단지 남성의 「매우 복잡하군요」하는 뜻의 가벼운 미소를 호의로 받아들이면 된다.
　엘리베이터 이용에 대한 에티켓 또한 사람들이 궁금해 하는 것 중의 하나이다.
　우선 남성이 여러 사람들보다 앞에 서있을 때에는 굳이 여성이 먼저 오를 것이 아니라 남성이 먼저 타도록 한다. 그리고 엘리베이터 작동기 쪽으로 몸을 비켜서 다른 사람들이 타기 쉽게 해야 한다. 엘리베이터에서 내릴 때에도 여성이 먼저 내릴 필요는 없다. 왜냐하면 여성 한 사람보다는 엘리베이터 안에 있는 여러 사람에 대한 에티겟이 더욱 중요하기 때문이다.
　여성들 중에는 엘리베이터를 탈 때나 문으로 들어갈 때 자신들이 언제나 앞장서야 한다는 특권 의식에 사로잡혀 있는 경우가 있다. 그러나 그런 의식은 버려야 한다. 나는 가끔 모르는 남성들에게도 에티켓을 요구하거나 여성이 먼저라는 주장을 내세우며 무례하게 행동하는 여성들을 보곤 한다. 그것이야말로 정말 에티켓을 모르는 교양없는 태도이다.
　그러한 사고 방식을 가진 여성들은 곧잘 「실례합니다」란 말 한마디를 앞세워 남성들을 밀치고 앞장서기도 한다. 물론 남성들이 에티켓을 무시하고 모든 것을 「실례합니다」란 한마디로 무마하려고 할 때 여성들이 화를 내는 것과 마찬가지로 그러한 행동은 무례한 것이다. 그러나 이 때 상대방의 버릇을 고쳐야겠다는 투로 잘못을 지적하는 것 또한 매너있는 행동이라고는 할 수 없다.

◇ 도로에서의 에티켓

　아직 도로가 포장되기 전 시절에는 흙탕물이 튀어 옷을 더럽힐 위험이 많았기 때문에 여성을 길가 쪽에 세우지 않는 것이 예의로 되어 있었다. 그리고 이것이 점차 통이 좁은 스커트를 입은 여성을 호위하기 위한 관습으로 굳어져 오늘날까지 이르고 있다. 그러나 사실 오늘날과 같이 도로에 사람이 많고 옆사람과 보조를 맞추기 위해 대화할 여유까지 없는 실정이고 보면 그러한 에티켓을 지켜야 할 당위성이 희박해지고 있다. 따라서 그러한 에티켓을 지키려는 사람들은 점차 사라져가고 더우기 직장 생활을 하는데 있어서 거기에 얽매일 여유가 전혀 없다.

하지만 여성과 동행을 할 때 남성이 택시의 문을 열어 주거나 하는 것은 여전히 에티켓으로 남아 있다. 그렇다고 남성이 승용차에 미리 타고 있는 경우 굳이 차에서 내려 문을 열어 줄 필요는 없을 것이다. 물론 그것이 상대방 여성에 대한 존경심을 표시하는 것이므로 더욱 바람직스럽기는 하다. 한편 차의 문이 잠겨져 있을 때에는 반드시 남성이 먼저 문을 열어 주고 여성이 먼저 탄 다음 남성이 타는 것이 예의이다.

한편 밤에 주차장이나 후미진 곳에 차를 주차해 놓았을 경우에는 반드시 남성이 먼저 차에 타기에 앞서 여성부터 안전하게 타야 한다. 여성이 남성보다 스스로를 방어할 능력이 많은 경우가 아닌 이상 여성을 밖에 세워 두고 먼저 타면 안 될 것이다.

남성이 차를 타고 가는 도중에 여성이 타야 하는 경우에는 설령 여성들이 원한다고 해도 남성이 일부러 차에서 내려 문을 열어 줄 필요는 없다. 오히려 우스꽝스런 모습을 연출할 뿐이다. 단 여성이 성장(盛裝)을 했거나 그밖에 다른 이유로 혼자 차를 타기 어려운 경우에는 남성이 차에서 내려 도와줄 수도 있다. 그렇지 않은 일반적인 경우에는 여성이 혼자서 차를 타도록 한다.

남성이 손에 잔뜩 짐을 들고 여성과 동행하는 경우라면 여성이 택시를 부르고 문을 연 다음 우선 남성부터 자리에 앉게 하는 것이 좋다. 또 엘리베이터를 이용할 경우에는 여성이 버튼을 누르고 먼저 들어가 문이 닫히지 않게 하고 남성이 탄 다음에는 역시 여성 쪽에서 목적하는 층의 버튼을 누르도록 한다.

유쾌한 직장 생활과
에티켓의 중요성

　직장이란 전혀 공통점이 없고 직장을 그만두면 다시 만날 필요가 없는 사람들이 모인 집단이라고들 하지만, 한편으로는 마치 부부 사이와 같이 함께 오래 일하는 사이에 동료들과 어떤 공감대도 형성하고 닮아가기도 한다. 그도 그럴 것이 당신은 자녀들과 보내는 시간보다 더 많은 시간을 비서나 상사와 보내며, 하루의 대부분을 사무실에서 지낸다. 또 당신의 대화 내용은 남편과 관련된 것보다는 사무실에서 일어난 일이 주된 것일 경우가 많다.
　그런데 사실 그러한 점이 직장 생활을 더욱 피곤하게 만들 수도 있다. 즉 당신은 별로 마음이 맞지 않는 동료와 가끔 농담이라도 주고받으며 그들을 웃기기 위해서는 특별히 머리를 써야 할 때도 있을 것이다. 또 좋아하지 않는 상사 앞에서도 항상 공손한 태도와 친절을 잃지 않기 위해서 인내심을 발휘해야 할 때도 있을 것이다. 어쩌면 사무실 벽에 흠집이 없는 것이 이상할 정도이다.
　이러한 직장 생활을 유쾌하게 하기 위해서는 무엇보다도 정확한 사리 판단과 좋은 매너가 필요하다. 다시 말하면 에티켓을 잘 지켜야 하는데, 에티켓이란 잘 알지 못하거나 특별히 신경쓰지 않아도 되는 사람 또는 낯선 사람에 대한 매너라고도 할 수 있다.
　직장 생활에 있어서의 기본적인 에티켓은 시간을 낭비해서는 안 된다는 것이다. 그 밖에는 사무실에서 머리를 빗지 말아야 한다. 동료에게 사생활을 얘기하지 않아야 한다. 잡념이 들거나 멍하니 있지 않아야 한다. 자신의 성격이나 버릇들을 적나라하게 드러내지 말아야 한다. 동료에게 개인적인 소망이나 계획 등을 말하지 않아야 한다는 등등이다.

당신은 이러한 것들이 모두 함께 일하는 동료와 상사에 관한 배려임을 잊어서는 안 된다. 그들은 회사에 일하러 왔지 당신의 농담이나 개인적인 이야기를 들으러 온 것이 아니다. 그러므로 그들을 귀찮게 하거나 방해해서는 안 된다. 가능하면 당신이 그러기를 바라는 것처럼 그들이 유쾌한 분위기에서 일을 하도록 해주는 것이 에티켓이다.

따라서 우리는 이러한 철칙을 만들 수 있다.

「사람들이 당신에게 해주기 바라는 바를 그들에게 실천하라.」

이는 무슨 성경 귀절에 나오는 말이 아니다. 우리가 인생을 유쾌하고 순탄하게 살기 위해 필요한 모든 사소한 일에 적용되는 이치이다.

물론 사람들은 직장에서 일만 하기를 바라지는 않는다. 필자가 한때 일한 적이 있는 잡지사의 편집장은 평생 직장 생활을 해야 할 것 같으면 가능한 한 유쾌하게 하라고 곧잘 말했었다. 그러한 평소 지론대로 그는 전 직원들의 생일마다 깜짝 놀랄 만한 파티를 열어 주곤 하였다. 비록 내가 잘 모르는 직원을 위한 파티일 때도 있었지만 차례는 직원 모두에게 돌아갔으며, 그 즐거운 파티들 덕분으로 일년 중의 다른 날들도 의욕적으로 근무할 수 있었다.

그 편집장과 같은 태도는 직장 생활을 하는데 있어서 매우 중요하다. 다시 말하면 함께 일하는 사람들을 진심으로 존중하고 배려하며 그들의 사생활에 지나치게 간섭하지 않으면서 친절하게 대하는 것, 이것이 바로 직장에서의 에티켓이다.

◇ 사무실의 주인은 당신이 아니다

사무실에서 자신만의 공간을 가지는 경우는 극소수이다. 또한 비록 당신의 사무실에 문이 달려 있으며 독립된 방이라 해도 엄연한 의미에서 그것은 당신만의 사무실이라고는 할 수 없다. 그것은 당신이 사람들을 만나고 업무를 보도록 회사측에서 제공한 것이며, 물론 회사에 다니는 동안에만 이용할 수 있다. 따라서 사람들은 당신의 공간에서 반드시 에티켓을 지켜야 하며 당신 또한 당신의 사무실이 집인 양 착각해서는 안 된다.

우리의 대부분은 한 공간에서 일하는 경우가 많다. 그리고 그 공간은 언제까지나 일터로 남아있는 반면 바뀌는 것은 그곳에서 일하는 사람들이다. 바로 이점 때문에 언제나 직원들 사이에서는 문제가 끊이지 않는다. 이를테면 직원들이 더 낳은 근무 환경을 위해 고용주를 상대로 스트라이크를 벌이거나, 한 사무실에서 일하는 동료들과의 마찰로 언성을 높이곤 하는 것이 그것이다.

따라서 여기에는 반드시 매너있는 행동이 요구된다. 또 그러기 위해서는 부하 직원이나 동료들에게 최대의 편의를 제공하고, 그들의 감정이 상해 있지 않는 상태일 때 업무 지시를 하며 적어도 신경을 거슬리게 하지 않는다는 기본적인 배려가 있어야 한다.

또한 당신이 어떠한 사무실에서 일하고 있는 동안에는—그것이 6개월이 되었건 30년이 되었건—가능한 한 그곳을 쾌적한 분위기로 만들도록 노력하라. 그렇다고 애써 편리한 환경으로 만들려고 할 필요는 없다. 직원들이 모두 에티켓을 지키면 쾌적함과 편리함은 자연적으로 생기게 된다. 그리고 나아가 업무 능력과 보수가 향상되며 승진도 기대할 수 있게 된다.

◇ 한 공간을 공유하는 사람들에게 있어서 대화와 타협의 중요성

여러 사람들과 함께 한 사무실에서 일할 때, 소위 「마주보고 사는」 직원들은 여러 현실적인 문제들을 해결해야 한다. 우선 그들은 주어진 공간을 가장 효율적으로 이용할 수 있는 방법을 알아야 한다. 그리고 서로의 요구 사항을 대화로서 풀어 나가고 필요하다면 타협도 해야 한다.

만일 서로 상충된 의견을 가지고 있을 때는 상사에게 말하여 중재해 주도록 부탁해야 한다. 그러나 최후의 결론은 반드시 그들 자신이 내려야 한다.

두 사람의 신문 기자가 책상을 마주하고 근무하면서 서로 으르렁거리는 사이였다. 그들 중 한 명은 디자인을 하였는데 항상 머리 위의 전등은 끄고 탁상용 램프만을 켰다. 또 다른 한 명은—그녀의 자리는 창가가 아니었기 때문에—타이프 라이터를 치기 위해서는 그 정도의 희미한 불빛으로는 부족하였다.

매일 아침 그녀는 머리 위의 전등을 켜고는 일을 시작했다. 그러나 잠시 후면 어김없이 그가 전등을 끄고 만다. 그리고는 곧 언쟁이 벌어지기 일쑤였다. 그는 그녀가 디자인에 대한 소양이 부족한 여자라고 비난하였다. 결국 그는 상사에게 가서 불만을 털어놓게 되었다. 그러나 상사는 그의 불만을 들어 주지 않았다. 따라서 마침내는 두 사람 중 한 사람이 직장을 옮기는 것으로 그 언쟁은 끝이 났다.

인격적인 공격을 하고 교묘하게 상대방의 감정을 건드리면 이러한 문제는 결코 해결되지 않는다. 사람들 중에는 자신의 전화로 장시간 친구와 통화를 하면서 짬짬이 공적인 전화를 하기 위해 옆자리의 전화를 빌려 사용하는 이들도 있다. 또 줄담배를 피워가며 옆의 동료를 미치게 만드는 사람들도 있다. 그런 일이 계속되면 결국은 두 사람 중 한 사람이 회사를 그만두는 수밖에는 다른 해결책이 없게 된다.

그러나 그것은 쉬운 일이 아니다.

그런데 그 근본 문제는 두 사람이 모두 똑똑하고 능력이 많아서 상대방을 시기하거나 기본적인 협동심이 없기 때문이다. 그들 모두 옳다. 그러나 또 그들 모두 나쁘다. 왜냐하면 타협할 줄 모르고 오직 미워하며 불만을 늘어놓을 줄만 알기 때문이다.

◇ 마음의 벽을 허무는 일이 중요하다

서로 미워하는 두 사람이 책상을 마주하고 일을 하거나 어떠한 형태로든 계속적으로 접촉을 해야 하는 경우는 종종 생긴다. 두 사람 모두에게 정신적 성숙함이 필히 요구되는 상황이다. 그런데 반드시 뜻대로 되지 않는 것이 우리의 인생사이다.

한 사무실에서 근무하는 두 적수(敵手)들은 업무에 관한 일을 제외하고는 얼굴을 마주치지 않는다는 철칙을 간단하게 선택한다. 물론 서로에게 말을 걸지 않거나 인사를 하지 않고, 마치 상대방이 곁에 없는 양 자신의 일에만 몰두하는 것은 용납할 수 있다. 그러나 다른 동료들에게 그에 대한 험담은 삼가하는 것이 바람직하다. 사람이 사람을 미워하는 일이야 삶의 한 모습이라고 생각할 수 있을지 모르나 동료들 사이에서 자신에 대한 나쁜 소문이 떠도는데 기분 좋게 생각할 사람은 없다.

따라서 가능하면 적수의 입에서 당신을 비난하는 욕설이 나오지 않게 하는 것이 중요하다. 그리고 오히려 친절하게 대하여야 한다. 그러면 친분을 나누지는 못할지언정 다툴 일은 생기지 않는다. 또한 앙심을 품거나 사소한 일로 시비를 걸 일도 없어지게 된다.

기회를 보아 작은 노력을 기울이면 의외로 적대 감정이 쉽게 사라지는 수도 있다. 한 여성이 수 년 동안 통로 하나를 사이에 두고 있는 동료와 적대 감정을 가지고 지내왔다. 그런데 그 동료가 해외 출장에서 돌아오는 길에 사무실의 전 동료들에게 선물할 기념품을 사오면서 그 오랜 문제가 해결되었다.
  그는 우선 먼저 한 비서에게 선물을 고르게 한 다음 그녀에게 통로 건너에 자리하고 있는 자신의 적수를 위한 선물도 하나 고르게 하였다. 그녀는 매우 놀랐으나 곧 선물을 골라 그 적수되는 여성의 책상에 올려 놓으며 그가 주었다는 말을 하였다. 곧 통로 건너 쪽에서
「고마와요. 출장에서 돌아온 걸 환영해요!」
하는 밝고 경쾌한 목소리가 들려 왔다. 그 뒤로 두 사람은 사내에서 소문난 훌륭한 파트너가 되었다.
  이와 같이 만일 당신이 누군가에게 적대 감정을 갖고 있다면 우선 마음의 벽을 허무는 것이 최선의 해결 방법이다.
  적대 감정을 가지고 있는 두 사람이 쉽게 타협하지 못하는 가장 큰 장애 요소는 아마 그들이 그것을 즐기기 때문일 것이다. 다시 말해서 잡담 시간에 필요한 이야기거리를 제공해 주고, 다른 동료들이 자신들의 신경전을 보고 즐기리라는 생각에서 주목받고 있다는 어떤 우쭐한 느낌을 받기 때문이다. 따라서 일부러라도 화해할 생각을 하지 않게 된다.
  그러나 만일 그들의 이유가 이러한 것이 아니라면 필시 그들의 미움은 상대방에 대한 관심의 표현일 것이다. 비록 두 사람이 화해를 하지 않는다 해도 그것이 업무나 다른 동료들에게 영향을 미치지 않는다면 굳이 화해할 필요는 없다. 그러나 업무에 영향을 미치게 되면 그 때는 반드시 중재자가 나서야 한다. 그리고 두 사람은 중재자의 의견에 따라야 한다.
  두 사람의 의견에 따라 그들 중 한 명을 다른 부서로 옮기는 방법도 바람직하다. 내 의견으로도, 한 사무실에서 서로 적대감을 가지고 있는 사람들은 떼어 놓는 것이 최선이라고 생각한다. 그렇게 되면 다투고 싶어도 다툴 대상이 없게 된다. 직장이란 일을 하는 곳이지 사람들과 친분을 맺기 위한 곳은 아니다. 직원들이 개인적인 감정으로

분위기를 흐리고 또 업무에 영향이 미친다면 상사는 그들을 인사 이동시킬 권한이 있다. 그리고 심한 경우에는 권고 사직을 당하게 할 수도 있다.

◇ 음악이 사무실에 미치는 영향

근래에 들어 사무실 환경도 많이 바뀌었다. 그 중 한 예가 근무 시간중에 라디오를 들을 수 있게 된 점이다. 요즘은 많은 사람들이 라디오를 들음으로서 일의 능률을 높일 수 있다고 생각, 비교적 관대한 편이다. 특히 공장과 같은 곳에서는 오히려 음악을 권장하는 곳도 많다고 한다.

사무실에 음악이 흐르게 하는 것은 음악을 싫어하는 사람의 신경을 거슬리거나 업무를 방해하지 않는 한 사무실 분위기를 부드럽게 하는데 큰 몫을 한다. 제약 요소가 있다면 소형 카세트 라디오라면 그래도 상관없지만 많은 사람들이 대형 스피커에서 흘러 나오는 음악 소리를 더 좋아할 때 문제는 복잡해지며, 음악을 싫어하는 동료들과의 작은 마찰이 생기게 된다.

이 때는 음악을 듣기 바라는 쪽에서 양보를 해야 하는데 그렇지 않기 때문에 문제가 더 커진다. 그러나 사무실은 지하철이나 버스 안이 아니다. 따라서 직원들은 가능한 한 자신이 일하는 환경을 쾌적하게 만들 권리가 있다. 그렇다면 과연 누구의 주장을 따라야 할 것인가. 어쨌든 그 결정은 양쪽의 사람들이 타협해서 내려야 한다. 이런 문제에는 가급적 상사가 관여하지 않는 것이 바람직하다. 상사가 어떤 쪽의 주장을 받아들이든 결국은 불만이 생기기 때문이다. 또 상사는 직원들의 개인적인 취향으로 인한 언쟁을 해결하느라 시간을 낭비하지 않는 것이 현명하다.

만일 많은 사람들이 음악을 듣기를 원한다면 투표로 가부를 결정할 수도 있다. 그리고 굳이 음악을 싫어하는 동료의 취향을 존중한다면 이어폰을 사용하는 방법을 택할 수도 있을 것이다.

그러나 사실 사무실에서는 하루 종일 끊이지 않고 사무적인 전화 통화가 이루어지기 때문에 가급적 비사무적인 소리는 들리지 않게 하는 것이 원칙이다. 따라서 사무실에서 음악을 듣는 문제는 그 사무실에서 어떤한 업무가 이루어지느냐에 따라 적절히 해결하는 것이 가장 바람직하다.

◇ 사생활에 관한 질문은 삼가라

직장 생활과 사생활 사이의 일정한 간격을 유지하기란 여간 어렵지 않다. 우선 당신은 옆자리의 동료에게 주말에 무엇을 할 것인지에 대해 한 번도 말을 건 적이 없었는지 묻고 싶다. 물론 사람에 따라 대답은 달라지겠지만, 가까운 동료끼리 아무 거리낌없이 사무실에게 개인적인 이야기를 하는 것을 쉽게 보곤 한다.

당신의 사생활에 대해 이야기를 하자면 동료들에게 말을 걸지 않을 수는 없다. 그러므로 여기에서 문제가 생기는 것이다. 즉 사무실에서 동료에 대한 친근함은 어떤 식으로 얼마만큼 나타내야 하며, 또 자신에 대해서는 어느 정도 드러내야 하는지에 대한 문제이다.

일반적으로 질문하는 사람의 의도가 나쁘지 않다고 해도 가능하면 삼가해야 하는 질문이 있다. 대개는 수입이나 나이, 가정의 경제적 수준 등은 물어보지 않는 것으로 되어 있다. 그러나 직접적인 형태가 아닌 경우에는 간혹 그러한 질문을 받을 수 있으며, 또 대개는 시간이 지나면 자연스럽게 사람들에게 알려지기 마련이다.

다만 그 질문 방법이나 의도에 따라 매너가 있느냐 없느냐, 단순한 호기심인가 진심에서 나온 관심인가로 구분하여 생각할 수 있겠다. 예를 들어 어떤 사람이 결혼 여부를 다음과 같은 식으로 질문했다고 생각해 보자.

「남자들이 많이 따라다닐 것 같은데 왜 아직 결혼을 못했죠?」

물론 미혼인가 기혼인가를 질문하는 것은 에티켓의 범주에서 벗어나지 않는다. 그러나 이 정도면 약점을 들추어 내기 위한 계획적인 의도가 숨어 있다고 간주되기 십상이다. 즉 정상적인 사람이라면 결혼을 해야 하는데 그렇지 않으니 특별한 이유가 있을 것이라는 것이다.

이혼한 동료가 스스로 그 사실을 숨기지 않거나 또는 당신이 그에게 조언을 해줄 만큼 친한 사이라면 이혼에 대해 거론하는 것도 무방하다. 또 당신 역시 이혼한 경험이 있다면 그녀에게 큰 도움을 줄 수 있다. 더군다나 그녀가 이혼의 상처로 인해 업무마저 제대로 처리하지 못한다면 당신이 그녀에 대해 취해야 할 에티켓은 무엇인지 더욱 명확해진다.

동료에게 그의 수입을 묻는 것은 삼가해야 한다. 더우기 당신의 수입을 말하는 것은 대단한 실례가 된다. 월급은 같은 위치에 있는 직원들이라 해도 능력에 따라 천차 만별이다. 따라서 공연히 월급 액수를 말했다가는 다른 직원들이 반발할 수가 있다. 좀 심한 경우이겠지만 어떤 회사에서는 자신의 월급을 남에게 말한 직원은 해고를 당하기도 한다고 한다.

이밖에도 입고 있는 옷이 얼마짜리인지 한 달에 얼마나 쓰느냐 하는 질문 역시 하지 않는 것이 에티켓이다. 하여튼 돈에 관한 질문은 본인이 먼저 꺼내지 않는 이상 하지 않도록 한다.

개인적인 사실에 대해 「왜」라고 묻는 것은 모두 실례가 된다. 왜 머리 스타일을 그렇게 했느냐? 왜 다이어트는 하지 않느냐? 왜 어제는 결근을 했느냐 등의 설명을 요구하는 질문은 무조건 삼가하는 것이 바람직하다.

또한 단순한 호기심만으로 개인적인 일을 대화 소재로 삼는 것도 피해야 한다. 그렇게 심심하다면 신문의 낱말 맞추기 게임이라도 하는 편이 좋겠다.

◇ 나이와 체중에 관한 질문

예배우들은 흔히 40세가 넘어서도 나이에 대한 질문을 받으면 불쾌하게 여긴다고 한다. 물론 25세의 한창 젊은이들은 나이를 밝히기를 굳이 꺼려할 필요가 없겠으나 간혹 그녀가 회사의 간부급 직원인 경우에는 어려 보이지 않기 위해 일부러 나이든 척하기도 한다.

그러나 역시 중년 부인인 경우에는 그의 나이가 사람들의 입에 오르내리는 것을 좋아하지 않는다. 또 중년 이상의 남성들 역시 사람들이 자신이 곧 직장을 떠날 사람으로 보는데 대해 매우 민감한 반응을 보인다.

단순히 「당신의 나이를 알아맞추어 보겠다」는 식으로 나이에 대해 언급하는 것은 바람직하지 못하다. 자신의 나이가 주는 인상에 대해 만족하고 받아들이는 연령인 경우에 나이를 알아맞추기가 더욱 어렵기 때문이다. 당신의 경우에도 매우 젊거나 늙었다, 또는 중년의 나이라고 추측할 수 있을 따름이다. 따라서 자신의 나이에 대한 감정적인 반응이 그의 나이가 얼마인지를 더 정확히 나타내어 준다고 말할 수 있다.

체중에 대한 언급도 마찬가지이다. 특히 오늘날 사회는 날씬함을 미덕으로 생각하기에 사람들은 일반적으로 비만한 것을 수치스럽게 여긴다.

키도 작고 마른 한 여성이 그녀의 헬스 크럽 강사에게 자신의 몸무게가 어느 정도인 것처럼 보이느냐고 물었다. 그래서 그는

「48kg 정도일 것 같은데요.」

라고 대답하였다. 그러자 그녀의 얼굴이 발갛게 상기되었다. 당황한 강사는 용서를 빌며 자신은 원래 눈짐작으로 몸무게를 알아맞추지 못하는 편이라며 변명을 늘어놓았다. 여전히 실망한 그 여성은

「내 몸무게는 42kg밖에 나가지 않는다고요.」

하고 가르쳐 주었다.

당신이 정확히 맞칠 수 없다면 몇 살처럼 보이느냐라든가 몸무게가 어느 정도일 것 같은가 하는 질문에는 답하지 않는 것이 바람직하다. 그러나 상대방을 기분 좋게 하기 위해 아첨을 할 생각이라면 정확한 대답은 하지 않아야 할 것이다.

◇ 동료와의 불상사는 이렇게 해결하라

상사가 사무실에서 일어나는 갖가지 불상사에 일일히 신경쓰지 않게 하는 것이 진정한 프로페셔날리즘이라 할 수 있다. 직원들간의 감정 싸움이나 반목, 사소한 말다툼이나 중재가 상사의 업무는 아니다. 그러므로 직원들은 개인적인 적대감을 업무에까지 끌고 들어오거나 어떠한 언쟁의 실마리가 되게 해서는 안 된다. 사무실에서의 언쟁은 반드시 타당한 근거를 가진 사무적인 의견 차이어야 하며, 그것이 개인적인 적대감으로까지 발전되어서도 안 된다.

개인적으로 좋아하고 싫어하는 차원의 문제가 업무에 영향을 줄 때는 반드시 상사의 중재가 뒤따라야 한다. 예를 들어 옆자리에 앉은 동료의 줄담배를 도저히 견디 낼 수 없을 때에는 상사가 대신 그 문제를 해결해 줄 수 있다. 또 한 사람의 개인적인 문제가 함께 일하는 동료에게까지 피해를 입힐 때 그것은 직속 상사가 해결해야 할 차원의 문제로 넘어간다. 즉 동료가 몸이 아프다거나 일을 방해할 때, 또는 너무 소란하거나 귀찮게 할 때 상사가 나서서 문제를 해결해야 한다.

당신이 동료와 한 공간에서 일할 때, 또는 업무의 성격상 동료가 그의 업무를 제대로 처리해 주어야 하는데도 동료가 자신의 역할을 다하지 않을 때 당신은 다음 두 가지 경우를 실행할 수 있다. 첫째, 그 동료와 문제점에 대해 대화를 나누는 것이다. 그러나 그가 즉각적인 태도 변화를 보이지 않을 때는 하는 수 없이 그 문제를 상사에게

넘겨야 한다. 이것을 결코 치사한 방법이라고 생각할 필요는 없다. 모든 사무를 원활히 처리하기 위한 정당한 절차일 뿐이다.

그런데도 실제로 많은 사람은 이렇게 하면서 죄책감을 느낀다. 또한 어쩐지 개인적인 감정이 개입된 처사 같아서 영 뒷맛이 좋지 않다. 그러나 당신이 능률적으로 일할 수 있는 분위기를 만들기 위해서는 어쩔 수 없다. 그리고 당신의 업무에 지장을 주는 게으름뱅이 동료에게 제재 조치를 받게 하는 것을 결코 예의에서 벗어난 처사라고 생각할 필요는 없다.

◇ **자신의 기분대로 행동하지 말아라**

인생을 살다 보면 지나치게 신경이 예민해지는 때도 있다. 그렇지만 그러한 기분이 주위 사람에게까지 영향을 미쳐서는 안 된다. 하지만 사실 그렇게 하기란 매우 어렵다. 그러고 보니 지금 막 생각나는 사람이 있다. 그는 신문에 사망 기사를 쓰는 기자였다. 그럼에도 매우 명랑한 사람이었다. 아마도 즐거운 인생을 살기 위해 그는 남보다 몇 배의 노력을 기울였을 것이다.

침울하고 신경질적인 사람들은 대개 업무뿐 아니라 사무실의 다른 사람에게까지 영향을 끼친다. 물론 자신의 기분을 업무에까지 연장시키는 것은 바람직하지 못하다. 그렇게 되면 다른 사람들까지 마음이 불편해지기 때문이다. 아마 그들은 결국 기분이 좀 나아질 때까지 해야 할 일을 미루게 될 것이다. 당연히 능률이 떨어질 것이다.

그렇다고 당신의 기분이 저기압인 것을 무시하거나 참아 달라고 동료들에게 부탁할 수도 없는 노릇이다. 따라서 자신의 기분을 다스리거나, 적어도 동료를 대하거나 업무를 처리하는데 있어서 감정적이 되지 않도록 이성을 잃지 않는 수밖에 없다.

이러한 기분을 갖게 되는 원인이 사무실 내에 있을 때는 상사나 동료와 상의하여 문제를 해결하도록 한다. 그러나 문제가 사무실 외부에 있을 때에는 스스로 동료들에게 피해가 되지 않게 기분을 조절해야만 한다.

◇ 화내는 것만이 능사가 아니다

누군가의 주의를 집중시키기 위해 화를 내거나 울분을 토로하는 것은 바람직스럽지 않으나 실제로 그러한 방법이 보다 확실한 결과를 얻는 예가 많다.

자신의 기업체를 가지고 있는 한 디자이너가 이렇게 말했다.

「분명 당신은 이런 식을 좋아하지 않을 테지만 때로는 소리를 지르고 서류철을 집어던지기도 하여 사람들로 하여금 당신이 화났음을 알게 해야 합니다.」

사실 요즘 같이 약속이라는 것이 안 지켜지는 세상에서 위와 같은 상황은 심심찮게 벌어지는 것은 당연한지도 모른다. 그 디자이너만 해도 처음 몇 번은 예의와 친절을 잃지 않으려 했으나 결국 다음과 같이 태도를 바꾸었다고 한다.

「난 처음 몇 주 동안에는 최대한 예의를 갖추었다고 생각합니다. 그런데 결과는 아무것도 없었어요. 그러니 기분이 나쁠 수밖에요. 나는 원래 사람들과 다투고 소리 지르는 것을 좋아하지 않지만 어쨌든 일은 해야 했습니다. 거기엔 어마어마한 금액이 걸려 있었으니까요. 그런데 내가 어떻게 일을 하기 위해 소리를 지르고 위협을 하지 않을 수 있겠어요.」

처음에는 예의를 갖추었던 많은 사람들도, 때로는 화를 내지 않으면 업무를 소홀히 하는 사람들을 대하면 태도를 바꾸게 된다. 이에 다음과 같은 경우를 생각해 보고 어느 편이 더 바람직한지 결정하기 바란다. 즉 그러한 사람들을 상대로 계속 화를 내면서 일을 할 것인가 아니면 당신의 방식대로 대신 일을 해줄 만한 사람을 새로 구하느냐 하는 것이다.

매일 소리만 지르는 사람도 결국은 지쳐서 소리를 지르지 않게 된다. 그리고는 잘못된 것은 말없이 취소시켜 버리고 다른 공급자를 물색한다. 사실 속수 무책인 경지에까지 도달하면서 누군가에 대한 희망을 버리고 싶지 않은 사람은 없다. 그는 더 이상 화를 낼 것도 없다. 그저 원칙대로만 하면 자신의 마음도 편해지고 다툴 일도 없게 된다.

그런데 진심으로 화를 내거나 소리 지르는 것을 선호하는 사람들이 있다. 그는 자신이 중요하게 생각하는 것을 상대방이 제대로 알아듣게 하기 위해서는 눈물이 나올 만큼 호되게 해야 한다고 생각하는 사람이다. 그렇지만 그들은 아주 극소수이며, 자신의 뜻대로 되지 않을 때에는 한바탕 소동을 피운다.

그러나 깍듯이 예의를 갖추면서도 단호한 의지를 보일 때 좋은 결과를 가져오는 예가 많다. 고객과의 관계는 더욱 그래야 한다. 이를테면 주문한 물건이 늦어질 때는 그에 합당한 보상을 요구하고 주문이 비교적 많을 때는 할인해 주는 방법이 비즈니스 관계에서는 철저하게 지켜질 필요가 있다. 또 공급자 측으로 하여금 그 회사 말고도 공급처는 얼마든지 있다는 사실을 깨닫게 하고, 타당한 이유도 없이 공급이 늦어지는 경우 주문을 철회하고 다른 공급처와 거래를 할 수도 있다는 사실을 명심하게 해야 한다. 그리고 나서도 여전히 약속이 지켜지지 않을 때는 정중하게 유감을 나타내어도 좋다. 그리고 제1의 고객이 되기 위해서라도 부드러운 말로 단호한 조치를 취해야 한다.

◇ **습관적 채무자인 동료와의 인간 관계**

동료들에게 점심 값이나 교통비 등을 빌리는 사람들이 있다. 물론 은행에 갈 기회를 놓쳐 그렇다면 이해할 수 있지만 습관적으로 돈을 빌리는 것은 동료의 용돈 예산안을 망가뜨릴 수 있다는 사실을 반드시 명심해야 한다.

　이렇게 습관적으로 남의 돈을 빌리고 갚고 하는 것은 결코 매너있는 행동이라고 볼 수 없다. 용돈이 항상 모자란다면 예산을 다시 짜도록 하고 남에게 돈을 빌려 충동 구매를 하는 버릇을 고쳐야 할 것이다.

　나에게 항상 몇 푼 안 되는 돈을 빌리곤 하던 여성이 있었다. 어느 날 나는 그녀가 몇 달 동안 나에게 꾸어간 돈이 꽤 많다는 것을 깨달았다. 그래서 나는 즉시 그녀를 찾아가 정확한 액수를 말하고 꾼 돈을 받아 냈다. 그리고 더 이상은 돈을 꾸어 주지 않을 것이라고 단호히 말했다. 그것은 우정의 차원과는 다른 문제였다. 오히려 그 뒤로 그녀의 푼돈 꾸는 습관이 고쳐졌다.

　만일 당신이 누군가로부터 돈을 꾸었다면 그 때부터 당신은 그 사실을 잊어서는 안 되는 의무를 갖게 된다. 따라서 수첩 등에 꼭 적어두고 잊지 말고 갚아야 한다. 그런데 간혹 돈을 꾸어 준 사람 쪽에서 그 사실을 잊는 수가 있다. 그러나 그가 훗날 그 기억이 났을 때 새삼스레 돈을 빌려간 사람에게 그 사실을 상기시키기란 매우 어려울 것이다. 그러나 그것을 영원히 잊지는 않는다.

◇ 소문을 옮기는 사람이 되지 말라

　나쁜 소문에 휩싸이면 좀체로 빠져 나오기 힘든 법이다. 사람들은 대개 부풀려 말하기를 좋아한다. 거기에 희생당한 사람은 곤란에 빠지거나 심한 마음의 고통을 당하기도 한다. 그러므로 남에 대한 말을 하는 유혹에는 빠지지 않는 것이 현명하다. 설령 당신이 어떠한 사실에 대해 잘 알고 있더라도 그것이 과연 대화의 주제로 적당한가 또는 가볍게 듣고 지나쳐 버릴 수 있는 사생활에 관한 것인가를 진지하게 판단한 뒤에 입에 올려야 한다.

　남에 대한 이야기를 해도 괜찮을 때가 있다. 그러나 그렇지 않을 때는 입을 다물고 있어야 한다. 가령 들어서 유쾌한 뒷이야기 정도라면 가볍게 할 수 있다. 아무리 사소한 이야기라도 누군가를 곤경에 빠드리고 피해를 줄 수 있으니 반드시 가려서 할 필요가 있다.

이를테면 회사 내에서 잘 알고 지내야 할 필요가 없는 동료나 상사에 대한 소문을 듣게 되는 수가 있다. 이런 경우 고의는 아니라고 해도 당신이 그 소문을 회사 내에 퍼뜨림으로서 그를 곤경에 빠드리는 일은 흔히 있다. 따라서 어떠한 소문을 들으면 당신에게서 더 이상 옮겨가지 않게 하는 것이 바람직하다. 단 그 소문이 당신의 승진이나 업무에 도움이 될 만한 것이라면 잘 이용하는 것도 현명하다. 그렇지 않고 단순한 험담이나 사생활에 대한 것이라면 무시해 버리도록 한다.

직장의 소문에는 재미있는 것이 많다. 그러나 그 대부분은 유익하지 않은 헛소문이다. 그 한 예로 모대기업에서 사장이 다른 계열사로 옮겨갈 것이라는 소문이 나돌았다.

그 자리는 이미 3개월 전부터 공석(空席)인데다가 곧 인사 이동조차 이루어지지 않았기 때문이었다. 어쨌든 사장이라는 위치까지 바라다볼 수 있는 모든 직원들은 조만간에 자신이 그 자리에 앉을지도 모른다는 꿈을 꾸기 시작했다.

그리고는 저마다 직접적인 표현은 하지 않았으나 모종의 계획이 숨어 있는 회합이나 점심 식사 모임을 준비하는 우스꽝스러운 일이 벌어졌다. 즉 자신이 그 위치에 올라갈 수 있는 사람임을 넌지시 알리면서, 자신이 결국 회사 내에 떠도는 소문의 근거로 그러한 조치를 취하는 것임을 시사하는 것이었다. 그러나 어쩌면 그러한 행동이 벌써 최고의 자리에 오를 자격이 없다는 것을 말해 주는 것인지도 몰랐다.

이런 경우에는 회사 내부에 영향력을 미치고 있는 외부 인사를 찾아가 자신을 피알하는 것이 최선의 방법이다. 내가 아는 한 여성은 승진 등을 예상하고 계획을 구성할 때는 반드시 먼저 재계의 소식통이나 정보지 등에서 제공하는 정보를 입수한다고 한다.

실생활에 있어서는 허용되지 않는 것이 직장 생활에 있어서는 정당한 것으로 받아들여지는 예는 매우 많다. 그러나 회사 내에서 떠도는 소문은 거의가 유익한 점이 없다는 것을 잊지 말아야 한다. 만일 당신이 진정한 직업인이라면 회사에서 일어나고 있는 중요한 일들을 굳이 소문을 통하여 알 필요가 없을 것이다. 그보다는 모든 정보를 가장 처음 아는 정보통이 되는 편이 훨씬 유능하다 할 수 있다.

◇ 자신의 모든 것을 털어놓지 말라

사람들 중에 에고(Ego)를 충족시키기 위해 우호적이고 선한 마음을 갖고 있는 이들이 있는데, 대부분의 경우 남의 일에 대해 알고 싶어하거나 필요 이상으로 간섭하기를 좋아한다.

이들은 항상 남의 고통을 자신의 것처럼 여기며 상대방에게는 온화하고 친절한 태도를 취하며 남이 잘 되기를 바라며 작은 것 하나라도 함께 나누기를 좋아한다. 그들이 바라는 것은 오직 남을 돕는 것이며 또 남들로부터 그러한 부탁을 받고 싶어한다.

사람들은 누구나 상대방과 친하든 친하지 않든 자신의 정신적인 압박감을 그에게 말함으로서 해소시켜 보려고 하는 경향이 있다. 그러나 이것 한 가지만은 반드시 명심해야 한다. 그 압박감이 최고조에 달했을 때는 절대 그것을 사람들에게 말하지 말라는 것이다. 왜냐하면 스트레스가 다 해소되고 나면 언제 그랬냐는 듯 상대방은 자신에게 있어서 더 이상 필요없는 존재가 되기 때문이다.

남의 일에 참견하기 좋아하는 사람들은 대개 상대방의 입장에 동화되기 쉽기 때문에 정신적인 압박감을 심하게 느끼는 사람들에게는 큰 위안을 준다. 그들의 감정은 마치 스폰지와도 같이 드라마 속의 슬픔이나 고통을 자신의 것인 양 쉽게 받아들이며, 또한 마음만 먹으면 완전히 상대방의 입장이 될 수도 있다. 그러나 개인적인 일로든 업무적인 일로든 이런 유형의 사람이 당신의 일에 깊이 개입되는 것은 별로 바람직하지 않다. 당신이 스스로 말해 주거나 그가 당신을 달래어 얻어 낸 그 정보는 훗날 당신을 위태롭게 할 수도 있기 때문이다.

한편 멜로 드라마의 주인공처럼 직장 생활이나 인생에 있어서 계속해서 실패만을 경험해 온 사람들이 있다. 그들의 대화가 부정적이고 신세 한탄조인 것이야 어쩔 수 없겠지만, 문제는 그런 과거가 미래에도 계속될 소지가 많은 것이 또한 그런 유형의 사람들에게서 보여지는 일반적인 특징이라는 점이다. 아마 그들은 당신을 자신의 일에 관여시키고자 할 것이다. 그리고 자신이 겪은 모든 불행한 일에 대해 당신이 진심으로 동정해 주기를 바라고 있을 것이다. 물론 당신이 그와 같은 유형의 사람이라면야 잘 어울리는 단짝 친구가 될 수도 있을 것이다.

그러나 그렇지 않은 사람이라면 그녀의 과거를 안다는 이유 하나만으로 그녀에게서 벗어나지 못하게 될 것이며, 앞으로 더욱 깊이 그녀와 관련됨에 따라 골머리를 앓게 될 것이다. 그러므로 이러한 사람이 말을 걸어 올 때에는 친절하고 상냥한 미소로 그녀의 의도를 다른 쪽으로 돌리도록 해야 한다.

◇ 친절하면서도 사무적으로 대하라

웬 낯선 사람이 사무실에 들어 왔을 때, 아무도 그에게 눈길을 주지 않으면 그보다 실례되는 행동은 없을 것이다. 그렇다고 그에게 다가가 당신과는 상관없는 사람이라는 듯 「무엇 때문에 오셨죠?」라고 의심하는 투로 묻는 것도 결례가 된다. 사무실에 들어온 사람이라면 여하간에 용건이 있을 것이므로 그들의 자존심을 상하게 하는 반대 심문을 하는 것은 바람직하지 못하다. 그렇지 않아도 그가 업무와 별 상관이 없는 사람이라는 것이 밝혀지면 자연히 자신의 신분을 말하게 될 것이다.

흔히 남성이 여성의 사무실에 방문했을 때 에스코트는 일반적으로 받지 않는 것이 원칙이다. 또 여성이 주최한 파티나 그밖에 여성의 세력권하에서도 마찬가지이다. 그러나 여성이 문을 열고 남성을 먼저 들어가게 할 때 그것은 그를 남성이 아닌 손님으로서 대접하는 것이다. 그리고 그것은 그 남성이 처음 방문했을 때에 한한다. 왜냐하면 그가 처음 방문하여 어디가 어딘지 잘 모르는 상태에서는 주인인 여성이 먼저 하는 것이 여러모로 편리하기 때문이다.

에티켓은 성(性)이나 연령에 관계없이 적용된다. 즉 주인은 반드시 손님을 에스코트 해야 한다. 그러나 그가 정기적으로 사무실을 방문하거나 절친한 사람이라면 그에 대한 에티켓은 좀 달라진다.

손님은 항상 안내실에서부터 그가 목적하는 사무실까지 비서나 초대한 사람의 에스코트를 받도록 되어 있다. 그리고 회합이 끝난 뒤에는 초대한 사람에 의해 안내실이나 엘리베이터까지 에스코트를 받는다. 하지만 그가 자주 방문하는 손님이라면 회사의 사정을 잘 알고 다른 사무실을 아무렇게나 방문하지 않으리라는 신용쯤은 상대방에게 얻어 놓았을 것이므로 굳이 에스코트를 받을 필요가 없다.

손님을 에스코트하지 않고 사무실을 이리저리 헤매게 하는 것은 대단한 실례이다. 더군다나 만일 그가 처음 방문한 손님이기라도 하다면 직원들의 의심스런 눈초리에 대해 당혹감을 느끼게 될 것이다.

당신이 어떠한 용무로 남의 사무실을 방문했는데 마침 그곳의 주인되는 상사가 다른 손님을 맞고 있다면 아마 그쪽에서 당신에게 기다려 줄 수 있는지 아니면 바로 가야만 하는지를 묻게 될 것이다. 이때 만일 당신이 지체할 수가 없어 떠나야만 한다면 의사를 확실히 하는 한편 그가 당신을 헛걸음치게 만든 것이라고 느끼지 않도록 조심스레 행동하는 것이 중요하다.

상사가 자신의 사무실에서 손님을 맞고 있는데 먼저 온 손님보다 더 높은 지위의 손님이 방문하게 되면 난처한 상황이 벌어진다. 아마 먼저 방문한 손님이라 해도 다른 장소로 옮겨야 할 것이다. 이에는 별다른 이유가 없다. 단지 그가 직위가 높은 사람이기 때문이다. 그리고 그곳은 사무실 안이기 때문이다.

이런 경우 그 상사는 반드시 먼저 방문한 손님에게 양해를 구하게 된다. 혹은 나중에 방문한 손님이 중간에 끼어들어 미안하다는 사과를 하거나 아니면 가능한 한 빨리 먼저 온 손님과의 일을 끝내도록 배려를 할 수도 있다. 이 때 자리를 내어 준 낮은 지위의 손님을 불편한 장소에서 기다리게 하거나 기다릴 수도, 돌아갈 수도 없게 사무실 한 구석에서 서성이게 만들어서는 안 된다.

한편 그는 두 사람에게「돌아갔다가 나중에 다시 올까요?」라고 물을 수도 있다. 이를테면 그들에게 자신이 어떻게 하는 것이 좋은지 결정하게 하는 것이다. 아니면「실례합니다, 기다리는 동안 내일을 하겠습니다」하고 음료수를 마시든가 가고 싶은 곳을 잠시 다녀올 수도 있다. 그러나 그 사무실의 주인 쪽에서 먼저 이러한 제안을 해오는 것이 원칙이다.

◇ 친구를 만날 때는 휴게실에서

회사 내에서는 동료들과 어울리거나 휴식을 취할 수 있는 공간이 명확히 구분되어 있다. 분위기가 비교적 자유스러운 회사라 해도 대개 친구나 외부인이 함부로 사내에 들어오는 것은 통제하고 있다.

따라서 점심 식사나 퇴근 후의 데이트를 위해 친구에게 회사로 데리러 와 달라고 할 때에는 반드시 근무 시간중이 되지 않도록 해야 한다. 그러나 당신만의 사무실을 가지고 있는 경우라면 점심을 함께 먹기 위해 친구를 사무실로 부를 수도 있다. 더군다나 시간이 시간이니만큼 직원들이 모두 식사하러 가고 사무실이 텅 비어 있을 테니 전혀 꺼릴 것이 없을 것이다.

미리 연락도 하지 않고 남의 사무실에 찾아가 안내원에게 다짜고짜 찾고자 하는 사람을 인터폰으로 연락하게 해 달라고 하는 것은 매우 무례한 행동이다. 만일 누군가가 당신을 이런 식으로 찾아 온다면 안내원으로 하여금 당신이 회의중이라 만날 수 없다고 말하게 하는 것이 가장 현명한 방법이다. 그리고 덧붙여 그런 식으로 방문하면 만날 수 없다는 점을 그가 알도록 친절하게 설명해 주는 것이 바람직하다.

◇ 욕구 불만에 찬 동료와의 인간 관계

어느 회사에나 욕구 불만에 찬 직원들이 있기 마련이다. 그러한 사람들은 대개 왕년에 악극단에서 이름을 날렸거나 사기를 쳐서 돈을 꽤 모았던 인물이라고 생각하게 한다. 왜냐하면 그런 사람들은 대개 과거의 무용담 등을 말하기 좋아하고 휴식 시간이 있을 때마다 노래를 부르고 만담(漫談)을 하여 사람들의 시선을 끌기 때문이다. 그래서 누구나 그가 과거에 명성을 날리다 어떤 계기로 몰락하여 아직까지 그 과거에 집착하고 있는 사람이라고 생각하게 되는 것이다.

그런데 문제는 그의 그런 습성이 업무에 지장을 준다는 것이다. 그러므로 그를 부추겨 하루 내내 동료의 책상 옆에서 좋았던 왕년의 이야기를 하게 만들지 않는 것이 현명하다.

이런 유형의 사람들에게는 야유회나 회식 때 그의 독무대를 갖도록 해주는 것이 바람직하다. 아니면 근무중 휴식 시간에 그의 장기를 마음껏 펼치게 해주어야 한다. 그러나 분별없이 업무에 방해가 되는 행동을 할 때에는 결국 상사가 주의를 주어야 할 것이다.

◇ 참견이 심한 동료와의 인간 관계

　직장 생활을 하다 보면 해야 할 일은 산더미 같은데 옆자리의 동료가 자꾸 말을 걸어 일을 제대로 할 수 없는 경우도 있다. 그런데 때로 그러한 동료와 가까와지고 싶지 않음에도 불구하고 어느새 그의 가장 친한 동료로 둔갑하고 있는 것을 발견할 때가 있다. 왜냐하면 자신도 모르는 사이에 그의 가족 관계며 자녀들의 학교 문제까지 알아 버리게 되기 때문이다. 그가 당신을 가장 믿을 만한 친구로 생각하고, 자신의 이루지 못한 사랑 이야기까지 들려 주었기 때문이다.

　이러한 동료에게는 차라리 솔직히 해야 할 일이 많아 말할 시간이 없다고 하는 편이 낫다. 그리고 아예 그러한 동료와 친해지고 싶지 않다면 그가 당신에게 무슨 말이든 꺼내려 할 때마다 바쁘다고 하면 된다. 그러나 이미 친해진 사이가 아니라면 그와 말할 시간이 없다고 잘라 말하는 것은 예의가 아니다. 따라서 그런 경우 당신의 바쁜 이유를 구체적으로 밝히는 것이 그나 당신 모두에게 바람직한 결과를 가져다 준다.

◇ 상습적인 지각자에 대한 문제

　어떤 사람들은 직장 생활을 수 년 동안 했는데도 불구하고 출퇴근 시간에 도저히 적응하지 못하는 경우가 있다.

　직장 생활 11년 동안 10시 반 이전에는 거의 출근해 보지 못한 사람이 있었다. 그런데 재미있는 것은 그의 회사 직원들이 모두 그의 기록을 오히려 옹호하여 그가 지각을 하여도 전혀 개의치 않았다는 것이다.

　매일 아침 그는 허둥거리며 뛰어서 회사에 도착한다. 그리고 엘리베이터에서 내려 우편함까지는 살금살금 허리를 굽혀 걷는다. 그곳에서 코트를 벗어 걸어 둔 다음에는 와이셔츠 소매를 걷어 올리고 넥타이를 느슨하게 한 다음 아침 내내 바쁘게 일한 것 같은 표정을 하고 사장실을 쏜살같이 지나간다. 그는 매우 유능한 직원이었고 또 동료들 사이에서도 인기가 높았기 때문에 아무도 그의 속임수를 발설하지 않았다.

사실 상습적인 지각자들은 회사 업무에 많은 지장을 준다. 그리고 일반적으로 그러한 게으른 습성은 위에 소개한 사람의 경우와 달리 다른 사람들에게 늘 환영받지 못함은 분명하다.

만일 아침 회의라도 있는데 꼭 참석해야 할 직원이 지각을 한다면 모든 스케줄이 지연되고 말 것이다. 그리고 모든 직원들이 그에 대해 화를 내고 말 것이다.

만일 누군가의 지각이나 빠른 출근으로 인해 당신의 업무에 지장이 있다면 그와 점심 식사라도 같이 하면서 문제를 해결할 수 있는 방법을 모색하는 것이 현명하다. 그리고 그에게 생활 태도를 바꿀 것을 권유하도록 한다. 그래도 그가 조치를 취하지 않거나 오히려 당신에게 무례하게 나온다면 그 때는 직접적으로 불만을 토로해도 괜찮다. 이를테면 어떠한 조치를 취하거나 징계 처분을 내리기에 앞서 상사로 하여금 그에게 주의를 주도록 건의하는 것이다.

◇ 게으름뱅이 직원은 이렇게 대하라

당신의 동료나 부하 직원이 게을러서 당신의 업무가 지연될 때도 위와 마찬가지의 조치를 취하도록 한다. 그러나 이 때 당신이나 당신의 상사는 매너를 잃지 말아야 하며 무엇보다도 자신의 업무는 제대로 처리할 줄 알아야 한다. 만일 그것으로 인해 당신의 업무를 소홀히 한다면 그 동료에 대한 비난의 화살은 오히려 당신에게로 날아올 것이다.

한편 그 동료에 대한 불만이나 조치는 전적으로 사무적이어야 하며, 등뒤에서 험담이나 늘어놓는 식이어서는 안 된다.

직장인의 센스와 매너에 대하여

 직장 생활에 있어 개인적인 이미지란 매우 중요한 것이다. 당신은 자신이 나타내고 싶은 자신만의 이미지가 직장 상사나 동료 또는 비즈니스 관계로 만나는 외부 사람들에게 호감을 줄 수 있는 이미지와 적절히 조화를 이루게 하여 유능한 직장인으로서의 스타일을 개발해 나가야 한다.

 그러기 위해서는 매너리즘을 따를 필요가 있다. 매너리즘이란 독창적인 것이 아니다. 많은 사람들이 따르고 거부감을 느끼지 않는 것이다. 우리가 연출해 내는 걸음걸이, 말투, 옷차림, 향수 또는 분위기, 이 모든 것이 사람들에게 호감을 줄 수도, 주지 않을 수도 있다. 또 더 나아가 그들이 당신과 함께 일을 하고 싶다는 생각, 혹은 당신의 성공을 도와주고 싶다는 욕구를 유발시킬 수도, 그렇지 않을 수도 있다.

 특히 요즘 사회에서는 적절하지 못한 옷차림이나 나쁜 매너, 옳바르지 못한 언어 구사는 용납되지 않는다. 우리는 너무 많은 것을 알고 있다. 모두 교육도 잘 받았으며 자신을 사회에 어필시키기 위해 필요한 도구와 시설도 얼마든지 손쉽게 이용할 수 있다. 그러므로 당신이 현재 직장인이고 앞으로 계속해서 직장 생활을 하고자 한다면 주위 사람들로 하여금 당신의 인격적 수준에 맞추어 대접하도록 해야 한다.

◇ 거부감을 주는 행동

사람의 행동 중에는 어느 곳에서 누가 하거나 거부감을 주는 것들이 있다. 손을 옷 속으로 넣어서 여기저기를 긁는다거나 길거리에 침을 뱉는 행동, 소리를 내어 코를 풀거나, 트림을 하는 것, 소리를 내면서 음식을 먹거나 다 먹은 뒤에 앉은 자리에서 물이나 음료로 양치를 하는 행동 등, 다시 말하면 동물적인 행동을 연상시키며 옆자리 동료의 비위를 상하게 할 수 있는 행동이다.

업무 지시를 할 때면 꼭 부하 직원들의 책상에 걸터앉는 한 상사가 있었다. 그가 업무 지시를 내릴 때에는 아무리 상대방이 여성이라 해도 한 다리를 책상에 올려 놓고 얼굴을 상대방에게 들이밀고 입김을 뿜어가며 말을 한다.

그의 악취미는 그것만이 아니었다. 동료들과 함께 길을 걸을 때라도 아무 곳에나 침을 뱉기 일쑤였고 음식을 먹을 때도 요란한 소리를 냈다. 대학 다닐 때 기숙사의 한 방을 쓰던 친구는 그저 웃어 넘기던 그의 버릇이었지만 사회에서 만난 사람들은 아무도 그것을 가볍게 보아 넘기지 않았다.

위와 같은 행동이 굳이 에티켓 차원으로까지 확대되는 이유는 사람들이 일반적으로 그런 무신경한 사람과는 마주앉아 있기도 싫어하기 때문이다.

동료의 별난 습관이 참기 어려울 때는 그에게 솔직히 털어놓고 멈추어 주도록 부탁하는 것이 바람직하다. 만일 그래도 그가 계속해서 그러한 행동을 할 경우 자리를 다른 곳으로 옮길 수 있는 권리가 있다. 단 이 때 명심할 것은 같은 행동이라도 사람에 따라 싫어하기도 하고 싫어하지 않기도 한다는 점이다. 따라서 아마 남들은 당신 만큼 옆자리에 앉은 동료의 손가락 관절 꺾는 소리에 예민하지 않을지도 모른다.

일반적으로 사람들이 거부감을 느끼는 것들은 다음과 같다. 트림

하기, 방귀 뀌기, 소리 내어 코 풀기, 손가락으로 이 쑤시기, 이에 낀 음식물을 소리 내어 빼어 내는 동작, 엉덩이를 비롯해 신체의 은밀한 부분 긁기, 옷 속으로 손을 집어 넣어 브래지어나 스타킹 매만지기, 수염 뽑기, 머리 속 긁기, 손가락 관절 꺾기, 손톱 물어뜯기, 다리 꼬고 앉아 부츠 신기, 휘파람 불기, 이 사이로 공기를 불어넣어 소리 내기, 손가락으로 나이론 직물이나 사무실 벽을 건드려 소리 내기, 볼펜이나 연필 끝 씹기, 넥타이나 스카프 또는 머리카락 씹기, 머리카락을 가지고 손장난을 하거나 땋기, 껌을 소리 내어 씹거나 껌을 가지고 장난치기, 사탕을 입에 물고 대화하기. 이밖에도 더 있을 것이다.

분명 위와 같은 행동은 동물적인 것이 아니다. 그러므로 그것이 에티켓인지 아닌지는 보는 사람이 판단할 일이다. 그렇지만 스트레스 해소를 위해 집에서 혼자 해야지 결코 사무실 같은 장소에서 하기에는 적당하지 않다.

또 그러한 습관은 무의식중에 적개심 내지 불만을 나타내는 것일 수도 있다. 지하실에 갇힌 개가 발로 문을 열심히 할퀴듯 그녀는 열심히 손가락을 놀린다. 자신과 뜻이 맞지 않는 상사에 대한 불만, 열심히 일해도 승진하지 않는데 대한 적개심을 그렇게 나타내는 것이다.

동료들이 보이는 곳에서 몸치장을 하는 것도 적당하지 않다. 특히 여성은 사람들이 보는 앞에서 몸치장을 하는 것이 금기시 되어 왔다. 따라서 책상 위에 화장품을 올려 놓고 퇴근 시간 전부터 치장을 해서는 안 된다. 또한 손톱 손질도 집이나 화장실에서 해야 한다.

또한 손톱을 물어뜯는 모습도 가히 꼴불견이다. 때로는 그 소리 또한 옆사람의 신경을 거슬리게 할 수도 있다. 그러므로 되도록 그런 습관은 고치는 것이 바람직하다. 껌 씹는 버릇은 자칫 어린아이처럼 보이게 할 수 있을 뿐만 아니라 단정치 않은 인상을 준다. 특히 껌을 입에 넣고 말을 하지 않는 것이 좋다.

◇ 회사가 요구하는 옷차림을 한다

회사가 직원들에게 요구하는 옷차림이 최근 몇 년 사이에 많이 바뀌었지만 그래도 많은 회사들이 아직까지 전통적인 복장을 고수하고 있다. 즉 남성들에게는 양복에 넥타이를 맨 복장이 소위 전통적인 유니폼이다. 또 여성들에게도 아직까지 정장을 요구하거나 바지 보다는 스커트 입기를 권하는 편이다.

출판 관계 회사나 예술, 연예 계통의 회사에서는 비교적 직원들이 그들이 일하기에 편한 옷을 자유롭게 선택할 수 있다. 그 밖에 유니폼이 없는 다른 직종의 회사에서는 헤어 스타일이나 복장에 있어서 약간의 융통성은 발휘하고 있으나 그 기본적인 골격만은 지켜 주기를 요구하고 있다.

고용주는 직원들로 하여금 회사 규칙에 따라 용모나 옷차림을 할 것을 요구할 수 있다. 또 그러지 않을 수도 있으나 그 결정은 직원들이 어떤 옷차림을 해야 회사측에 유리한가에 따라 고용주가 하는 것이다.

◇ 회사의 특성과 옷차림

대부분의 회사에 있어서 복장에 대한 규칙은 중요하다. 그러나 최근의 패션 경향이 복고적인 정장풍 쪽으로 흘러가는데도 불구하고 직장인들의 복장은 많이 자유스러워진 편이다. 그러므로 직장인으로서의 품위를 잃지 않는 한 복장에 대한 규제는 사실상 의미가 없다고도 할 수 있다.

화장품이나 패션 등에 관계하는 회사는 특히 직원들의 옷차림에 신경을 쓴다. 그들은 직원들에게 가능한 한 고급스런 복장을 권하고 심지어는 화장을 반드시 해야 한다는 규정까지 두기도 한다. 한때 찰스 레브롱 회사는 모든 여직원들에게 첨단의 패션이라고 할 수 있는 맥시 스커트(당시의 유행은 아니었다)를 입도록 했다. 그것은 곧 그 회사의 성격을 말해 주는 것이기도 하였기 때문에 사장은 그것을 명령할 권리가 있었다. 만일 그가 수영복을 입도록 했으면 아마 아무도 그 규정을 따르지 않았을 것이지만.

어떤 경영자는 직원들의 복장이나 행동 등에 반드시 규정을 둘 필요는 없다고들 말한다. 왜냐하면 직원들 스스로 회사의 성격이나 업무를 감안하여 적절한 복장을 하리라고 믿기 때문이다.

그러나 직원들이 혼동을 일으키는 것을 막기 위해서는 행동상의 규정을 만드는 것이 바람직하다. 직원들이 회사측에서 요구하는 기본적인 규정을 이해하고 있으면 회사의 방침을 따르기도 쉬울 뿐 아니라 그것을 통하여 명문화되어 있지 않은 다른 규정까지 확대하여 생각할 수 있기 때문이다.

한편 그 규정상에 금지하여야 할 복장에 대해서 언급해 두는 것도 바람직하다. 이를테면 일하기에 적당하지 않은 복장으로 노출이 심한 옷, 신체의 선이 두드러져 보이는 옷, 혹은 지나치게 섹시한 옷을 들 수 있을 것이다. 특히 업무의 성격상 외부 사람들을 많이 만나거나 사무실 밖에서 회사를 홍보하는 경우라면 회사측에서 정장을 하도록 요구하는 것은 당연하다. 비록 회사 안에서는 청바지에 티셔츠를 입고 일을 한다고 해도 일단 사무실 밖으로 영역이 옮겨지는 경우 반드시 정숙한 옷차림을 해야 한다.

중역도 아닌 평직원이 복장이나 행동상의 규정을 어기는 경우 문제 해결은 그의 직속 상관이나 인사과에서 맡는 것이 바람직하다. 이들은 대개 규정이라는 것을 무시하는 천재형들인 경우가 많은데 문제는 중역들과 동등하게 행동하려고 하는 점이다. 하지만 그들이 유능한데다 회사에서 촉망받는 엘리트 직원이라면 반칙자에 대한 규정을 새로 만들면서까지 그들과 타협하고 문제를 적당히 마무리 지을 것이다. 그래서 때로 유능한 젊은 직원들 중에는 고의적으로 규정을 어기는 경우도 있다. 일반적으로 그런 사람들은 못이기는 척 양보함으로써 얻는 스포트라이트를 스스로 즐기는 것이다.

사실 요즘 젊은 세대들은 직장 생활에서 무엇인가 성취하고 싶은 욕구는 큰 반면 내키지 않는 것은 하지 않으려고 하는 경향이 있다. 그리고 직장에서 자신의 능력을 마음껏 발휘하고자 하면서도 승진에 도움이 되지 않는 것은 전혀 할 필요가 없다고 생각한다. 그러므로 회사측에서 그들의 사생활까지 간섭하지 않는 한 그들이 근무 시간에 해야 할 것은 철저하게 한다. 그들이 바라는 것은 일한 대가로 받는 보수일 뿐이다. 그러므로 돈에 관련된 규칙이라면 기꺼이 준수한다.

◇ 사무실에서의 향수 사용

진한 향수를 뿌리거나 머리 염색, 노출이 심하거나 섹시한 옷차림을 하는 것, 또는 스타킹이나 양말을 신지 않은 맨발 차림은 가급적 사무실 안에서는 피해야 할 사항이다. 그 중에 특히 진한 향수 냄새는 하루 종일 직원들의 머리를 아프게 하거나 신경을 거슬리게 할 수 있다. 즉 시끄러운 잡음이나 눈을 피곤하게 하는 구경 거리와 같다고 할 수 있다.

원래 향수라는 것은 사람들의 후각을 즐겁게 하기 위해 생겨난 것이다. 때문에 향수 냄새를 특별히 싫어하는 사람은 거의 없다. 또 근무중에 간혹 동료에게서 맡을 수 있는 향수 냄새는 기분을 상쾌하고 즐겁게 만들기도 한다. 그러나 향수 냄새는 사람들이 당신 곁에 바짝 다가섰을 때 겨우 맡을 수 있는 정도가 가장 적당하다. 거리상 옆자리에 앉은 동료가 향수 냄새를 알아차릴 수 있을 때라면 그다지 진하지 않다고 생각할 수 있다. 진한 향수는 사교 모임이 있을 때나 사용하는 것이지 사무실에서는 적당하지 않다. 그러므로 옆자리에 앉은 동료의 향수 냄새가 너무 진하여 참을 수 없을 때에는 그녀에게 농도를 옅게 해서 사용할 것을 요구할 수 있다.

향수 냄새는 체취가 아니므로 상대방에게 농도를 옅게 해서 사용해 달라고 하는 것은 실례가 되지 않는다. 말하는 방법은 간단하다. 당신의 향수 냄새는 머리가 아플 지경이니 사무실에서는 다른 향수를 사용해 달라고 하면 된다.

분명 사무실에서 향수를 사용하는 것은 금기 사항이 아니다. 그런데 어떤 사람이, 사무실에서는 어떤 향수를 사용해야 적당한지 도대체 모르겠다고 푸념하는 것을 들은 적이 있다. 왜냐하면 어떤 사람은 알레르기가 생긴다고 하는 향수 냄새가 어떤 사람에게는 더 없이 좋은 향수 냄새로 받아들여지기 때문이다. 또 어떤 사람은 좋다고 하는 향수 냄새가 다른 사람들에게는 역겹기 그지없는 냄새이기도 하기 때문이다.

◇ 직장 여성의 옷차림

한때 20세 가량의 매우 아름다운 한 젊은 여성과 함께 근무했던 적이 있었다. 그런데 어느 여름날 그녀가 샌들을 신고 목이 심하게 파인 얇은 원피스를 입고 출근을 하였다. 그 모습이 어찌나 섹시하던지 직원 모두가 하루 종일 그녀에게서 시선을 떼지 못하면서도 어떻게 해서든 그녀에게 신경을 쓰지 않으려고 노력했다.

그녀가 워낙 유능하고 인기가 있었기에 직접적으로 그녀의 옷차림에 대해서 비난의 말은 하지 않았지만 어쨌든 그녀의 옷차림이 사무실 분위기에 어울리지 않은 것만은 틀림없었다. 그런데 얼마 후 회사에서 야유회를 간 적이 있었는데 예상 밖으로 그녀의 옷차림은 수수했다. 몸에 달라붙는 옷도 또한 노출이 심한 옷도 아니었다. 그렇지만 우리에게는 오히려 그 모습이 더욱 여성스럽게 느껴졌다. 알고 보니 예전에 한 번 노출이 심한 옷차림을 했다가 그녀의 아버지에게 꾸중을 들었다는 것이었다.
 일반적으로 직장 여성에게는 복장에 대한 엄격한 규정이 없다.
 한 여비서는 검정색 칵테일 드레스를 즐겨 입었다. 또 어떤 여성은 여름에 더위를 이기기 위해서 직장인다운 스타일의 옷을 입기보다는 피부를 노출하려고 한다. 결국 자신이 다니는 회사의 방침이나 분위기에 따라 적당히 옷을 선택하면 되는 것이다. 그러나 일반적으로 색이나 스타일에 있어 선정적이거나 남의 눈에 쉽게 띄는 옷보다는 수수한 옷을 입는 것이 바람직한 것으로 되어 있다. 또 노출이 심하지 않으면서 일하기에 편안한 옷이 기본적인 조건이다.
 한편 최고급 옷이나 유행하는 옷은 직장에 따라 용납되기도, 그렇지 않기도 하다. 예를 들어 당신이 레코드 회사에 다닌다면 최신 유행의 펑크 스타일 옷을 입어도 아무런 제지를 받지 않을 것이다. 그러나 병원에 근무한다면 그런 차림의 옷은 당장에 벗어 버리라는 말을 듣게 될 것이다.
 항상 직장인이라는 신분에 어울리고 청결하고 단정한 옷차림을 한다는 것은 곧 당신의 매너임과 동시에 함께 일하는 사람들에 대한 배려를 뜻한다. 다른 어떤 곳에서는 그렇게 하지 않는다고 해도 사무실 안에서만은 사람들의 오감을 염두에 두고 처신해야 한다. 즉 사람들의 눈살을 찌푸리게 하지 않게, 귀를 아프게 하지 않게, 고약한 냄새가 나지 않게, 기분을 상하지 않게 하는 배려가 필요하다.

◇ 센스 있는 여성이 되라

 근무중에라도 옷을 수선할 수 있도록 가까운 곳에 바늘과 갖가지 색의 실을 준비해 두는 것이 바람직하다. 가령 스웨터 같은 옷은 올이 성기기 때문에 날카로운 것에 조금만 긁혀도 쉽게 올이 풀어진다.

또 아침에 택시에서 급히 내리다 보면 곧잘 바지의 솔기가 터지기도 한다. 아울러 일하다가 묻힐 수 있는 잉크 자국이나 점심 식사중에 음식이 떨어져 묻은 자국들을 지울 수 있는 용액(溶液) 등도 준비되어 있으면 좋다.

언제 어디서 그러한 일이 터질지 모르는 일이다. 그러므로 이러한 것들이 항상 사무실에 구비되어 있으면 자칫 망칠 수도 있는 중요한 모임을 느긋한 마음으로 맞을 수 있을 것이다. 그밖에 필요한 구두솔이라든지 빗, 스타킹, 양말은 각자가 준비해 가지고 다니는 것이 좋다. 그리고 위에 말한 수선 용구들은 사무실의 빈 공간에 비치해 두도록 한다.

◇ 인사는 직장 생활의 청량제이다

한 직장에 오래 근무하다 보면 점차 인사하는 습관이 무뎌지기 마련이다. 물론 매일 빠지지 않고 인사하는 것이 반드시 에티켓이라고는 할 수 없다. 왜냐하면 사람에 따라서는 매일 아침 변함없는 쾌활한 목소리로 「좋은 아침입니다」라고 외치는 것을 듣기 싫어할 수도 있기 때문이다. 그러므로 일 주일에 여섯 번 모두 꼭 인사를 할 필요는 없다. 인사는 받을 때나 할 때나 즐겁다. 그러나 가끔씩은 하지 않아도 괜찮다.

◇ 칭찬의 중요성과 그 효과

칭찬과 관심의 표현은 언제나 기분이 좋다. 그러므로 누구 하나 칭찬해 주는 사람 없고, 격려도 없는 상태에서 일하자면 의욕도 떨어지고 능률도 오르지 않는다. 모든 동물은 칭찬과 격려를 필요로 한다. 비록 그것이 상투적이라 해도. 또 누군가 한 번 쓰다듬어 주는 손길에서 친밀감을 느끼고 처음 만난 사람과도 금새 친해지곤 한다.

특히 직장에서의 찬사는 누군가가 몹시 부끄러워할 때 해주면 효과적이다. 예를 들면 여직원이 머리 스타일을 바꾸었거나 남자 직원이 새 양복을 입고 출근했을 때이다.

그러나 수 년 동안 근무해 온 여비서에게 어느날 갑자기「눈이 퍽 아름답군요」하며 찬사를 하는 것은 바람직스럽지 못하다. 그것은 로맨틱하지도 못할 뿐더러 순간적으로 느낀 감정을 되는 대로 내뱉은 인상을 주기 쉬우므로 적당하지 않다. 만일 그녀가 머리 스타일을 바꾸었다고 하면 단지 그것만을 찬사의 대상으로 삼을 것이 아니라 다음과 같이 말해 보도록 한다.

「당신 머리 스타일은 예전이나 지금 것이나 멋져 보이는데요.」

직장에서의 찬사는 가끔 진지하게 하는 것이 좋다. 그리고 객관적으로 판단해 반드시 남들보다 뛰어났을 때 하는 것이 효과적이다.

◇ 여러 가지 의미를 가진 미소

친근감의 표시, 또는 음모를 숨기고 있는 듯한 표정의 상징이기도 한 미소는 사람들을 기분 나쁘게 하거나 당황하게 만들 수도 있다. 물론 사람들 중에는 위장된 미소를 깨닫지 못하는 경우도 있으나 오히려 그 점이 때로 위기를 피할 수 있게 해주기도 한다. 다시 말하면 웃음 뒤에 숨어 있는 정확한 의도를 모르기 때문에 나쁜 결과를 얻게 될 가능성이 적어진다는 뜻이다.

비즈니스 세계에서는 마음에서 우러나오는 미소가 아닌 다음에야 미소를 짓지 않고 단호하게 말할 수 있어야 한다. 가령 면접에서 면접관이 지원자에게 보내는 미소는 그의 긴장을 풀어 주고 마음을 편히 갖게 하기 위함이다. 그러나 그 미소를 계속 거두지 않는다면 그것은 지원자를 주눅들게 하려는 의도가 숨어 있는 것이다.

비즈니스를 하는 상황에 있어서 낯선 사람을 만났을 때는 가급적 친근한 미소를 짓는 것이 좋다. 물론 진심으로 미소짓고 싶을 때를 위하여 미소를 아껴 둘 필요도 있다. 아니면 당신의 기분이 매우 좋지 않을 때, 사람들로 하여금 당신이 화가 나 있다고 느끼게 하고 싶지 않을 때를 위하여 아껴 둘 수도 있다.

◇ 신체 장애자 동료에게 필요한 것은 동료애이다

신체적 장애가 있는 사람이라도 본인이나 주위 사람들이 그에 대해 필요 이상으로 예민하게 반응하지 않는 이상 직장 생활을 하는데 있어서 문제는 없다. 그러나 간혹 그러한 사람들 중에는 자격지심으로 무례한 행동을 하거나 주위 사람들에게 과도한 요구를 하기도 한다.

그밖에 그렇지 않은 사람들은 대개 다음과 같이 구분하여 생각할 수 있다. 먼저 한 타입은 주위 사람들의 시선을 의식하여 자격지심으로 자신의 핸디캡을 농담거리로 삼는 이들이다. 또 다른 한 타입은 자신의 핸디캡을 그다지 심각하게 받아들이지 않고 자격지심이나 열등감이 아닌 단순히 사람들을 즐겁게 해주기 위해 자기 자신에 대해 농담을 하는 이들이다.

사실 사무실에서는 무엇이든 장애자 동료가 우선하도록 배려해야 한다. 굳이 그가 그러한 배려를 거절하거나 필요로 하지 않는 경우를 제외하면 말이다. 가령 그가 보행이 심히 어려운 형편이라면 계단에 경사면을 부착하거나 그에 준하는 구조로 개조하여 장애자라도 일반 사람들과 같은 조건에서 근무할 수 있도록 해야 한다.

휠체어에 몸을 의지해야 하는 동료의 휠체어를 밀어 주는 것은 매우 친절한 행동이다. 그밖에 업무에 관련된 일을 도와주는 것도 마찬가지이다.

신체 장애자들은 거의 대부분이 신체적인 병 내지는 고통을 지니고 살아가고 있다. 그러므로 그들 주위에 있는 사람들은 그러한 사실을 늘 염두에 두고 있어야 한다. 그리고 그들을 대할 때에는 동료라는 것을 잊지 말고 정상인과 다름없이 존중의 태도를 보여야 한다. 그들이 장애자라고 해서 특별히 감정적으로 대할 필요도 없고 마음까지 장애가 있는 사람인 양 취급해서는 더욱 안 된다.

◇ 직장 생활과 언어 습관에 관한 문제

돈도 많이 벌고 재계에서 유명한 사업가 두 사람이 있었다. 그들은 모두 남의 밑에서는 단 몇 주일도 일해 보지 않은 사람들로, 내가 한 가지 의아해 하는 점은 그들 다 도저히 알아들을 수 없을 정도의 지독한 사투리를 쓴다는 점이다. 그런데 더욱 놀라운 점은 그들 모두 세일즈, 그것도 전화로 하는 세일즈 분야에서 성공했다는 것이다.

나는 아주 우연한 기회에 그들과 친해질 수 있었는데 그 후 내가 평소에 의아해 했던 점을 물어보기로 하였다. 물론 나는 그 때 즉시 그들의 말을 알아듣지 못했다. 그는 자신의 귀에는 똑똑히 들리는 말을 상대방 쪽에서 알아듣지 못할 때에는 매우 좌절하게 된다고 말했다. 그러나 나는 그와의 대화에서 내가 알아듣지 못한 부분은 몇 번이고 다시 물어보았다. 그래서 그를 화나게 만들기는 하였지만 어쨌든 우리는 끝까지 대화를 하였다.

만일 상대방의 독특한 언어 습관으로 그의 말을 잘 이해하지 못할 때에는 대충 듣고 넘어가다 잘못된 정보를 얻는 것보다 몇 번이고 다시 물어보아 정확하게 이해하는 것이 바람직하다. 솔직히 누군가의 말을 이해하기 위해 신경을 곤두세운다는 것만큼 피곤한 일도 없다. 그러나 그렇게 함으로써 그의 언어 습관을 바로잡아 줄 수 있다는 사실을 명심하기 바란다.

한 대기업의 부사장으로, 내게는 이 세상에서 가장 부드러운 목소리를 가지고 있는 듯 생각되는 한 여성이 있다. 나는 언제나 그녀에게 좀더 강하게 말하는 것이 좋지 않겠느냐고 권유하곤 한다. 물론 그녀의 직책에 맞추어 근엄한 목소리를 내라는 것이다. 왜냐하면 직장 생활을 하는데 있어서, 특히 상사나 중역급인 경우 직책에 맞지 않는 말투를 사용하면 그만큼 업무 처리에 있어서 어려움을 겪기 때문이다.

언제인가 한 유능한 캐리어 우먼이 위와 같은 문제를 가지고 찾아왔다. 그녀의 말로는 그녀의 비서가 자신에게 좀더 근엄하고 우아한 말투를 쓰라고 충고했다는 것이었다. 왜냐하면 그녀의 말은 사투리가 심해 누구든지 한 번 듣고서는 이해하지 못할 뿐만 아니라 그녀의 직책에 어울리지도 않았기 때문이다. 그러나 사투리를 쓰는 것은 누구의 잘못도 아니다. 아나운서가 아닌 다음에야 말하고자 하는 바를 상대방에게 정확하게 전달하면 그뿐이다. 상대방으로 하여금 다시 한 번 말해 달라는 주문을 자꾸 하게 한다고 해서 미안해 할 필요도 없다.

직장에서의 성과 사랑

 사랑이나 이성(異性)에 관한 것은 모든 사람의 관심의 대상이므로 직장인들에게 있어서도 그것을 배제하는 것은 부당하다. 더우기 직장은 여러 사람을 만나거나 데이트 기회를 만들기에 앞서 상대방에 대하여 알 수 있는 최적의 장소이기도 하다. 그래서 사람들 중에는 이성을 만날 수 있는 기회를 얻기 위해 어느 특정한 회사를 지원하는 경우도 있다. 특히 젊은 사람들에게, 직장은 미래의 배우자 또는 사랑하는 연인을 만날 수 있는 통로이기도 하다.
 그러므로 직장에서 남성을 만나 사무실 밖에서 사랑을 나누는데 반대할 사람은 아무도 없다. 사랑은 언제 어디서든 생길 수 있기 때문이다. 문제는 근무 시간에도 정신이 온통 연인에게만 몰두해 있는 경우이다.
 장소가 직장이라고 해서 연애 감정을 숨기거나 연애의 가능성을 전적으로 묵살해 버릴 필요는 없으나 반드시 언행에 있어서 신중을 기해야 한다. 진실하고 순수한 연애는 어디에서건 인정받는다. 그러나 성적인 유희라든지 회사를 사교장으로 알고 이 사람 저 사람과 무분별한 연애 행각을 벌이는 것은 절대 용납받지 못한다.
 직장에서의 무분별한 연애 사건은 거의가 문제를 일으킨다는 사실을 반드시 명심해야 한다.
 우선 회사 내에 소문이 퍼진다. 그리고 그 당사자들이 이 회사에서 비교적 주목받는 인물인 경우는 회사의 분위기를 문란하게 할 수도 있다. 또 심한 경우에는 해고까지 당하는 수도 있다. 한편 순수한 마음에서 출발한 진실한 연애는 대개 주위 사람들에게 인정받지만 반드시 그런 것만도 아니다. 때로 사람들에게 좋지 않게 비춰져서 승진이나 출세에 지장을 가져오는 경우도 있다.

직장에서의 무분별한 연애 행각이 일으키는 보다 큰 문제는, 단지 에티켓을 지키지 않는다는 개인적인 차원을 넘어서 스캔달을 일으켜 회사의 명예를 위태롭게 하고, 그 일과 상관없는 다른 사람들의 업무를 방해하거나 그들의 경력에 누를 끼칠 수도 있다는 점이다. 특히 그 사건에 회사의 사장이나 유망한 중역 사원이 연관되어 있으면 사태는 더욱 악화된다.

젊은이들은 능력과 경험을 많이 쌓아야 승진도 하고 성공도 하지만 무엇보다도 중요한 것은 회사측의 지원과 격려이다. 그런데 일단 스캔달에 휩싸이면 삽시간에 회사 내의 톱 뉴스로 떠오르게 되어 명예에 상당한 해를 끼치게 된다.

비교적 빠르게 승진한 한 여성 중역이 스캔달에 휘말려 회사를 그만두어야 할 입장에 처했다. 그러나 그녀는 자신의 지위와 명예를 그러한 식으로 포기하고 싶지 않았다. 그래서 곧 그녀의 상사와 결혼하였다.

비록 경력에 누를 끼치는 일은 없지만 일반 직원들의 연애 사건 역시 동료들간에 풍기를 문란시킨다. 아무리 비밀스런 연애를 하고 있다고 하더라도 두 사람의 정서가 흥분된 상태이므로 아무래도 침착성을 잃기 쉽다. 또 사랑을 하고 있을 때는—혹은 상대방에게 깊이 빠져 있는 상태에서는—반드시 이성적으로 행동하기도 어렵다. 그래서 판단력은 사랑의 감정으로 인해 무디어지고, 두 사람의 사소한 감정 변화에 따라 금새 명랑해졌다가 우울해지기도 한다.

또 때로는 질투의 감정 때문에 동료들과 쓸데없는 마찰을 빚기도 한다.

　상사가 연애 사건에 휘말리고, 또 누군가 그 사실을 사장의 직속 부하 직원쯤 되는 사람에게 일러바칠 때 문제는 더욱 복잡해진다. 그는 자신의 상사인 사장과 문제를 일으킨 직원 사이에서 매우 난처한 입장에 처하게 된다. 사실 그러한 문제를 사장에게 일러바친다는 것은 위신도 떨어지는 일일 뿐만 아니라 다른 사람들로부터도 비난을 받을 수 있기 때문이다.

　그렇지 않아도 연애 사건을 일으킨 남녀 직원은 동료들의 눈초리를 못이겨 결국 관계를 청산하게 될 것이다. 따라서 가능하면 사장에게 말하지 않는 방향으로 한다. 이러한 심리는 마치 근사한 카펫 밑의 마루에 커다란 구멍이 뚫린 경우와 같다. 즉 모든 사람들은 카펫이 더러워질까봐 그 위를 걸어가지 않는 체하지만 실상은 카펫 밑의 구멍에 빠질까 두려워하고 있는 것이다.

◇ 동료의 사내 연애에 대해서는 비밀을 지켜 주어라

　동료의 사내 연애에 대하여 당신이 취해야 할 행동은 다음과 같다. 우선 그것이 당신의 승진이나 업무에 피해를 주지 않는 이상 비밀을 지켜 주는 것이 바람직하다. 소문은 절대 내지 말라. 비난을 하거나 난처한 입장에 처하게 하지도 말라. 또 믿을 만한 동료가 아닌 이상 옆자리의 동료에게도 말하지 말라. 만일 주위에 그런 동료가 있다면 당신만의 비밀로 간직하고 옹호하는 입장을 취하는 것이 바람직하다.

◇ 호색가 상사와의 인간 관계

　어떠한 회사이든 사냥꾼인 양, 성적 매력이 돋보이는 여성을 집요하게 추적하는 사람이 있게 마련이다. 아마 그렇지 않은 회사는 거의 없을 것이다.

　이런 일로 해서 매우 곤경에 빠졌던 기혼의 한 여비서가 있었다. 그녀를 따라다니던 사람은 다른 부서의 세일즈 매니저였다. 외모도 아름다왔고 성적 매력도 돋보였지만 그녀의 밝고 상냥한 성격은 그 빛을 더하게 하였다. 그래서 그녀에게 반하지 않는 사람은 거의 없었을 지경이었다. 그러나 어쨌든 그만은 유별났던 것이 사실이었다.

　제인은 매일 아침, 중서부 태생 특유의 밝고 친근한 표정을 지으며 만나는 사람들에게 아침 인사를 했다. 그런데 그런 그녀의 평범한 호의가 그 세일즈 매니저로 하여금 퇴근 후의 데이트 신청으로 이어지게 만들었던 것이다.

　그 후 그는 퇴근 시간마다 사람들이 앞에 있는데도 아랑곳하지 않고 그녀에게 데이트 신청을 했다. 그녀는 당황하지 않을 수 없었다. 사람들은 그녀가 기혼자임을, 그것도 행복한 결혼 생활을 하고 있음을 이미 알고들 있었기 때문이었다.

　그 문제는 어느 날 그가 점심 식사를 하러 가는 길에 그녀의 사무실 동료로부터 진상을 듣고 난 뒤 해결되었다. 그의 얼굴이 사색이 되었음은 두말할 나위도 없었다. 그러나 그것으로 모든 문제가 해결된 것은 아니었다. 해결하지 못한 두 가지 문제점이 있었다. 한 가지는 그 매니저의 위신 내지는 명예가 실추된 것이고, 다른 한 가지는 그녀가 그런 일을 겪었다고 해서 당장 사람들에 대한 자신의 상냥한 태도를 바꾸어야 하느냐 하는 것이었다.

　이 일로 인해 그녀는 자신의 상사에게 불평을 하였다. 그 이유는 상사가 이런 사실을 미리 눈치채고 진작에 그녀가 기혼자임을 알려주었더라면 그 지경까지는 가지 않았으리라는 생각 때문이었다. 사실 그가 매니저라는 위치에 있지만 않았더라도 그녀가 나서서 자신이 기혼자임을 밝혔을 것이다. 그러나 유감스럽게도 그렇지를 못했다.

그러나 그녀가 동료를 통해 매니저에게 자신의 사실을 알린 것도 결과적으로는 썩 좋지 못했다. 사실을 듣고 난 매니저는 계속해서 그녀로부터 모욕을 당하고 있는 느낌이었다. 그녀로부터 직접 해명을 듣고 싶었기 때문이었다. 어쨌든 그 사건 이후로 그녀는 부담감 속에서 직장 생활을 하게 되었다.

어떠한 경우든 그 매니저와 같은 남성들은 당사자인 여성이나 그녀의 직속 상사와 맞부딪혀야 문제를 해결할 수 있다. 물론 당사자인 여성만 좋다면 개인적으로 데이트를 할 수 있는 기회도 가질 수 있을 것이다. 그러나 그렇지 않은 경우라면 거절의 뜻은 반드시 사적으로 전하는 것이 바람직하다. 그렇게 하면 그의 위신이 깎이는 일도 없을 테니까 말이다. 어쨌든 최우선의 방법은 되도록 빨리 그의 태도를 바꾸게 하는 일이다.

◇ 이성의 유혹을 물리치는 법

사람들 중에 특히 남성들은 결혼 반지를 끼어 기혼자임을 나타내는 수가 많다. 회사측에서도 대개는 결혼 여부를 밝히는 것을 원칙으로 하고 있다. 또 이성(異性)의 접근을 원치 않는 사람들 중에는 일부러 결혼 반지를 끼기도 한다.

때로는 결혼한 사실을 알고 있는 사람으로부터도 접근을 받는 수가 있다. 정중하고도 단호하게 거절의 의사를 밝혀야 할 때다. 그러고 보면 결혼했다는 사실이 결코 튼튼한 울타리가 될 수 없음이 사실인 듯도 한다.

하지만 기혼자를 기혼자로 대우하지 않는 것은 매우 무례한 행동이다. 따라서 원치 않는 이성의 유혹을 받았을 때는, 「기혼자입니다」, 이 한마디 말만 하면 된다. 더 이상 설명을 늘어놓을 필요도 없다. 또 거절을 했다고 해서 상대방이 기분 나빠 하면 어쩌나 하는 걱정도 할 필요가 없다. 이런 경우에 접근하는 사람은 상대방으로부터 이미 거절당할 각오를 하고 말을 꺼내기 때문이다.

이와는 반대로 기혼자 쪽에서 유혹을 해오는 경우에—사실 이러한 경우가 더 일반적이다—거절하는 것은 에티켓에 관한 문제이라기보다는 개인적인 취향의 문제이다. 사실 결혼한 남녀의 연애담은 고금을 통하여 통속 소설의 주된 테마였다. 그들이 구하는 것은 단지 이기심과 쾌락의 만족뿐이다. 또 그들의 연애에는 미래도 없고 조건도 필요치 않다. 그러므로 당신이 호기심으로라도 기혼자와 연애를 해 보겠다고 한다면 미리 잡지의 고민란에 부칠 편지 봉투나 준비해 두는 편이 나을 것이다. 분명 그들의 조언이 필요해질 테니까.

그러나 나는 여기서 미혼자들을 유혹하는 기혼자들만을 나쁘다고 하는 것은 아니다. 미혼자들에게도 똑같이 악담을 하고 있는 것이다. 다만 스캔들에 휘말리거나 정신적인 고통으로 더 피해를 보는 쪽은 미혼자 쪽이라는 것을 강조하고 싶을 따름이다.

◇ 직장은 순수한 연애를 위한 최적의 장소이다

보통 연애도 그렇듯이 직장에서의 연애도 구혼이라는 것을 거치게 되고, 또 한 사람 혹은 양쪽이 동시에 진실로 사랑에 빠지기도 한다. 또 두 사람 중 한 사람이 사랑하지 않게 되었을 때 연애는 결별로 이어지게 된다.

비슷한 또래의 여성과 사귀었던 한 젊은 남성의 경우를 예를 들어 생각해 보자. 두 사람은 서로 다른 부서에 근무하고 있었는데 1년쯤 진지하게 데이트를 했으며, 그는 자신의 애인을 이미 부모에게 소개시켰다. 그러나 그 자신은 여자 친구의 부모를 만나지 않은 상태였다. 그런데 그 후 그는 다른 여성과 결혼하였다. 사귀던 여자 친구에 대한 사랑이 식어 버렸기 때문이었다. 그럼에도 그녀는 여전히 그를 잊지 못했으며 통속 소설 속의 여주인공처럼 그가 다시 돌아오기만을 기다렸다. 다행히 그녀의 절친한 친구가 그녀에게 정신과 치료를 권하였고 그 덕분에 다시 직장 생활을 할 수 있게 되었다.
　여기서 반드시 명심하고 넘어가야 할 점은 직장에서 만난 사람과의 연애와 다른 경로로 만난 사람과의 연애는 그 감정적인 추이(推移)에 있어 다소 다른 점이 있다는 것이다. 따라서 사내 연애를 할 때에는 처음부터 감정을 절제하고 솔직해질 필요가 있다. 즉 당신이 언제까지나 부담없는 사이로 지내고 싶으면 상대방 쪽에서도 그러한 태도를 취해 주도록 확실히 해야 한다.
　젊은이들의 연애는 나이 많은 상사가 젊은 여직원을 탐색하는 것과는 질적으로 다르다. 순수하고도 건전하다. 특히 직장이라는 곳은 취미와 조건이 비슷한 사람들이 모인 곳이므로 잘만 활용하면 좋은 애인을 만날 수도 있다.
　젊은이들 역시 직장이 아무런 부담없이 사람들을 만날 수 있는 장소라는데 대체로 동의하고 있다. 우선 데이트 신청을 하기 전에 몇 주일 혹은 몇 달까지 상대방에 대해 관찰할 수 있기 때문이다. 또 그렇게 함으로써 데이트 처음부터 긴장하거나 어색해야 할 필요가 없다. 계속해서 교제하고 싶다면 그렇게 할 수도 있다. 또 결별한다 하더라도 얼마든지 좋은 직장 동료로 남을 수도 있다. 물론 노력이 따르겠지만.

◇ 남성들의 성적인 찬사에 대하여

　때로는 상사가 그의 부하 여직원에게 성적인 암시를 주거나 추파를 던지는 예도 있다. 이는 극히 개인적으로 이루어지기는 하지만 매일 만나는 친근한 관계이기 때문에 오히려 그 도가 지나쳐 버리는 수도 있다.
　예를 들어 상사는 여직원의 눈을 보고 말하지 않고 블라우스만 뚫어지게 쳐다볼 수도 있다. 그러다 보면 자신도 모르는 사이에 이성을 잃기도 한다.

　때로 이러한 것은 진실로 성욕일 수도 있지만 대개는 무의식적인 경우가 많다. 그러나 어쨌든 상대방을 불리하게 만드는 것만은 사실이다.

　그러나 상대방의 어떠한 부분에도 시선을 두지 않고 말하기란 불가능하다. 또 여성의 블라우스를 응시하는 것과 마찬가지로 여러 사람이 모인 회합에서 단 한 사람만 주시하는 것도 불편하기 짝이 없다. 그러나 만일 당신이 모처럼 새옷을 입고 출근을 했거나 머리 모양을 바꾸었을 때 아마 당신은 틀림없이 사람들이 당신에게 시선을 떼지 않는 데에서 묘한 즐거움을 맛볼 것이다.

　이것은 당신의 사무실에 누군가가 들어섰을 때 무의식적으로 그를 쳐다보게 되는 것과 마찬가지이다. 비록 그가 매일 보는 동료이거나 당신 쪽에서 누가 들어오는지 호기심이 생겨 쳐다보는 것이라 해도 말이다. 이것은 일종의 보호 본능 때문이다.

　그러나 게중에는 진짜로 성을 의식하고 의미있는 시선을 던지는 이들도 있다. 문제가 되는 것은 바로 이런 경우이며, 그 문제는 반드시 세심하게 다루어야 할 필요가 있다.

　만일 상사와의 관계가 다소 느슨하다면 상사의 위와 같은 태도에 대하여 농담으로 얼버무릴 수 있다. 이 방법은 피차에 격의가 없고 덜 무례하기 때문에 상대방이 무안해 하거나 당황하지 않게 할 수 있다. 또 당신 쪽에서도 매우 담백하게 당신의 뜻을 명확히 밝힐 수 있다. 그렇다고 해서 상대방의 취미가 저속하다느니 하는 식으로 비웃는 것도 아니다. 상대방의 의도를 재치있는 위트로 꺾어 버린다고나 할까.

　예컨대 앞에서 말한 바와 같이 당신의 상사가 당신의 나신을 보듯 노골적인 시선을 보냈다고 하자. 당신은 이렇게 가벼운 농담으로 응수할 수 있을 것이다.

「이제 그만 제 옷을 입어도 될까요? 이러다가 감기 걸리기는 싫거든요.」

그러나 당신이 상사와 이런 식으로 농담할 수 없는 경우라면 정중하게,

「죄송합니다만, 제 시선을 어디다 두어야 할지 모르겠군요.」

라고 말하면 된다.

당신의 상사가 평소에 당신의 외모나 옷차림에 대해 관심을 가지고 찬사를 보내는 타입의 사람이라면 당신은 단순히 그의 찬사에 대해 「고맙습니다」라고 인사를 하면 된다. 그러나 그의 말에 음모가 들어있거나 당신 쪽에서 그러한 말을 더 이상 듣고 싶지 않다면 그에게도 매번 그와 비슷한 류의 말을 함으로써 문제를 해결할 수가 있다. 이렇게 하면 그는 당신의 말에 대해 창피함을 느끼거나, 당신이 그러한 것처럼 당신의 시시콜콜한 관심이 귀찮아질 것이다.

예를 들어 남자 동료가 당신의 블라우스가 섹시하다고 찬사를 보내면 당신은 어깨에 붙어 있는 머리카락이나 떼라고 주의를 준다. 또 그가 당신에게 「무척 피곤해 보이는데 어제밤 잠을 못잤나 보죠」라고 물어오면 당신이 먼저 그에 대한 설명을 하도록 한다. 또한 당신의 화장이 너무 진하다거나 어느 부분의 화장을 어떻게 다시 하라는 등의 간섭을 할 때에는 당신도 그의 면도 상태에 대해 꼬치꼬치 따지고 들어라.

◇ 출세와 승진을 미끼로 던져지는 유혹

때로 성적인 유혹이 출세나 성공을 미끼로 던져지기도 한다. 이를테면 상대방이, 자신에게 협조하느냐 협조하지 않느냐에 승진을 기약할 수 있노라고 조건을 붙이는 경우이다. 실로 이러한 술책은 앞서 말한 접근보다 한 단계 앞선 교묘하고 비열한 방법이 아닐 수 없다. 더군다나 이들 중에는 물론 한 사람과의 관계를 계속하는 경우도 있

지만 여전히 출세를 미끼로 이 사람 저 사람 바꾸어 가며 연애 행각을 벌이기도 한다.

그들의 수법은 대개가 비슷하다. 즉 저녁 식사를 함께 하자고 하거나 사적으로 은밀하게 사무실로 부르고 난 뒤에 호텔에 동행하도록 유도하는 것이다. 한편으로 생각하면 사기죄로 충분히 고발할 수도 있는 죄인 것이다.

물론 본인이 자의로 유혹의 손길에 넘어갔느냐 아니면 반강제적이었느냐, 그리고 진정으로 상대방이 원하는 만큼 성공에 도움을 주었느냐에 따라서도 문제는 달라진다. 유혹에 넘어가는 사람들 중에는 상사를 진심으로 좋아해서 기꺼이 그의 파트너가 되는 사람들도 많기 때문이다. 그러나 일반적으로 그런 상사의 목표는 상대방 여직원을 호텔로 유인해 가는 것뿐이다. 그래서 결국 한 사람을 정복하고 나면 다른 사람에게로 눈길을 돌리게 된다. 그러니 이런 이기심과 힘에 의한 희생물이 되지 않도록 각별히 조심해야 한다.

마땅히 이러한 파렴치한은 해고를 시키든지 아니면 적어도 문책을 받게 해야 한다. 만약 상대방 남성이 회사의 최고 지위에 있는 사람이라면 법적인 조치를 취하던가 회사를 그만두던가 아니면 그 두 가지 조취를 병행하던가 해야 한다.

이러한 문제를 처리하는 데는 예의를 갖추거나 정중하게 행동할 필요가 없다. 그것은 마치 성폭행을 당한 사람에게 매너를 상기시키는 것과 같이 부질없는 짓이다.

몇년 전 한 유수의 광고 회사에서 모델 섭외 업무를 맡아 줄 한 젊은 남성을 고용하였다. 그는 광고에 출연할 모델을 구하기 위해 모델 에이전시측에 회사의 이름을 대고 섭외를 부탁하였다. 모델 에이전시측에서는 그의 부탁대로 모델을 선정하여 그의 저녁 초대에 응하게 했다. 비록 장소는 그의 집이었지만 엄연히 그것도 업무였다. 그러나 바로 그날 저녁 그는 강제적으로 그녀를 범하였다. 이 일은 곧 모델 에이전시측에 알려졌고 그들은 광고 회사측에 강력한 항의를 했으므로 그는 해고될 수밖에 없었다.

◇ 이성과의 단순한 신체 접촉도 오해를 일으킨다

때로 사무실에서 남녀가 성적인 의도와는 거리가 먼 행동을 하다가 사람들에게 우연히 발견되어 오해를 받는 경우가 있다. 그런 것들 중의 하나가 바로 등을 쓰다듬는 것이다.

어떤 사람은 습관적으로 여성들의 어깨를 쓰다듬기 좋아했다. 그는 사람들의 오해를 살까봐 미리 자신의 행동이 무의식적이고 아무런 뜻도 없다는 것을 사람들에게 알렸다고 한다. 그랬더니 여성들도 극히 자연스런 행동으로 받아들이기 시작했다고 한다. 그러나 사실 이와 같은 행동은 아무런 의미가 없는 것이라고 해도 공공연하게 행해질 때는, 사무실 안에서 어떠한 친근함의 표현에도 거부감을 느끼는 사람들을 불편하게 만들 수도 있다. 그들은 단순히 어깨를 쓰다듬는 행동도 밀폐된 공간에서 행해질 때는 더 농도 짙은 의미를 가질 수 있다고 생각하기 때문이다.

사무실 안에서 일어나는 남녀간의 신체적 접촉은 아무리 사소한 것이라 해도 오해를 불러일으킬 수 있다는 점을 반드시 명심해야 한다. 남성이 여성의 등을 쓰다듬는 행동 속에, 무의식적으로라도 잠재적인 욕망이 전혀 숨겨져 있지 않다고 믿기란 어렵다.

심리학적으로 남성들 중에는 버스를 타거나 내리는 소녀의 모습만 보아도 욕망을 느낀다고 하니 이렇게 말한다고 해서 결코 무리는 아닐 것이다. 따라서 사무실 안에서는 가능한 한 규범에서 벗어나지 않고 사무적인 태도를 취하는 것이 서로가 편안하게 지내는 가장 좋은 비결이다.

직장 생활에 있어서 행동상의 규범을 정하기 위해서는 사람들의 행동에 대해, 그것이 회사 분위기에 어떤 영향을 미치는지 지적하는 수밖에 없다. 심리학자들의 말에 따르면 아무리 남에게 피해를 주지 않는다고 해도 사람들로 하여금 제멋대로 하게 내버려 두면 예절이나 에티켓 등은 소용이 없어진다고 한다.

◇ 연인이나 배우자의 승진을 돕는 현명한 사람들

비즈니스 세계에서는 간혹 업무상 연인이나 배우자와 손을 잡고 일해야 하는 경우도 있다.

예를 들어 기자인 당신은 건축가로서 경력을 쌓고 있는 애인을 두고 있으며, 적당한 기회에 애인의 작품에 대한 기사를 씀으로서 그의 성공을 도울 수 있다. 물론 이 경우 당신이 애인의 작품에 대한 기사만 쓰지 않고 많은 건축가들의 한 사람으로서 기사화하는 이상 아무런 문제도 되지 않는다. 물론 당신이 아닌 잘 모르는 기자가 당신 애인의 재능을 알아차리고 그의 작품을 기사화한다면 더욱 바람직할 것이다. 어쨌든 비즈니스계에서 성공하기 위해서는 이렇게 여러 방면으로 관계를 맺은 사람들의 도움이 필요하다.

그런데 친구들을 도우는 일에는 별 망설이지 않는 사람들도 연인이나 배우자를 도우는 것은 다소 꺼리는 경향이 있다.

어떤 부인은 남편이 승진 대상자의 물망에 오르지 않는 이상 절대 도우려고 하지 않는다고 한다. 물론 당신의 남편을 승진시키기 위해 다른 능력있는 사람을 밀어내려고 해서는 안 된다. 하지만 충분히 도울 수 있는데도 불구하고 남편 혼자 악전 고투하게 내버려 두어서도 안 된다.

◇ 순수한 로맨스는 직장 생활의 윤활유이다

대부분의 사람들에게는 대수롭지 않게 여겨지는 것이기는 하지만 가벼운 연애 사건은 직장 생활을 하면서 맛볼 수 있는 낭만 중의 하나이다.

한 사환 소년이 자신보다 다섯살이나 많은 아름다운 여비서에게 「모르는 사람으로부터」라는 카드와 함께 장미꽃을 매일 아침 전하는 모습을 상상해 보자. 성적인 매력만이 사랑의 동기가 된다고 믿고 있는 어른들에게는 순수함과 진실한 아름다움을 생각하게 하는 사랑 이야기가 아닐 수 없다. 나이가 들수록 더욱 낭만을 간직해야 한다. 그렇게 되면 성욕의 추잡한 부분만을 추구하는 사람들은 그만큼 줄어들 것이다.

사람들은 모두 어느 정도 낭만적인 감정을 잃지 않고 살아간다. 그것은 우리로 하여금 가끔이나마 시심(詩心)이나 고상함을 추구하게 하고, 그러한 소년의 순수한 열정을 잃어버리지 않게 한다. 만일 누군가가 당신의 책상에 장미꽃을 올려 놓았을 때 절대 장미꽃을 서류 더미 사이에 아무렇게나 팽개쳐 두지 않기를 바란다. 향기라도 한 번 맡아 보고 「누가 보냈을까」하고 생각해 보는 것이야말로 생활을 윤기있게 해주는 낭만이라는 윤활유인 것이다.

유능한 비서의 에티켓

이 부분을 들어가기에 앞서 나이에 상관없이 직장에서 모든 여성을 소녀 취급하는 것이 남성들의 여성들에 대한 나쁜 매너의 근본 원인이 된다는 것을 우선 밝히고 싶다. 이것은 여비서를 마치 하녀 부리듯 대하는 많은 사람들이 반드시 여비서들에 관한 에티켓을 알아 두어야 하는 당위성과도 통하는 사실이다.

사실 지금까지 많은 남성들이 여비서를 동료가 아닌 여성으로 취급해 왔기 때문에 하루 아침에 그러한 인식을 바꾸기란 어렵다. 그리고 비서라는 말의 의미조차 그 다지 떳떳한 것은 못된다. 그래서 능력있고 똑똑한 비서들 중에는 스스로 비서라고 불려지는 것을 과히 좋아하지 않는다. 또 회사들 중에도 간혹 비서라는 명칭 대신 보조하는 사람이라는 뜻의 「어시스턴트」라는 말을 쓰기도 한다.

비즈니스 세계에서 비서는 매우 중요한 역할을 맡는다. 그들이 없이는 어느 회사의 경영도 제대로 이루어지지 않는다. 아마 그들이 없으면 경영자들은 하루도 그들의 업무를 효과적으로 처리하지 못할 것이다.

그런데도 비서들은 바로 그들의 상사로부터 하녀 취급을 당한다. 보수는 적고 자신들의 고유 업무 이외에 온갖 잡동사니 일들을 도맡아 해야 한다. 유능한 비서가 되기는 그만큼 어렵고 또 그녀들이 하는 만큼 인정을 못받는 것이다.

상사로부터 하찮은 존재로 취급 받는 비서들은 스스로도 자신을 낮추어 생각한다. 그러나 상사와의 관계가 서로 존중하고 이해하는 관계일 때 비서는 진심으로 상사를 보조하고, 그럼으로써 두 사람은 유능한 비즈니스 커플이 될 수 있다.

◇ 비서의 업무는 그 한계를 명확히 해야 한다

비서는 처음부터 자신의 업무에 있어 한계를 명확히 해야 한다.

그런데 실제로 대부분의 여성들은 일자리를 잃을까봐 면접시 확고한 자기 주장을 하지 못하는 경향이 있다. 반드시 면접을 하기에 앞서 비서로서 자신이 할 수 있는 업무를 정리해 두어야 한다. 그리고 만일 면접관, 즉 미래의 상사가 자신의 사적인 일도 도와줄 것을 요구한다면 최대한 받아들일 수 있는 것은 받아들이고 나머지 것은 상사 쪽에서 양보해 주도록 타협을 하는 것이 바람직하다.

모든 것을 처음에 명확히 해두면 나중에 가서 문제가 생기지 않게 된다. 물론 비서의 기본적인 업무는 충실히 해야 한다. 그러나 때로 상사는 그의 가정일까지도 비서의 도움을 요구할 때가 있다. 바로 이 점을 상사와 의논하여야 한다. 그렇지 않고 막상 근무를 하면서 고유 업무 이외의 일을 꺼리고 상사와 마찰만 빚는다면 결국 그녀는 유능하지 못한 비서라는 소리만 듣게 된다.

그러나 비서라는 직업이 원래 업무의 한계가 정확하지 않고 자유롭게 상사의 간섭을 받는다는 점만은 반드시 명심하고 있어야 한다. 즉 다음과 같은 일에 대하여 근무 시작 전에 명확히 해야 한다.

우선 차 끓이는 일이 하루의 일과인가?

비서의 업무가 많을 때에는 상사가 손수 끓여 마실 수 있는가? 상사가 남자인 경우에는 어렵겠지만 여자인 경우 차 끓이는 일 정도는 충분히 할 수 있을 것이다.

상사나 상사의 부인은 비서가 그들을 대신해서 쇼핑 등을 해주기를 바라지 않는가?

어떤 개인 비서는 자신이 마치 상사 부인의 비서 같다며 이렇게 푸념을 늘어놓는다.

「프란시스 여사는 언제나 전화로 이런 부탁을 하지요. 식당의 자리를 예약해 주겠어요? 미안하지만 나 대신 공항에 가서 손님 좀 모시고 오겠어요? 그럴때 나는 그녀가 분명 소파에 길게 누워 전화를 걸고 있을 거라는 것을 알기 때문에 기분이 몹시 언짢죠. 또 나는 할 일이 많은 데도 평소에 그녀는 쇼핑 이외엔 아무 일도 하지 않는다는 것을 알기 때문에 더욱 그렇죠.」

「그런데 더 화가 나는 것은 상사의 딸까지도 나에게 고압적인 태도를 취한다는 거예요. 나와 비슷한 나이이고 교육도 동등하게 받았는데도 마치 나를 하녀 취급한다니까요. 어머니가 나를 하녀처럼 부리니 딸까지도 나를 그렇게 여기지요. 말투부터가 그래요.」

사실 개인 비서가 상사의 가족들과 무관한 채로 지내기란 불가능하다. 그러나 반드시 업무에 있어 한계를 명확히 해야 한다. 대부분이 대학 교육까지 받은 비서들이기에 심부름이나 하고 싶지는 않을 것이다.

많은 개인 비서들은 상사를 대신해서 은행에도 간다. 은행에 가면 일반적으로 기다리는 시간이 있기 때문에 상사는 그의 비서를 시켜 대신 가게 하는 것이다. 그래서 그런지 대개의 비서들도 이러한 심부름에는 별 거부감을 느끼지 않는다. 또 대부분의 비서들은 쇼핑 심부름에 대해서도 상사의 태도 여하에 따라 기꺼이 받아들이는 편이다.

「나의 상사는 곧잘 나에게 쇼핑 심부름을 시키곤 하죠. 그의 아내를 대신해서요. 그러나 나는 그런 심부름을 하게 되면 별로 기분이 좋지 않아요. 상사 취향도 잘 모를 뿐더러 상사가 내 기분이 어떨지는 생각하지도 않고 심부름을 시키는 것 같아서예요.」

그러나 또 한 여비서의 말은 좀 달랐다.

「나는 상사가 바빠서 나에게 대신 시키는 것이라고 생각하기 때문에 별로 기분 나쁘지 않게 받아들이죠. 그녀는 잠깐 외출할 때마다 "나 약방에 들릴건데 뭐 필요한 것 있어요?" 하는 식으로 묻곤 하지요. 그러니 내가 그녀의 심부름을 대신 해주는 것은 신세를 갚는 것이나 같아요. 이를테면 기브 앤드 테이크라고 할 수 있죠. 나는 그녀에게 있어 고용인이라는 생각보다는 그녀의 동료 같은 생각을 가지며 일할 수 있지요.」

◇ 이상적인 비서, 절친한 친구인 동시에 유능한 비서

인간적으로 절친한 친구이면서 유능한 비서도 될 수 있는 사람을 찾기란 매우 어렵다. 때로 비서에게 이 두 가지를 요구하다 보면 상사와의 관계가 다소 느슨해지거나 비서가 너무 많은 역할을 떠맡게 될 수도 있으며, 드문 경우에는 친구를 해고하는 격이 될 수도 있다. 그러므로 공적인 일과 사적인 친분 관계 사이의 장벽을 허물기 위해서는 그만큼 세심한 주의가 필요한 것이다.

한 회사의 중역 사원이 말하기를 자신은 모든 것을 비서에게 맡겨 버리고 그녀와는 친구처럼 지내나, 장소가 사무실 안이냐 밖이냐에 따라 행동상에 제약을 둔다고 한다.

「그녀는 내가 언제 방문자를 맞고 싶어하는지 나보다도 더 잘 알지요. 그렇지만 그러한 친밀감이 사무실 밖에까지 이어지는 것은 원치 않습니다. 그녀 역시 그러지 않기를 바라지요.」

그의 의도는, 사람들이 맺는 깊고 친밀한 유대 관계는 상황에 따라 주위 사람들 눈에 좋지 않게 비춰질 수도 있다는 것을 염두에 둔 것이라고 하겠다.

확실히 1년에 수 십만 달러를 벌고 비슷한 수준의 사람들과 어울리는 중역 사원이 그의 비서와 친분 관계를 맺는다는 것은 드문 일이다. 설령 그 두 사람이 인간적으로 서로를 좋아한다고 해도 말이다. 그러나 상사 쪽에서 보면 비서는 가족들보다 더 많은 시간을 함께 보내는 존재로서 수입 정도에 상관없이 사귈 수 있는 가장 친한 친구이다.
 그 예로 한 변호사와 그의 비서는 관심사와 지식면에 있어서 비슷한 수준이므로 공감대를 형성하기 쉬운 관계라고 한다. 또 비서들 중에는 승진하여 고위직에 올라가는 경우도 있기 때문에 언제까지나 비서는 비서일 뿐이라고 생각하는 것은 어리석다. 요즘은 예전만큼 상하 관계에 대한 인식이 뿌리깊지 않다.
 결과적으로 비서가 친구와 비서의 두 가지 역할을 훌륭하게 해내기 위해서는 무엇보다 상사의 사회적 지위와 조화를 이룰 수 있고 그와 보내는 시간이 많아야 한다. 또 친구인 상사에 대한 에티켓은 모든 에티켓이 다 그렇듯 호의를 바탕에 둔 것이라야 한다.

◇ 상사의 사생활에 깊이 관여하지 않는다

 비서가 상사의 사생활에 깊이 관여하지 않는다고 해도 사실상 깊은 유대 관계를 맺는 일은 그다지 불가능한 것이 아니다. 왜냐하면 회사에서 상사가 아무리 신중하게 행동한다고 해도 결국 비서는 상사의 모든 것을 알게 되기 때문이다.
 비서라면 적어도 상사의 친구들의 이름 정도는 알고 있을 것이다. 그러나 비서는 상사의 친구들에 대해 많이 알고 있음을 그들에게 알리지 않는 것이 좋다. 설령 상사로부터 그들의 가정 소사까지 들어 익히 알고 있다 하더라도 그들을 대할 때는 상사의 친구 정도로만 알고 있는 듯 행동해야 한다. 다시 말해 비서로서 알게 된 그들의 사생활은 잊어버리는 것이 프로페셔널한 태도이다.
 동년배의 비서를 두고 있는 상사들은 친구와 같은 관계를 유지해 나가기 쉬운 것이 사실이지만 시간이 갈수록 사생활 만큼은 상대방이 간섭하지 못하도록 거리를 두게 되는 경향이 있다. 그러나 사실 처음부터 그러한 선은 긋는 것이 바람직하다. 우정도 시간이 지나면 다소나마 퇴색하는 것이 당연하다.
 그런데 중요한 것은 사람의 감정에 변화가 생기면 그것이 곧 업무상에도 영향을 미친다는 것이다. 아마 상사는 비서와 지금까지 식사도 함께 하고 어느 곳이든지 동행했기 때문에 갑자기 태도를 바꾸게 되면 직장에서의 관계마저 서먹해지지 않을까 걱정을 하고 있을지도 모른다. 그러나 일정한 거리만은 반드시 유지해야 한다. 그러기 위해서는 우선 개인적으로 만나는 횟수를 줄여야 한다. 동행의 권유나 초대의 횟수부터 줄여 나간다. 그리고 점차 모든 일이나 혹은 일부의 개인적인 만남을 없애 나간다.

◇ 가까울수록 존중해야 한다

직장에서의 다른 어떤 관계보다도 상사와 비서의 관계는, 개인적인 밀접함에서 오는 감정적인 불만이 많기 때문에 화를 내는 일도 종종 생기게 된다. 그러나 사실 직장 생활에 있어서 개인적인 관계는 대화의 통로를 트게 만들기 때문에 반드시 필요하다.
 문제는 상사나 비서가 모두 상대방에게 불만이 있을 때 그것을 안으로 삭이지 못하고 쉽게 폭발시켜 버린다는 점이다. 그러나 업무상의 불만이나 개인적인 반감은 절대 감정적으로 처리하거나 상대방의 인격을 무시하는 차원에서 해결해서는 안 된다는 점을 반드시 명심해 두어야 할 것이다.
 예를 들어 비서가 근무중에 껌을 씹고 있을 때 못마땅한 생각이 들더라도 사무적인 표현을 써서 지적하도록 한다.
「난 껌을 씹고 있는 모습이 우리 회사의 이미지에 전혀 도움이 되지 않는다고 생각하고 있네.」
 그러나 다음과 같이 말하는 것은 바람직하지 않다.
「껌 씹는 모습은 단정해 보이지 않으니 당장 쓰레기통에 던져 버리던가 콧등에 붙이고 있지 그래?」

상사들에 비해 비서들은 불만을 표현하기가 더욱 어렵다. 따라서 만일의 경우를 위하여 미리 대화의 문을 조금이나마 열어 두는 것이 바람직하다. 왜냐하면 비서들의 불만은 대개가 그 불만을 털어놓을 통로가 없어서 생긴 것이기 때문이다.
　그런 점에서 여러 명의 상사를 보좌해야 하는 비서는 개인 비서보다 그만큼 많은 불만을 가지고 있을 것이다. 그 상사들 중 어느 한 사람만 그녀의 직속 상관인 것도 아니고 그들과 개인적으로 유대 관계를 맺을 수도 있는 것이 아니므로 대화의 통로는 거의 없다고 볼 수 있으며, 또 그럴수록 오해받거나 무례하게 취급당할 경우가 많다는 것은 매우 안타까운 일이 아닐 수 없다. 이런 경우 비서는 자신을 직접적으로 옹호해 줄 상사를 한 명 가지는 것이 중요하다. 그런데 그 상사마저 회사의 모든 여비서들에게 불만스런 존재가 되는 경우에는 모든 비서들이 연합하여 그에게 불만을 털어놓는 수밖에 없다. 아마 그런 지경이 되면 상사들 쪽에서 오히려 비서들에게 불만이 없는지 물어오게 될 것이다.
　여러 명의 상사를 보좌하는 비서들이 가지고 있는 문제의 근원은 바로 그 자신의 진정한 위치가 없다는 것이다. 물론 그녀들도 상사가 부탁해 오는 개인적인 심부름은 거절할 수 없다. 그렇다고 처음부터 부탁 자체를 하지 못하게 할 수도 없다. 그래서 매우 유감스럽게도 많은 유능한 비서들이 더 나은 비서 자리를 찾는 것이 아니라 전직(轉職)을 원하고 있다.

◇ 상사의 문란한 사생활을 감싸 주지 않을 권리가 있다

　때로 출세한 남성들을 보면 출중하게 뛰어난 미인 아내나 정부를 둠으로써 자신의 성공을 과시하려고 한다. 물론 그들은 아내가 있으나 결혼 생활에 있어서 성적인 부분은 이미 끝이 났으며, 결국 아내로부터는 정신적, 심리적인 안정만을 구할 뿐이라는 것이다.

그런데 비서가 상사의 문란한 행동을 감싸주어야 한다고 할 때 그것은 대개 상사의 부인에게 그 사실을 비밀로 한다는 것이 된다. 단 비서에게 그러한 것을 기대할 때는 반드시 어떤 조건이 필요해진다. 비서가 진상을 결코 다른 사람들의 입을 통해서 알게 되면 안 된다는 것이다. 비서가 잘 알지 못하면 못할수록 다른 사람들이 알게 될 확률이 높아지기 때문이다.

물론 비서에게 자신의 일을 비밀로 해달라고 요구할 수 있는 권리를 가진 상사는 없다. 그것은 대단히 무례한 행동이며 자칫 일이 확대될 경우에 그녀를 난처한 입장에 처하게 할 수도 있다. 이는 단지 연애 사건에 국한된 것은 아니다. 모든 일에 대해서 지켜야 할 기본적인 룰이다.

물론 상사가 외박을 해야할 때 비서로 하여금 대신 자신의 아내에게 전화를 걸어 줄 것을 요구할 수는 있다. 그러나 비서 역시 상사의 일에 관련되기를 거부할 수 있는 권리가 있다.

◇ 상사의 행각을 묻는 전화는 거절할 수 있다

아무리 상사의 아내라 할지라도 비서를 통해 남편의 행각을 추적하려는 것은 바람직하지 못하다. 물론 비서는 상사에게 오는 전화를 받아야 하기 때문에 늘 상사의 행선지를 체크해 두어야 하며 따라서 상사의 연애 행각 등에 대해서는 누구보다도 잘 알 수 있다.

상사의 행동에 대해 은근히 물어오는 전화를 받으면 그녀는 다른 전화를 받아야 하니 나중에 다시 걸어 달라는 식으로 발뺌을 할 수밖에 없을 것이다. 그러나 이 때 아마도 대부분의 아내들은 몇 시간이라도 기다릴 수 있으니 상관하지 말고 급한 전화부터 받으라고 말할 것이다. 그러면 또 비서는 사무실에 손님이 와서 통화를 할 수 없노라고 말하게 될 것이다.

비서는 상사의 일로 인해 자신에게 치명적인 피해가 돌아오지 않는 한 상사의 행동이 도덕적이니 아니니 판단할 필요는 없다. 따라서 상사는 불륜의 행각을 계속하고자 한다면 모든 거짓말이나 사실의 은폐를 혼자서 하도록 해야 할 것이다.

◇ 비서의 태도는 곧 상사의 태도다

한때 필자는 한 친구의 사무실을 방문할 기회가 없을까 하며 설레이는 마음으로 명분 찾기에 급급했던 적이 있었다. 왜냐하면 그 이전 몇 차례 전화 통화를 통해서 알게 된 그 친구의 상냥한 비서를 한 번 보고 싶었기 때문이다.

가끔 그의 사무실에 전화를 걸면 그녀는 어김없는 부드럽고 상냥한 목소리로 상사가 회의중이라느니 방금 외출했다느니 등의 사무적이고도 깍듯한 태도로 전화를 받았다. 바로 그러한 점이 마음을 끌었던 것이다.

그런데 지금까지도 잊지 못할 일은 친구의 사무실을 처음 방문했을 때의 일이다. 그녀는 내가 이름도 대기 전에 「안녕하세요. 선생님」하고 인사를 하는 것이었다. 몇 번의 전화 통화를 통해 이미 내 목소리를 기억하고 있었던 것이다. 나는 놀라면서도 한편으로 기분이 좋아서 친구에게 훌륭한 비서를 두어 좋겠노라고 말했더니 의외로 그 친구는 침울한 얼굴이 되었다. 그가 자신의 행운을 깨닫지 못하는 것이라고 나는 잠시 추측하였다. 그런데 잠시 후 친구는 자신의 비서가 사무실의 다른 직원들한테 너무 건방지게 행동하는 것이 못내 불만이라고 말했다. 그래서 사람들은 모두 그녀를 좋지 않게 생각할 뿐만 아니라 때로는 그녀의 무례함에 화가 나서 그에게 항의하러 오는 사람들도 있다는 것이다.

그녀는 외부의 사람들로부터 칭찬받는 데만 익숙해져 있지 실제로 비서에게 더 중요한 일인, 함께 일하는 직장 동료들에게 친절해야 한다는 것을 잊고 있었다. 그 원인은 그녀가 먼젓번 직장에서는 비서가 아닌 일반 사무직이었으며 따라서 친절은 어떤 특별한 사람을 위해 아껴 두어야 하는 것이 아니라 모든 사람에게 똑같이 베풀어야 한다는 사실을 몰랐다는데 있었다.

다행스럽게도 매우 현명했던 그녀는 자신의 잘못—친절은 어느 특정한 사람에게만 베푸는 특별한 것이라고 생각했던—을 깨닫고 고치려고 노력하였다. 그리고 그 노력은 마침내 결실을 거두어 그녀는 동료들간에 가장 인기있는 인물이 되었으며 고객들이나 그 빌딩에 있는 모든 사람들이 찬사를 보내는 훌륭한 여비서가 되었다.

동료들에 대해 부정적인 생각을 가지고 있는 사람들은 지금 당장 태도를 바꾸어야 한다. 아직도 늦은 것은 아니다. 직장인은 절대 동료들간에 원한의 기둥을 만들어서는 안 된다. 가뜩이나 따분한 직장생활을 동료들로부터 호감도 사지 못한다면 더욱 더 견디기 어렵게 될 것이다.

◇ 상사의 스케줄을 효과적으로 관리하기 위한 비결

비서란 대개 상사를 보좌하고 그가 효율적으로 업무를 처리할 수 있도록 인재 관리나 스케줄 관리를 대신 맡아 해주는 직업을 말한다. 또 때로는 중재인도 되어야 한다. 사람들은 상사에 대한 적개심이나 불만 따위를 대신 그의 비서에게 호소하거나 분풀이를 하기 때문이다.

한 소기업의 경영자가 말하기를 그는 재치있고 그를 잘 보좌하는 여비서가 있어서 일하기가 즐겁다고 했다. 사무실에 방문객이 올 때마다 그 비서는 상사에게 있어 그가 어떤 류의 방문자인지, 즉 상사가 꼭 만나야 할 사람인지 아닌지를 물어 나름대로 리스트를 만든다고 한다.

그 이후로 성가신 방문객이 오면 그녀의 선에서 적당한 조취가 취해졌음은 말할 나위도 없다.

대부분의 비서들은 성가신 방문자에 대해 적당한 조치를 취해야 할 의무가 있으며, 현명한 비서라면 그들과 옥신각신하느라 시간 낭비를 하지 않는다. 사실 그런 일은 비서가 해야 할 일이 아니기 때문에 굳이 남의 일을 대신 할 필요가 없기 때문이다. 그러나 상사와 통화할 필요가 있는 사람을 선발하기 위해, 또 일부 전화는 연기시키기 위해 비서가 다소 언성을 높이거나 옥신각신하는 것은 무례한 행동으로 간주할 수 없다.

비서들이 일반적으로 해야 할 일들 중의 하나로 상사를 위해 거짓말을 하는 것이 있다. 그런데 다행스럽게도 비서들은 상대방의 지능을 무시하기라도 하는 듯한 뻔한 거짓말은 하지 않고 아주 그럴듯하게 실제 상황인 것처럼 말을 한다. 예를 들면 상사가 회의중이라느니 다른 사람과 통화중이라 전화를 받을 수 없다고 하는 식이다.

물론 비서의 말이 사실일 때도 있겠으나 비록 거짓말이라 해도 사람은 누구나 근무 시간중에 혼자 자신의 일만 하거나 프라이버시를 침해받지 않을 권리가 있기 때문에 항의는 할 수 없다. 또 전화를 건 사람은 상대방이 회의중이라고 해서 회의가 끝날 때까지 기다리겠노라고 말하지는 않는다. 대개는 회의가 끝난 뒤에 상사에게 물어 보아 자신에게 전화를 걸어 달라고 부탁하게 된다.

상사를 대신해 사람들에게 감사의 카드를 보내는 일도 비서가 해야 할 일들 중의 하나이다.

실제로 이런 경우에 비서의 유능함이 증명된다. 다시 말하면 능력이 많은 비서일수록 상사가 관계하는 사람들이나 업무 내용에 대해 상사 이상으로 잘 파악하고 있다. 아무래도 상사보다는 비서들이 사람들을 직접적으로 상대하고, 따라서 누군가로부터 감사의 카드가 날아 왔을 때 그에 대해 가장 적당한 답장을 할 수 있기 때문이다.

그래서 어떤 한 사람과 오랫 동안 비즈니스 관계를 맺는 경우를 보면 오히려 그의 비서와 더 가깝게 지내는 경향이 있다. 그러므로 혹시 비즈니스 관계로 누군가의 도움이 필요하다면 우선 그의 비서와 친분을 맺는 편이 현명하다. 급히 처리해야 할 일이 있을 때 분명 그녀는 편의를 봐줄 것이다.

비즈니스 접대와 에티켓

직장인들에게 있어서 점심 시간은 신체적인 힘을 충전시키는 목적 이외에도, 사실상 쉽지 않은 인간 관계 유지에 더할 나위 없이 중요한 시간이다.

그런데 요즘의 젊은 직장인들은 점심 시간을 사교를 위한 시간으로 활용하지도 않고 그렇다고 자신의 비즈니스를 위해 이용하지도 않는 경향이 있다. 그들은 자신의 성공에 일조할 사람들과 함께 식사하기 위해 식당을 찾지 않는다. 낯선 사람과 비싼 음식값을 대신 지불해 가며 긴장된 식사를 하느니 점심 시간을 이용해 가벼운 쇼핑이나 하는 것이 자신에게 훨씬 유리하다고 생각하기 때문이다.

중역들간에도 이런 사고 방식이 점차 확산되어 가고 있다. 그들 역시 점심 식사 초대에 응하기보다는 원칙론에 따라 혹은 전화로 비즈니스를 하는 것이 훨씬 합리적이라고 생각한다. 하지만 이같은 추세에도 불구하고 아직까지 많은 사람들은 식사 초대라는 것이 비즈니스에 있어서 그 무엇보다 효과적이라고 생각하고 있다.

흔히 말하는 사업상의 접대는 오랫 동안 당신과 비즈니스 관계를 맺어 왔음에도 불구하고 평소에는 거의 개인적으로 접촉할 기회가 없는 사람이 특별히 기회를 만들어 서로에 대해 좀더 많이 알고 친분을 나누고자 하는 우호적인 의도에서 이루어진다. 그러나 사람에 따라서는 이를 매우 부끄럽게 여기는 경우도 있다.

내가 아는 한 작가는 매주 월요일마다 우리 회사 홍보부에 전화를 걸어 오며 오랫 동안 거래를 해왔는데, 어쩌다 점심 식사 초대를 청할 때 보면 머뭇머뭇 이쪽에서 자신의 순수한 의도를 오해하면 어쩌나 하는 투로 말을 꺼내곤 했다.

이렇게 모든 좋은 일에는 그것을 나쁘게 보려는 또 다른 시각이 있게 마련이다. 생각해 보라. 고객도 아닌 같은 사무실에서 같은 일을 하는 사람들끼리 점심 식사를 함께 하는 일은 얼마나 즐거운 일인가. 물론 사람들 중에는 이런 점심 시간을 비즈니스와 연결시키려는 약삭빠른 이들도 있다.

그러나 어쨌든 식사를 함께 하는 동안에는 사람들의 매너 내지는 교양에 대해 알 수 있다. 또 어릴 때부터 어머니에게 수없이 지적을 당했을 법한 습성도 엿볼 수 있다.

비즈니스 관계로 만나 지금까지 알고 지내는 한 아름답고 매너가 훌륭한 여성이 있다. 당시 회사에서 그녀는 매우 유능하고 교양도 있으며 미모까지 겸비한 대단한 재원이라고 칭찬받고 있었다. 내가 그녀와 사업상으로 처음 점심 식사를 했을 때였다. 그녀는 매우 수줍어 하면서 잔뜩 긴장했던 탓인지 모든 점이 서툴어 보였다(그러나 여전히 매력적으로 보였다). 그녀는 내게 자신이 좋아하는 음식을 맛있게 먹었다고 했다. 그러나 나는 그녀가 긴장하여 아무 맛도 못 느꼈을 것이라는 생각이 들었다.

◇ 접대 비용에 관한 문제

누군가로부터 식사 초대를 받았을 때는 우선 그럴 만한 이유가 있는지부터 알아 보고 받아들이는 경우라 해도 당신 쪽에서도 얼마간의 비용을 준비하는 것이 좋다.

그런데 원래 사업상의 접대란 그 모임에 대한 특별한 타이틀을 붙일 수 없는 이상 목적에 대해서 말하지 않는 것이 원칙으로 되어 있다. 이를테면 접대를 하는 사람들은 그것을 상대방에 대한 단순한 감사의 보답이나 비즈니스가 개입되지 않은 순수한 마음에서 친분을 나누고자 하는 접대라고만 말한다.

한 여성 편집장이 모에이전시에서 초대한 자리에 갔다가 불쾌한 일만 당했다고 나에게 불평을 했다. 사실 그 자리는 비즈니스와는 전혀 거리가 먼 단순한 점심 식사를 함께 하자고 초대한 자리였다고 한다. 그런데 그녀를 초대한 그 에이전시의 부장은 음식값을 지불하고 나갈 생각은 하지 않고 자기네 직원들과 이야기하기에 여념이 없었다고 한다.

「결국 나는 앉아 있기도 지겹고 사무실에 빨리 들어가야 했기에 내 음식값만 지불하고 나와 버렸어요. 그런데 내가 돈을 지불했다는 것이 어찌나 화가 나는지요.」

사실 비용을 누가 내느냐 하는 것은 문제가 되지 않으나 초대한 사람 쪽에서 내는 것이 원칙이다. 물론 초대받은 쪽에서 내고 싶으면 굳이 자신이 지불하겠다고 우길 수도 있겠으나 일반적으로는 초대한 사람이 지불해야 한다.

◇ 거절의 에티켓

같은 날 같은 시각에 두 군데에서 초대를 받았을 때는 그 중 한쪽을 취소하든지 아니면 연기해야 한다. 그런데 특히 비즈니스 세계에서는 무엇이든 우선한 사람이 선취권을 갖게 되어 있다. 그리고 거절당한 사람에 대해서는 다른 날로 다시 약속을 정하는 것이 원칙이다. 이렇게 한 번 정도 취소하는 것은 보통 있을 수 있는 일이지만 두 번 이상 취소하면 그것은 직접 말하지 않더라도 「초대를 받아들이고 싶지 않다」는 뜻이 되므로 더 이상 권하지 않는 것이 예의다.

좋지 않은 날씨가 초대를 취소해야 할 이유가 될 때도 있다. 이럴 때는 초대받은 사람에게 전화를 걸어 이유를 말하고 상대방 쪽에서

편한 날로 다시 약속을 정하면 된다. 물론 초대받은 사람 쪽에서 날씨를 이유로 약속을 취소할 수도 있다.

어쨌든 상대방이 당신의 약속 취소에 흔쾌히 동의한다면 모를까 연기할 만한 특별한 이유가 없는 이상은 한 번 정한 약속은 반드시 지키는 것이 프로페셔날리즘이다.

비서를 통해 약속을 취소하는 것은 대단히 무례한 행동이다. 반드시 당사자가 약속한 날 이전에 취소하도록 하고 동시에 사과의 말도 잊지 말아야 한다.

◇ 반드시 약속 시간을 지켜야 한다

사업상의 초대 모임에는 늦지 않도록 각별히 주의해야 한다. 직접적으로 비즈니스에 영향을 미치기 때문이다. 특히 초대한 사람이 늦는 것은 더욱 치명적이다.

늦었을 때는 이유가 어떻든 사과부터 해야 한다. 그리고 나서 늦은 이유를 말하도록 한다. 한편 양쪽이 함께 늦었을 때도 마찬가지로 함께 사과하고 나서 식사를 하면 된다.

그런데 개중에는 의도적으로 늦는 사람도 있다. 주로 초대받은 사람 쪽에서 자신의 권위를 내세우려고 일부러 늦는 경우이다. 이러한 태도는 사교적인 모임에서는 용납될 수 있을지 모르나 비즈니스에서는 반드시 약속 시간을 지켜야 한다.

◇ 늦을 때는 이렇게 하라

사업상의 식사 초대는 주로 고급 음식점에서 이루어지게 된다. 이때 초대자측의 사람은, 특히 상대방의 얼굴을 잘 모르거나 그 음식점이 처음일 경우 몇 분쯤 일찍 도착하는 것이 좋다. 또 그렇게 하면 상대방이 도착하였을 때 그를 안내하는 등의 행동도 자연스럽게 할 수 있다.

또 당신이 도착하기 전에 초대받은 사람이 먼저 와서 바(bar)나 테이블에 앉아 기다리게 해서도 안 된다. 초대받은 사람은 당신이 모든 것을 리드하리라 생각하고 왔을 것이기 때문에 기다리는 동안 웨이터로부터 「칵테일이라도 한 잔 마시라」는 식의 권유는 받고 싶지 않을 것이다. 또 어쩌면 그는 식사만 하고 싶을 뿐 술은 마시고 싶지 않을지도 모른다. 그래서 테이블에 앉아 물만 마시고 있을지도 모른다. 음식점에 앉아 사람을 기다리는 것만큼 멋쩍고 짜증나는 일도 없다는 것을 반드시 명심해야 한다.

피치 못할 사정이 있어 늦을 수밖에 없을 때에는 음식점에 전화를 걸어 그곳의 지배인으로 하여금 당신이 도착할 때까지 대신 손님을 접대해 주도록 부탁해 두는 것이 현명한다. 그러나 그것이 불가능할 때에는 도착해서 사과를 하고 나머지 시간이나마 성의껏 접대하는 것이 최선의 방법일 뿐이다.

◇ **단골집을 정하라**

당신이 처음 가본 음식점에 손님을 초대하게 되었을 경우에는 우선 미리 도착하여 그곳의 지배인에게 계산서를 당신에게 직접 가져오도록 미리 말해 두는 것이 좋다. 특히 여성인 당신의 경우에는 반드시 그렇게 해야 할 필요가 있다. 왜냐하면 아직까지도 대부분의 웨이터들은 당연히 남성 쪽에서 비용을 지불하는 것으로 생각하고 있기 때문이다. 그래서 접대를 끝내고 나갈 때 난처한 일을 당하게 되는 경우도 종종 있는 것이다.

이런 때 대개 웨이터들은 상황을 보고 판단하기 마련이다. 그러나 때로는 상황을 보고 판단하기 어려운 때도 있다. 손님 격인 50대의 중역과 초대한 쪽인 20대 젊은 여성 중역이 음식점에 왔다고 생각해 보자. 어느 누가 보아도 남성 쪽이 초대자로 생각된다. 그래서 웨이터는 자연스럽게 계산서를 그에게 가져다 준다. 메뉴표 역시 그에게 먼저 보여 준다. 아마 그들이 들어왔을 때도 지배인은 그 남성에게 인사를 했을 것이다.

그러한 경우 여성 쪽에서 남성에게 무엇을 먹겠느냐고 물어 보는 등 리드하는 것 같은 행동을 하면 오만하고 건방지다는 소리를 듣기 쉬울 것이다. 그러나 초대자인 여성으로서는 반드시 그래야만 한다.

위와 같은 경우를 대비하여 미리 예약을 해두는 것이 편하다. 그리고는 약속 시간보다 일찍 도착하여 자신이 초대자임을 미리 말해 두면 웨이터의 실수를 막을 수 있다. 한편 여성 기업인이나 중역들은 단골 음식점을 정해 두면 위와 같은 난처한 일을 당하지 않게 됨은 물론 더 좋은 서비스를 기대할 수도 있게 된다.

◇ 바에서의 계산은 본인이 한다

초대에 응하여 약속 장소에 나갔을 때 상대방이 아직 오지 않았으면 대개 바에 앉아 기다리게 된다. 물론 그곳에서 술을 마시게 되면 그 계산은 나중에 식사 비용에 추가되는 것이 보통이다. 그러나 간혹 레스토랑에 따라서 바에서의 술 값을 따로 계산하는 경우도 있는데 그럴 때는 반드시 술을 마신 당사자가 비용을 지불해야 하며 팁 역시 별도로 주는 것이 원칙이다. 그렇지 않은 경우에는 바텐더의 팁은 후에 식사 비용을 지불할 때 추가하여 계산하도록 한다. 이 때 웨이터에게 주는 팁은 함께 계산하여 주거나 따로따로 주는 방법이 있다.

◇ 비용 지불 문제로 손님을 불쾌하게 해서는 안 된다

사업상의 목적으로 누군가를 초대할 때는 그만큼 그 사람이 중요하고 소홀히 대해서는 안 될 존재이다. 따라서 나오는 음식 하나하나에도 각별히 신경을 써야 함은 지극히 당연하다. 뿐만 아니라 그러한 초대의 목적은 상대방과 비즈니스 관계의 증진에 있다. 그러므로 성의없이 대하거나 다른 누군가가 대신 비용을 지불하게 하는 실수를 저질러 사업가로서의 명예를 떨어뜨리지 않도록 하는 것이 중요하다.

사람들에게 점심 식사 초대를 잘하기로 소문난 한 의류 업체 여사장이 있었다. 그런데 어느 모임에선가 다른 사람이 비용을 대신 지불하게 만드는 실수를 저지르고 말았다. 물론 그녀에게 돈이 없었던 것은 아니었다. 다만 웨이터가 두고 간 계산서를 제때에 챙기지 않은 것이 잘못이었다. 다행히 동료가 그것을 자신의 호주머니 속에 넣기는 하였지만 거래처의 사장은 잠시 후 일어나더니,

「오늘 대화는 즐거웠습니다. 그러나 다른 약속이 있어 그만 가보아야 겠습니다.」

하는 말을 남기고 총총히 사라졌다. 나중에 계산대에 가서 알아 보니 그는 이미 자신의 것만 지불하고 간 상태였다.

또한 초대한 손님을 잠시라도 불편하게 하지 않기 위해서는 대화 중에 누군가가 계산서를 가지고 오지 않게 조치를 취해 두는 것도 바람직하다.

예를 들어 음식값이나 팁을 미리 지불해 두면 대화 도중 돈을 지불하느라 대화를 멈추어야 할 필요없이 매끄럽게 상대방을 리드해 나갈 수 있게 된다. 이와 같은 조치는 에티켓이라기보다는 센스의 차원에서 생각할 수 있는 것이며 아울러 상대방에게 좋은 인상을 줄 수 있다.

그런데 사람들은 왜 하나같이 비용을 지불하는 것에 대해 안달하는 것일까? 그 누구도 식사를 한 뒤에는 비용을 내야 하며 웨이터에 대한 팁도 계산에 넣어야 한다는 사실을 모르는 사람은 없다. 그런데도 식사를 마치자마자 계산서가 테이블 위에 놓여져 하던 대화마저 끊겨져 버리는 경우가 비일비재하다. 비용을 지불할 사람이 분명히

정해져 있는데도 말이다. 이 침묵의 순간이 바로 분위기를 망쳐 버리는 요인이 되는 것이다.

따라서 비용 지불에 관한 최선의 방법은 그저 테이블에서는 지갑을 꺼내지 않도록 하는 것뿐이다. 그리고 그 계산서는 나중에 회사로 청구하도록 조치를 취해 두면 된다. 또한 크레디트 카드를 이용하는 것도 번거로움을 피하는 데는 큰 도움이 된다.

뭐니뭐니 해도 가장 좋지 않은 방법은 현금을 사용하는 것이다. 무엇보다 그렇게 하면 식사 비용이 얼마나 되고 팁은 얼마나 주는지 상대방이 자연히 알게 된다. 그런 것은 어디까지나 초대자 측의 소관이므로 손님은 모르게 하는 것이 바람직하다.

◇ 접대비의 한계를 넌즈시 알려라

아무리 사업상의 접대라고 해도 초대한 사람이 손님에게「어느 정도의 비용을 예상하고 있다」고 말하는 것은 전혀 무례한 행동이 되지 않는다.

간혹 손님들 중에는 상대방에게 물어보지도 않고 비싼 술을 아무 거리낌없이 가져오게 하는 뻔뻔스런 이들이 있다. 초대한 사람의 생각은 조금도 하지 않는데다가 허락도 없이 남의 돈을 함부로 쓰는 것이나 다름없는 무례한 사람들이다.

이런 경우에 초대한 사람은 상대방의 행동에 제동을 걸 권리가 있다. 가령 이런 말로 귀뜸을 줄 수 있다.

「제가 예상했던 비용을 초과할까 겁나는군요.」
또는
「회사에 돌아가서 직원들과 회의를 해야 하기 때문에 이쯤에서 그만 주문하는 것이 좋을 것 같군요.」
하는 말로 완곡하게 표현할 수 있다. 또 어떤 사람들은 일부러 웨이터로 하여금 계산서를 빨리 가져오게 한다고도 한다.

한편 초대한 사람 쪽에서 먼저 주문을 하거나 손님에게 어떠한 메뉴를 선택하도록 권유함으로서 당신이 접대 비용으로 얼마를 생각하고 있는지 알려 주는 방법도 있다.

이와는 반대로 초대한 사람이 충분한 비용을 생각하고 있다면 아마 이렇게 말할 수 있을 것이다.

「드시고 싶으신 것이 있으면 서슴치 말고 주문하십시오.」
또는
「저는 지금 몹시 배가 고픈데 사장님은 그렇지 않으신가요?」

◇ 돈이 모자라면 솔직하게 도움을 청하면 된다

어떤 사람들은 비용을 아끼기 위해 속으로 음식 값을 가늠하는 듯한 모습을 보이거나 모두들 주문을 하는데 혼자서 빠지는 등의 행동을 하기도 한다. 손님에게 솔직히 비용을 줄이는 문제에 대해 털어놓는 것은 결코 실례가 되지 않는다. 아무리 비용이 형편없이 모자란다 해도 솔직하게 당신과의 친분을 계속해서 유지하고 싶지만 유감스럽게도 비용이 모자라 마음껏 접대하지 못한다고 털어놓는 편이 훨씬 현명한 것이다.

진실로 자신의 비즈니스를 위해 초대에 응한 사람이라면 이런 경우 상대방의 처지를 이해하고 흔쾌히 더치 페이 같은 방법을 써서 도와주게 될 것이다. 비즈니스를 하는 사람이라면 누구나 경제에 대한 이해가 깊다. 즉 상대방의 호주머니가 얄팍하면 그의 회사 경영 역시 어려울 것이라는 데까지 꿰뚫어 생각할 줄 안다. 어차피 거래를 하는 두 사람은 같은 배를 탄 동업자이다. 상대방의 눈을 속이면서 겉치레만 요란하게 하는 것은 진정한 동업자를 사귀는데 전혀 도움이 되지 않는다.

◇ 음식점에서의 행동과 대화의 에티켓

　사람들 중에는 음식을 앞에 두고 생리 작용에 대한 이야기를 하거나 그것을 밖으로 표현하는데 대해 심한 불쾌감을 나타내는 이들도 있다. 그들은 상대방이 조심스럽게 코를 만지는 것만 보아도 얼굴을 찡그리고「실례합니다란」말을 하고 화장실에 가는 것에도 언짢은 표정을 짓는다.
　그러나 그러한 행동이 크게 잘못된 것이라고는 할 수 없다. 사실 음식점에 가면 주방에서 나는 음식 냄새나 담배 연기, 매운 음식이나 후추가 많이 들어간 음식 등이 코를 자극해 재채기가 나기도 한다. 그럴 때는 손수건이나 티슈를 사용할 필요가 있다. 그러나 대부분 그러기도 전에 재채기가 나는 것이 보통이다. 음식점에 가면 미인인데다가 교양도 있어 보이는 사람들이 미처 손수건으로 입을 막기도 전에 재채기를 하고 당황해 하는 모습을 쉽게 볼 수 있다. 그들은 늦었지만 손수건을 꺼내 조심스레 입 주위를 두드린다.
　「실례합니다」라는 말과 함께 다소 얼굴을 붉히며 화장실에 가는 사람들도 자주 볼 수 있다. 이런 것에 대해서는 여성이 남성보다 더 예민한 것 같다.

◇ 택시까지 태워 보낼 필요는 없다

　사람에 따라서는 회식을 마치고 손님이 타고 가도록 택시를 잡아 주기까지 해야 모든 접대가 다 끝난다고 생각한다. 또 어떤 사람들은 택시를 잡아 주는 것 이외에 택시비까지도 대신 지불해 주어야 하며, 단 손님에게 직접 택시비를 건네서는 안 된다고 말하는 이들도 있다. 아마 상대방이 택시비 정도도 지불하지 못할 사람이라고 생각하는 듯이 보이지 않기 위해서이리라.
　한편 당신이 먼저 택시를 잡았을 경우에는 상대방에게 물어보아

같은 방향이면 함께 타고 가면서 중간에 두 사람 중 한 사람이 내리면 된다.

두 사람의 회사가 같은 방향이고 또 두 사람 모두 회사에 가는 길이라면 잠시 함께 걷는 것도 좋을 것이다. 물론 당신이 바쁘다면 그런 제안을 할 필요는 없다.

◇ 점심 식사 후의 술은 피한다

비록 오후에 회사로 돌아가지 않더라도 점심 시간에 술을 마시는 일은 피하는 것이 좋다. 더우기 알콜은 행동뿐만 아니라 뇌의 활동 역시 둔하게 만들기 때문에 해야 할 일이 많은 경우에는 각별히 몸을 사린다.

그런데 점심 시간을 넘기면서까지 대화가 이어지면 대개 남성의 경우 술이 빠지지 않는다. 그것이 대부분의 초대자가 상대방에게 억지로라도 술을 권하는 주된 이유가 되기도 한다.

내 경우를 보면 손님으로 초대받아 갔을 때 싫든 좋든 주로 음료수를 주문하는 편이다. 원래 콜라나 쥬스 등의 음료수를 좋아하지는 않지만 대부분의 사람들이 상대방의 컵에 무슨 액체든 들어 있지 않으면 불안해 한다는 사실을 알기 때문에 그렇게 한다. 물론 초대한 측과 가벼운 신경전쯤은 늘 각오하고 있다.

◇ 비즈니스 접대의 대화 내용

같은 분야의 비즈니스에 종사하는 사람들간에 떠도는 가십은 대개 상대방을 골탕먹이려는 악의적인 것이 많다. 또 대기업의 간부급 사원들이 하는 농담치고 경쟁자 상대방의 출신지 등을 노골적으로 꼬집지 않는 것이 없어 일반 사람들이 보기에는 교활하고 다소 지나치다 싶을 정도이다.

처음 만난 사람과의 대화는 경제 동향과 회사의 경기와 같은 반(半)개인적인 것이나 직장 생활 또는 결혼 여부에 관한 것을 묻는 것으로 시작하는 것이 자연스럽다.

내 경우를 보면 누군가의—주로 처음 만난 사람의—초대로 식사를 함께 하게 되었을 때 그의 사업이나 경영 방침 등에 대하여 묻는 것으로 대화를 시작한다. 그런데 그런 방법은 대개 성공하는 편이어서 금새 격의가 사라지고 화기애애한 분위기가 조성된다.

상대방과 당신이 같은 배경을 갖고 있는 경우가 아닌 이상 출신 지역이나 출신 학교 등을 화제로 삼는 것은 현명하지 않다. 그러한 대화는 당신의 비즈니스에 어떤 영향을 미칠지 잘 생각해 본 뒤 해야 한다.

그밖에 시사적인 뉴스나 볼 만한 영화, 연극 또는 자녀 교육이나 가정 경제 등에 관한 것도 대화의 소재로 바람직하다.

◇ 접대 자리에서의 불상사

사업상의 접대 자리에서 누군가가 갑자기 병이 나거나 호흡 곤란을 일으키거나 또는 과음한 상태가 되면 자연히 모임은 끝나게 된다. 이런 위급한 상황시에는 재빨리 계산서를 가져오게 해 비용을 지불하고 지배인이나 웨이터의 도움을 받아 환자 또는 만취한 사람을 조치해야 한다.

또한 당신에게 문제가 있고 그 증세가 가벼운 경우에는 굳이 분위기를 해치지 않아도 된다. 가령 코피가 나거나 기침이 날 때는 우선 상대를 안심시킨 다음 화장실로 가도록 한다. 그런데 이 때 만일 화장실에 다소 오래 있어야 할 것 같으면 웨이터에게 부탁해 당신의 회사 동료를 불러 달라고 한다. 그리고는 그에게 몸은 괜찮으니 조금 더 있다가 가겠다고 하거나 병원에 가야겠다고 말을 하도록 한다. 단 진정이 되지 않은 상태에서는 손님이 있는 자리에 가지 않는 것이 좋다.
　동료의 술주정으로 인해 거래처 직원과의 술좌석이 다소 엉망이 되었다고 하더라도 당신이 그 일에 대해 재차(再次) 언급하는 것은 바람직스럽지 않다.
　한편 술자리에서 당신은 만취한 다른 사람들을 챙겨야 할 의무가 있다. 특히 그가 당신쪽에서 초대한 사람이라면 각별히 신경쓸 필요가 있다. 적어도 그들을 택시에 태워 집에 보낼 수는 있어야 한다. 단 그들의 술주정이 지나치거나 비즈니스에 큰 영향을 끼칠 것이라고 생각되면 다음번 접대 자리에서는 술을 빼는 등의 조치를 취해야 할 것이다.
　손님을 접대하는 자리에서 상대방이 병으로 인해 갑자기 병원에 실려 가야 하는 일이 생길 때는 계산은 다음 날로 미루고서라도 환자부터 조치하는 것이 순서이다. 그리고 다음날쯤에 문병을 하는 것도 바람직하다.
　상대방이 호흡 곤란을 일으켰을 때 역시 당신이 뒷처리를 해야 한다. 그리고 다른 모든 사고와 마찬가지로 이후에라도「그 일을 당해 매우 곤혹스러웠다」느니 하는 말은 상대방에게 절대 하지 않는 것이 좋다.

◇ 이기적인 사람들과의 충돌은 피하는 것이 상책이다

　때로 음식점의 테이블이 너무 가깝게 배치되어 있고 옆자리에 앉은 사람들의 행동이 신경을 거슬리게 하는 경우가 있다.
　예를 들어 주위 사람들에게 다 들릴 정도로 음식을 씹거나 담배 연기를 줄곧 내뿜거나 시끄럽게 떠드는 행위 등은 사람들에게 불쾌감을 줄 수 있다.
　한 광고 업자가 거래 회사의 사장을 접대하기 위해 음식점에 갔는데 테이블의 배치가 어찌나 가깝게 되어 있던지 옆자리에 앉은 사람들과 흡사 일행이라고 해도 모를 정도였다.
 그런데 마침 옆테이블에 앉아 있던 한 청년이 그들의 출현을 불쾌하게 생각하기라도 하는 양 그들 쪽으로 담배 연기를 내뿜기 시작하였다. 그러자 사장은 청년에게 담배 연기를 다른 쪽으로 뿜어 주도록 부탁을 했다. 이에 당황한 그 광고 업자는 최대한 정중하게 이렇게 말했다.
「이봐요. 담배불 좀 꺼줄 수 없겠어요?」
「남이 담배 피우는데 피우라 마라 하는 경우보다 더 무례한 것은 없다고 생각하는데요.」
 청년은 불쾌해 하며 이렇게 말했다. 상대 사장은 얼굴이 발갛게 상기되면서 힘없이 대꾸했다.
「하지만 나는 그것보다 나쁜 짓이 얼마든지 있다고 생각하네. 암 있고 말고.」
 청년 일행은 언제 그런 일이 있었느냐 싶게 곧 왁자지껄 떠들기 시작했다. 광고 업자와 사장도 체념한 듯 자신의 대화에만 열중했다. 그리고는 식사를 마치자마자 재빨리 계산을 치르고 음식점을 빠져 나갔다.
 그들이 그쯤에서 논쟁을 그만둔 것은 다행한 일이었다. 그렇지 않았으면 그 뻔뻔스런 청년의 입에서 무슨 말이 나왔을지 모르는 일이었다. 광고 업자는 곧 사장의 사업 등에 관한 것으로 말머리를 돌림으로서 그 날의 모임을 헛되이 하지 않았을 뿐 아니라 더 큰 낭패를 당하지 않게 하였다. 사장 역시 청년의 뻔뻔스런 행동에 대하여 더이상 대꾸하지 않고 참은 것은 잘한 일이었다. 뻔뻔하고 이기적인 사람과는 대꾸조차 하지 않는 것이 상책이다.

◇ 사업상의 접대는 조용하고 은밀한 분위기에서

　사업상의 접대 자리에 간혹 친구가 끼어들어 당신들의 이야기를 듣게 되는 경우가 있다. 또 당신이 모르는 사람으로, 당신과 어슷하게 놓여져 있는 자리에서 당신들의 이야기를 엿듣는 경우도 있다. 그는 정보를 캐려는 라이벌 회사의 직원일 수도 있다.
　그러면 이런 경우에는 어떻게 조치해야 할까. 그 유일한 방법은 대화를 중단한 다음 그가 눈치를 채고 자리를 뜰 때까지 너의 의도를 알아차렸다는 눈빛을 하고 노려보는 것이다.
　한편 친구가 당신들의 대화를 엿듣는 경우에도 마찬가지이다. 우정을 잠시 무시하고라도 일단 조치를 취해야 한다. 단 그가 당신의 이야기를 듣지 못하게 하려는 것을 노골적으로는 나타내지 않는 것이 좋다.
　이런 경우에는 상대방에게 협조를 구하여 화제를 바꾸는 것이 좋다. 이를테면 갑자기 사생활에 대한 것으로 말머리를 돌리는 것이다. 그러나 그것이 여의치 않으면 목소리의 톤을 낮춰 말하거나 상대방에게 제의하여 바나 만일 회사가 근처에 있다면 그곳으로 장소를 옮기도록 한다.
　정보원 중에는 직접 당신들의 말에 끼어드는 이들도 있다. 옆테이블에 있던 사람이 당신들 쪽으로 와서는 느닷없이 이런 말을 꺼낸다.
「실례합니다. 우연히 듣고 보니 당신들과 우리는 같은 프로젝트를 계획하고 있는 것 같군요. 함께 대화를 나눌 수 있으면 좋겠는데, 나중에 전화 연락하여 한 번 만나십시다.」
　이런 일을 당하면 자칫 상황을 더 어렵게 만들 수가 있다. 가령 상대방에게 입 닥치라고 욕설을 퍼부었다고 생각해 보자. 상대방 쪽에서 어떤 심한 말이나 행동을 할지도 모른다. 때에 따라서는 음식점을 온통 난장판으로 만들고 여성인 당신마저 다른 사람들로부터 비난을 받을 수 있다.

그런데 사람들이 그런 난폭한 행동을 하게 되는데에는 이른바 그 장소의 분위기가 큰 작용을 한다. 그것은 당신이 어찌할 수 없는 일이다. 일반적으로 술집 뿐만 아니라 음식점은 담배를 피우며 웃고 떠들며 쉴 수 있게 마련된 곳이다. 따라서 만약 당신이 간 레스토랑이 조용하고 클래식 음악이 나오는 곳이라면, 그러한 격한 감정은 많이 진정되었을 것이다.

그러나 반대로 음악 소리가 크거나 취객들의 노래 소리가 높은 곳이라면 그곳에서 우아하고 조용한 분위기를 기대할 수는 없다. 사람들이 술주정을 하고 행패를 부리건 그러한 곳에서는 누가 누구를 비난할 수가 없다.

따라서 손님과 대화를 나누는데 온갖 소음과 담배 연기가 방해를 준다면 그곳을 떠나는 방법밖에는 없다. 사람들이 조용히 해준다면 그곳에 계속 머물러도 되겠지만 만일 그렇게 해주지 않는다면 당신 쪽에서 자리를 옮겨야 하는 것이다.

아울러 손님에게 자리를 옮겨야 하는 것에 대해 사과를 하라. 그리고 이렇게 말해 보라.

「휴, 우리가 저런 곳에 간 것이 잘못이었군요. 우리 힘으로는 도저히 조용하도록 만들 수가 없어요.」

두 사람 사이에는 함께 경험한데 대한 동질 의식이 자리잡을 것이며, 아울러 깊은 유대감도 싹트게 될 것이다. 그래서 어쩌면 다음 주말에는 홀가분한 마음으로 일이 더 잘 풀릴지도 모를 일이다.

◇ 직장 동료를 집으로 초대할 때

많은 사람들은 직장 동료나 상사 또는 거래처 직원들과 함께 자신의 집 또는 다른 어느 곳에서든지 즐기기를 좋아한다. 또 게중에는 마음 속의 불만이나 고민을 털어놓으려고 당신의 집을 방문하는 경우도 있고, 단순히 즐기기 위해 방문하는 경우도 있다.

그런데 어떤 비즈니스의 목적을 가지고 누군가의 집을 방문할 때는 반드시 지켜야 할 기본적인 원칙이 있다. 그것은 절대 사무적인 태도나 의무감을 밖으로 나타내서는 안 된다는 것이다. 물론 방문하는데는 명백한 용건이 있지만 아울러 친분을 나누기 위해서라는 순수한 목적을 좀더 부각시키는 편이 현명하다.

◇ 진정으로 우러난 마음에서 초대해야 한다

친목 도모 내지 화합을 위해 회사의 직원들을 집에 초대하는 일은 반드시 마음에서 우러나온 것이어야 한다. 중역 자리에 있는 사람들을 보면, 오래 직장 생활을 해오면서 사람들에게 신뢰와 존경을 한몸에 받아 왔음에도 불구하고 자신의 집 근처에는 그들을 한 번도 데려간 적이 없는 이들이 간혹 있다. 그들이 하루 종일 응접실을 차지하는 것도 아닌데 말이다. 그러나 내가 이렇게 말하면 아마 당신은 사람들을 집으로 초대해야 한다는 의무감에 사로잡혀 부담스러워 할지도 모르겠다.

당신이 기혼자라면 손님을 초대하기에 앞서 남편에게 그 사실을 먼저 알려야 한다. 또한 이런 기회를 대비하여 당신은 평소에 직장 동료나 상사에 대하여 배우자에게 악담을 늘어놓지 않는 것이 좋다.

초대자의 입장으로 보면, 직장 사람들을 집에 초대하기로 계획을 세웠으면 우선 초대할 사람의 명단부터 작성할 것이다. 조촐한 모임인 경우 회사에서 유명한 주정뱅이를 포함한 한두명을 초대하는 것은 좋지 않다. 초저녁부터 술만 마시기 시작해서 결국 매너에 어긋난 불상사가 생기게 될 것이기 때문이다.

직장 동료와 친한 친구를 함께 초대하는 것도 좋은 아이디어다. 파티를 하다가 얼음이 떨어졌을 때 친구에게 전화하여 얼음 좀 가져다 달라고 부탁하는 것은 자연스럽게 어울리게 되는 한 방법이 될 수 있다. 이렇게 해서 양쪽 사람들이 서로 친해지면 좋은 점이 많다. 그 중 무엇보다 바람직한 것은 양쪽의 사람들 모두 직장에서 만난 친구가 아닌 순수한 친구를 얻게 된다는 사실이다. 그런데 당신의 친구와 직장 동료가 함께 어울리도록 주선하는 것은 직장 동료들이 모두 같은 회사에 다니지 않는 경우에 더욱 바람직하다.

◇ 보이고 싶지 않은 것은 미리 감추어 둔다

우리는 모두 직장 동료들에게는 알리고 싶지 않은 작은 비밀을 적어도 한 가지쯤은 가지고 있다. 그것은 때로 밝혀지더라도 별 대수롭지 않은 단순한 것들인 경우도 많다.

가령 집안에서는 핫팬츠만 입고서 지내는 습성이 있다는 것을 남들에게는 절대 비밀로 하는 것이 그런 경우일 것이다. 여하간에 남들에게 밝히고 싶지 않은 것이 있으면 우연히라도 그들의 눈에 띄지 않도록 감추어 두고 비밀로 하라.

필자의 친구 중에 아버지로부터 많은 책을 물려받은 이가 있다. 그런데 그가 책들을 한 번도 뒤적여 보지 않은 것이 잘못이었다. 그가 직장 동료들을 집으로 초대했는데 약속 시간보다 일찍 온 동료 한 명이 서재에 들어가 책을 뒤적이다가 책갈피 속에서 보아서는 안 될 사진을 보게 된 것이었다.

남의 집을 방문하였을 때는 반드시 모든 것을 주인의 허락을 받고 사용하도록 한다. 만일 희귀한 스트라디바리우스(이탈리아의 유명한 악기 제작자)제 피아노를 주인의 허락도 없이 치다가 고장을 내면 어떻게 하겠는가. 어쩌면 주인은 아무도 피아노에 손을 대지 못하게 한다는 말을 미처 하지 못했을지도 모른다. 그 집에 초대받았다고 해서 무엇이든 마음대로 만져도 된다고 생각해서는 안 된다. 당신은 모임에 초대를 받은 것이지 그 집의 물건들을 평가 감정하러 온 것이 아니기 때문이다.

◇ 애완 동물과 동료에 대한 배려

당신이 아무리 개, 고양이 또는 앵무새 등의 동물을 좋아한다고 해도 초대받은 사람들에게는 불쾌하고 신경을 건드리게 할 수도 있다는 사실을 잊어서는 안 된다. 특히 그것들이 사람들에게 익숙해지지 않은 상태에서는 파티 분위기를 해치지 않게 하기 위해서는 눈에 띄지 않도록 하는 것이 좋다.

그것이 개라면 잠시 옆집에 맡겨 둘 수도 있다. 고양이는 본능적으로 사람들이 많이 모여 있는 것을 싫어하기 때문에 굳이 붙잡아 매지 않아도 스스로 숨게 되어 있다. 그리고 특히 앵무새는 싫어하는 사람들이 많으므로 새장에 커버를 씌워 사람들이 드나들지 않는 방에 두는 것이 좋을 것이다.

친구 중에 어떤 이는 앵무새를 그냥 횃대에 놓아 기르는 이가 있었다. 그런데 어느날 그의 집에 손님이 방문하였다. 그 앵무새는 낯가림을 몹시 하는 터라 낯선 사람에게는 공격적이었는데, 반대로 그 손님은 앵무새를 퍽 귀여워 하였다. 그는 앵무새를 횃대에서 내려 자신의 팔이며 어깨, 머리 위 등에 올려 놓고 친해지려고 하였다. 그런데 그만 독이 잔뜩 오른 앵무새가 그의 귀를 물어뜯고 말았다.

만일 당신의 애완 동물이 이처럼 난폭하다면 반드시 우리 속에 넣어 길러야 할 것이다.

손님이 평소에 애완 동물을 기르거나 좋아하는 사람이 아니라면 개나 고양이 등이 절대 그에게 접근하지 못하도록 해야 한다. 특히 비즈니스 관계로 사람들을 접대하는 자리라면 동물이 테이블 가까이에 오지 못하도록 해야 한다. 그런 자리일수록 개나 고양이 등은 먹을 것을 주지나 않나 하여 테이블 주위를 맴돌 것이다. 어쩌면 손님은 당신의 애완 동물에게 신경이 쓰여 아무것도 먹지 못하고 용건도 제대로 말하지 못할지도 모른다. 그리고 잔뜩 털이나 묻힌 채 집에 돌아가야만 할지도 모른다.

　애완 동물은 그것을 좋아하는 사람이 왔을 때만 풀어 놓아야 한다. 그러나 모든 경우를 막론하고 손님의 무릎 위에 예사로이 올라가는 것은 막아야 한다.

비즈니스의 새로운 추세, 프리랜서

 최근 들어 비즈니스 세계는 프리랜서, 즉 자유직 종사자들이 점차 확산되는 추세에 있다. 어떤 한 회사를 놓고 볼 때 일반 정규 직원들 못지않은 능력과 영향력을 발휘하고 있다.
 따라서 아무리 프리랜서라 해도 정규 직원들과의 인간 관계를 원만하게 유지해야 하며 상황에 따라서는 그들을 리드할 줄도 알아야 한다.
 그러나 프리랜서와 정규 직원의 관계야말로, 최근에 생겨난 것이기 때문에 하루 속히 그 관계를 옳바로 정립하고, 그러한 관계가 빚어 내는 다양한 상황에 잘 대처해야만 한다. 따라서 거기에 필요한 새로운 에티켓에 대해서도 알아 둘 필요가 있다.

◇ 무엇보다 신용이 중요하다

 대부분의 프리랜서들은 맡은 업무를 언제까지 마쳐야 한다는 마감일이 있다. 또 그들은 회사에서 확고한 재정적인 위치를 차지하고 있지 못하기 때문에 하나의 업무가 끝이 났는데도 보수를 받지 않았다면 곤란하다.
 그리고 보면 마감일이라는 것은 프리랜서 측이나 고용주 측 모두에게 관계되는 것이다. 다시 말해 마감일이 30일 뒤라고 정했으면 프리랜서는 정확히 30일 뒤에 일을 끝내 제출해야 하고, 고용주 역시 30일 후에는 돈을 준비해 가지고 있어야 한다는 뜻이다. 프리랜서가 즉시 보수를 받지 못하고 오래 기다리게 되었을 때는 그의 생활비 예산안이 어그러지고, 다른 사람들에게 돈을 빌어야 할 일이 생길 수도 있다. 그가 전적으로 프리랜서로 버는 수입에만 의존하고 사는 사람이라면.

회사로서는 프리랜서 한 명의 보수 지급을 연기하는 대신 그 돈으로 회사 경영을 도모할 수 있다. 그러나 그렇게 되면 결국 남의 돈에 대한 이자를 회사측에서 무단으로 횡령하는 것밖에는 안 된다.

◇ 이미지 관리가 중요하다

프리랜서가 어느 기업체를 대표하여 단기간이나마 일을 할 때에는 자신의 이미지가 바로 그 회사의 이미지를 결정한다는 사실을 명심해야 한다. 아무리 사소한 행동이라도 경솔히 하면 그것은 곧 회사의 명예에 누를 끼치게 된다.

또 개인적인 이익을 위해 회사의 이름을 걸거나 무엇이든 기분 내키는 대로 처리하는 것도 결코 바람직한 비즈니스라고 볼 수 없다. 당신에게 일거리를 제공해 준 사람을 보아서라도 당신은 늘 회사의 이미지에 대해 신경쓰지 않으면 안 된다. 게다가 그것은 당신이 다음 일거리를 맡게 되느냐 하는 문제와도 깊은 연관이 있다.

따라서 상대방측 회사의 윗사람을 방문할 때는 설령 그 회사 직원들의 옷차림이 그렇다고 해도 청바지에 운동화 차림이어서는 안 된다. 상대방이 프리랜서에게 갖는 자유 분방한 이미지를 완전히 깨뜨려야 한다. 그리고 처음 만났을 때보다는 두번째 만났을 때의 이미지가 한 수 위가 되도록 항상 노력해야 한다. 아마 처음 만난 사람이라 해도 부드러운 표정을 지으며 한 회사를 대표하는 사람으로 당신을 대우 해 줄 것이다. 그러면 당신 역시 다음에 만날 때는 상대방의 태도에 맞게 행동하면 된다.

한편 만일 상대방이, 특히 옷차림에 까다로운 사람이기라도 하다면 당신의 옷차림은 완벽하니 처음부터 점수를 따고 들어가게 된다. 당신은 옷차림이나 메이크업에 있어서 상대방의 눈에 거슬리지 않게 해야 한다. 밖의 날씨가 어떠하건 반바지나 털모자를 쓴 옷차림을 하고 비즈니스 현장에 나타나서는 안 된다.

◇ 회사 규칙에서 예외일 수는 없다

조직 사회를 싫어하는 것은 당신의 개인적인 문제일 뿐이다. 그러므로 당신이 아무리 프리랜서라고 해도 조직 사회에 들어와 일을 하고 있는 동안에는 매너있게 행동함으로써 당신이 속해 있는 회사나 단체의 이미지를 손상시키지 않도록 해야 한다.

당신이 정식 사원이 아니라고 해도 회사의 규칙은 존중해야 한다. 예를 들어 근무중에 친구가 찾아왔을 경우 그를 당신의 사무실 안으로 들어오게 해서는 안 된다. 꼭 만나야만 한다면 휴게실에서 만나되 오랜 시간 동안 자리를 비우지 않도록 한다.

고객이 방문했을 때도 마찬가지이다. 업무가 없는 한가한 시간이라 해도 오랜 시간 외출하는 것은 바람직하지 못하다. 상대방이 특별히 중요한 고객이 아닌 이상 짧게 만나고 용건만 말하도록 한다. 대신 친절함을 잃지 않는 것이 중요하다. 짧은 시간 동안에 꼭 해야 할 말만 하고 친절하게 행동하는 것이 바로 근무중 손님을 대하는 기본 원칙이라 하겠다.

한편 프리랜서는 꼭 비즈니스가 목적이 아니라 해도 자주 고객을 방문하여 인간 관계를 돈독히 해둘 필요가 있다. 그것이 일거리를 계속해서 제공받을 수 있는 끈이 되기 때문이다. 단 방문을 할 때는 느닷없이 찾아갈 것이 아니라 반드시 사전에 전화 연락을 취하도록 한다.
 방문의 성패는 당신의 고객이 당신을 얼마나 기쁜 마음으로 맞이하느냐에 달려 있다.

◇ 계약서를 써야 하는 중요성

 대부분의 프리랜서들의 업무는 신용을 바탕으로 이루어지지만 각종 사항을 명시한 계약서를 작성하는 것이 바람직하다. 일반적으로 계약서에는 보수에서부터 마감일, 프리랜서 쪽에서 계약을 파기했을 경우나 사용자측에서 일의 성과가 만족하지 않을 경우의 보상 관계 등이 그 주요 내용이 될 것이다.
 그런데 계약서가 소용되는 경우를 보면, 대부분 사용자측에서 프리랜서가 업무 수행중 쓴 비용이 생각보다 많을 때 그것을 보충하기 위해 보수를 깎는 일이 많다.
 할당한 일 자체가 오랜 시간—3개월 내지 1년—을 요하는 것일 때에는 보수의 반을 선불받는 것이 좋다. 이런 경우 회사측에서는 비록 나중에 계약을 취소하게 되는 일이 생기더라도 나머지 액수를 틀림없이 지급해야 한다.
 프린랜서와 어떤 일을 계약한 뒤에 갑자기 그 계획이 소용없게 되었을지라도 회사측에서는 약속한 보수의 전액을 반드시 지급해야 한다. 만일의 사태를 대비하여 계약서를 작성하여 두면 좋다.

◇ 보수에 대한 약속은 반드시 지켜져야 한다

 프리랜서로서 새로운 일을 맡고자 할 때에는 우선 목표로 하는 회사측에 편지를 하고 난 다음 전화를 하도록 한다. 이 때 누군가의 추천서를 가지고 있다면 그의 이름을 말함으로써 전화 통화가 훨씬 수월해진다.

한편 당신은 회사측에서 프리랜서에게 요구하는 조건이 무엇인지, 또 당신 자신이 그 조건에 어느 정도 합당한지 생각도 해보지 않은 상태에서 전화해서는 안 된다. 우선 그 회사 업종과 프리랜서에게 요구하는 조건을 잘 알아 본 다음 당신에게 적용시켜 보도록 한다. 그렇지 않고 무작정 전화부터 걸어 놓고 상대방에게 기초적인 것부터 물어보는 식이어서는 안 된다. 또한 어떻게든 일거리를 맡고자 당신의 모든 조건이 그들의 조건과 맞는 양 거짓 행동을 해서도 안 된다. 그런 것은 모두 전문가다운 태도가 못 된다.

요즈음 프리랜서를 고용하는 회사들은 더 이상 그들의 어영부영하는 일에 대해서 용납하지 않는다. 또 그만큼 계약 제도를 충실히 지켜 훗날 보수를 깎아야 하는 일이 생겼을 때 그것을 이용하기도 한다. 철저해진 탓인지 성의없는 일에 대해 부수적인 비용과 시간까지 제공하는 회사는 거의 없는 것 같다.

일을 할당한 뒤 그 일을 취소해야 할 경우가 생기더라도 회사측은 계약서에 명시한 보수를 전액 지급해야 한다. 단 프린랜서가 취소된 일 대신 다른 일을 맡게 되었을 경우에는 예외이다. 어쨌든 계획이 취소된 즉시 프리랜서에게 알려야 한다. 그리고 사전에 양해를 구하지 않은 상태에서는 절대 보수를 깎아서는 안 된다.

◇ 여러 곳에서 제의를 받았을 때

당신의 능력이 닿는 한 여러 회사에서 들어오는 제의를 모두 받아들이는 것은 좋다. 그러나 머리카락이 빠질 정도로 정신없이 오늘은 이 사람 내일은 저 사람과 만나고 일을 해야 한다면 재고해 볼 필요가 있다.

우선 당신에게 들어온 제의들을 어떤 사람이 언제까지 무슨 일을 해달라고 했는지 일목 요연하게 정리하도록 한다. 그래서 상대방이 당신에게 호감을 가지고 평소에도 많은 제의를 해오는 사람인 경우를 제외하고 급한 프로젝트이거나 다른 일을 제쳐 두고 매달려야 할 일인 경우에는 상대방에게 높은 보수를 요구하도록 한다. 또한 일의 양은 많은데 보수는 그에 따르지 않는 제의는 거절하는 편이 낫다.

출장에 관하여

당신은 때로 사업상의 여행을 가야 할 때가 있다. 그것은 어떤 경우에 순수하게 비즈니스만을 위한 출장일 때도 있지만 때로는 휴양지에서 열리는 비즈니스 모임 등에 참석하는 내용의 출장일 때도 있다. 그런 경우에는 자유로움과 흥미를 기대할 수 있다. 그리고 모처럼 휴양을 하고 재충전의 기회를 삼을 수도 있다.

단 어느 장소에 있거나 당신이 어엿한 성인인 동시에 출장중인 직장인이라는 사실을 잊어서는 안 된다. 사실 매일 똑같은 사무실에 똑같은 사람들을 보는데다가 내내 긴장 속에서 지내자면 미쳐 버릴 것만 같고 탈출해 보고 싶은 생각이 간절하게 마련이다. 그런 상태에서 막상 출장지에 도착해 보라. 늦잠을 잔다고 누가 뭐랄 사람이 있는가? 잠옷 차림으로 일을 한다고 누가 뭐라 하겠는가? 잔소리 할 상사도 없고 얽매여야 할 규칙도 없다.

◇ 출장도 근무의 연장이다

친한 동료와 함께 출장을 가면 더욱 좋다. 우선 혼자가 아니므로 안심이 된다. 게다가 방이라도 함께 쓰면 서로가 상대방에 대해서 새로운 기분이 들고 더 많은 것을 알 수 있게 된다.

물론 출장을 가면 오랜 시간 방에서만 보내는 것이 아니기 때문에 그렇게까지 되겠느냐고 반문하는 사람도 있겠지만 무엇보다 심리적으로 상대방에게서 친근감을 느끼게 된다.

필자의 경험으로 보아도, 사무실에서 매일 만나던 동료에게서 느꼈던 친근감이 하루 저녁 같이 보냄으로서 몇 배 더 깊어지는 것 같다. 나는 일전에 한 출판사 사장과 동행하여 자메이카로 출장을 갔었던 적이 있었다. 그 때까지만 해도 나는 그를 정말 좋아했었다. 그런데 비행기 안에서부터 열대의 호텔에서 각자의 방으로 들어갈 때까지 그가 보여준 모습에 나는 적잖이 실망을 했다. 그는 흥분을 감추지 못하고 기내에서 큰소리로 떠들기 시작하였다. 또 나를 웃기려고 괜한 승무원을 트집잡아 욕하기도 했다. 4시간 동안이나 나는 그의 말을 잠자코 들으려고 노력했다. 자메이카에 도착하였을 때 나는 그와 동행하기조차 싫어졌다. 그래서 내내 아무 말도 하지 않았다.

호텔에 도착했을 때 나는 우선 잠을 자야겠다고 말했다. 이와 같은 경우 문제는 우리 두 사람의 출장에 대한 생각이 너무도 달랐던 데 있다. 한 사람은 사무실을 나서자마자 열대 지방에서의 파티를 생각했고, 또 한사람은 그러한 들뜬 마음을 진정시키려고 노력하였다. 중요한 것은 출장은 방학 숙제와 같은 것이라는 점을 잊지 않는 것이다. 즉 학교에는 등교하지 않아도 매일 숙제는 해야 하는 것과 같다.

그런데도 대부분의 사람들은 출장을 마치 신년(新年) 전야를 보낼 때와 같은 들뜬 마음으로 맞는다. 그러나 반대로 침착하고 이성적인 사람들도 있다. 그래서 내 경우와 같은 문제가 생기기도 하는데 그 해결 방법으로는 이런 것을 권하고 싶다. 후자와 같은 사람들은 상대가 흥분을 잘하는 사람인 경우 우선 처음에는 함께 기분을 맞춰 주다가 점차 신년의 해가 떠오를 때 느끼는 평정함을 되찾을 수 있도록 분위기를 유도해 나가는 것이다.

◇ 의욕적으로 일하라

어떤 분야의 대표자들이 망라하는 총회는 퍽 유익한 시간이다. 나는 아침 7시 30분에 시작하여 오후 2시까지 계속되었던 한 총회에 참석한 적이 있는데 처음 며칠은 흥미로왔으나 점차 따분해지기 시작하였다. 그래서 그런지 다른 사람들도 그 며칠이 지나자 오후에는 해변가를 거닐거나 일광욕을 하는 이들이 많아졌다. 나 역시 호텔 뒤의 얕으막한 산을 자주 올랐었는데 그것이 큰 활력소가 되었다.

몸이 피곤하면 만사에 싫증이 나게 마련이다. 이럴 때는 일하는 시간중 짬을 내어 기분 전환을 하는 것이 좋다. 아마 일에 대한 의욕도 되살아날 것이다. 낯선 거리로 나가 보라. 처음 보는 사람들이 당신에게 무한한 즐거움을 가져다 줄 것이다.

◇ 요령있게 움직여라

아침부터 저녁까지 스케줄이 빽빽히 짜여져 있는 경우에는 어떻게든지 쉴 시간을 찾으려고 고심하게 될 것이다. 그래서 어느 여성의 말처럼 용무를 마친 뒤 회사에 돌아가는 계획을 변경해 며칠 더 출장지에 머무르고 싶은 생각도 들게 된다. 또 거래처나 주최측에서 마련한 리셉션에 참석하지 않고 슬그머니 외출했다 돌아올 수도 있다.

물론 사람들 중에는 이러한 행사를 대단히 중요하게 여기는 이들도 있다. 그러나 대부분의 사람들이 성가시고 피곤한 것으로 생각한다. 한 번쯤은 당신도 인내심을 버리고 내키는 대로 행동할 필요가 있다. 그것이 나머지 일들을 하는데 자극과 활력소가 된다면 말이다.

◇ 이름을 기억하는 일의 중요성

앞에서도 말한 바 있지만 사업상 많은 사람들을 만나는 당신이 간혹 그들의 이름을 기억하지 못하고 잊어버리는 데는 몇 가지 이유가 있다.

그 중 하나가 대부분의 비즈니스 모임에서 사람들의 이름을 소개하는 방법이 명찰이나 명패(名牌)에 국한되어 있다는 점이다. 그 방법은 물론 사람들의 이름을 정확하게 알리는 데는 효과적이다. 그러나 명찰을 이용할 경우 중도에 분실되거나 파손되어 사람들의 기억 속에 정확히 자리잡게 하기에는 미흡한 점이 많다.

이름을 기억하게 되는 또 다른 경로는 어떤 막강한 위치에 있는 사람에 의해 자주 또 큰소리로 불리워지는 것이다. 그런 의미에서 만년 과장인 당신 상사의 부인 이름은 회사 간부급 직원의 부부 동반 모임에서 단 한 번 불리워지고 다시는 아무에게도 기억되지 않는다.

상대방의 이름을 잊어버렸을 때는 솔직히 말하는 것이 최선의 방법이다. 이를테면 미안해 하는 표정을 지으며 다음과 같이 말하는 것이다.

「죄송합니다. 그 날 새로운 이름을 너무 많이 들어서 혼돈이 되는군요. 당신의 이름도 선뜻 떠오르지 않아요.」

이렇게 말하는데 이해하지 못할 사람은 없다. 또 사람의 이름을 잊어버리는 일은 예사로운 것이기 때문에 그것을 가지고 지능 지수와 관련지어 생각하는 사람도 없다.

오랫 동안 만나지 않던 사람들을 파티 등에서 만났을 때는 항상 자신에 대한 소개부터 한다. 또 그들이 머뭇머뭇 자신의 이름을 기억해 내려 하기 전에 먼저 자신의 이름을 말하기도 한다. 무엇보다 오랫만에 만나 사람들이기 때문에 자신의 이름을 잊어버리는 것은 당연한 것이다. 그래서 자신을 보고도 인사를 못할 수도 있다. 그럴 때 자신이 먼저 이름을 말하면 상대방 쪽에서도 더 이상 머뭇거리지 않고 자신의 이름을 말하며 인사를 건네 온다. 이렇게 자신이 먼저 스스로를 소개하는 것은 결코 실례가 되지 않는다.

한 번 들었던 이름의 발음을 잘못 하는 것도 문제가 된다. 만일 당신의 이름이 발음상 곤란한 것일 경우에는 정확히, 그리고 천천히 발음해 보인 다음 상대방에게도 한 번 따라서 발음해 볼 것을 권유하도록 한다. 그렇다고 해서 상대방을 어린애 취급해서는 안 된다.

만난 적이 있는 사람의 이름을 잊어버리는 것은 그 무엇보다도 난처한 입장에 처하게 만든다. 그렇게 되는 데에는 다음 몇 가지 원인이 있을 수 있다.

그 중에 우선은 상대방의 외모가 바뀌었거나 당신이 기억하는 상대방의 모습이, 어떤 한 장소에서 한 가지 옷만을 입은 것이 원인일 수도 있다.

일전에 나는 한 책방의 진열장 앞에서 책들을 구경하고 있었다. 그런데 갑자기 누군가가 내 팔을 잡고는 귓속말을 하는 것이었다. 나는 순간적으로 위협을 느꼈다. 그러나 곧 그의 미소짓는 얼굴을 보았을 때 그가 강도도 미치광이도 아닌 것을 알 수 있었다. 그러나 나는 놀란 가슴을 진정시키느라 미처 그에게는 친근한 미소도 보내지 못하였다.

그는 나에게 다정하게 말을 걸어왔지만 나는 그가 누구인지 모르겠다고 말했다. 그는 이상하다는 듯이 쳐다보며 우리는 2주 전에 한 사무실에서 같은 일을 했다고 말했다. 또 그는 회사를 그만둘 때 나에게 물컵과 빗을 남겨 주기도 하였다고 했다. 알고 보니 그 친구는 매일 청바지와 티셔츠만 입고 출근했던 나의 동료였다. 그런 그가 정장 차림을 하니 완전히 다른 사람처럼 보였던 것이다.

이러한 경우에는 단지 친절하고 솔직하게 말하는 것이 최선의 방법이다.

◇ 비즈니스만이 목적인 단거리 출장

출장의 유형 중에는 전적으로 비즈니스만 유일한 목적이며, 거리도 비교적 짧을 뿐만 아니라 특별히 사교적인 모임이 마련되어 있지 않은 것이 있다. 이런 출장인 경우 대개는 당신 혼자만 가게 되는데 이 때도 장거리 출장과 마찬가지로 합리적이고 직업인다운 태도를 잃지 않는 것이 중요하다. 한편 당신의 출장 목적지인 거래처에서는 반드시 상담해야 할 업무상 용건이 없다고 해도 당신을 접대하는 것이 원칙이다.

그러나 당신이 혼자 저녁 시간을 보내고 싶거나 출장중의 비즈니스 접대에 응하는 것을 과히 좋아하지 않는 성격이라면 거래처측의 초대를 거절할 수도 있다.

한편 이러한 모임에 있어서 비용 지불에 관한 에티켓은 일반적인 경우와 다를 것이 없다. 즉 초대한 사람 쪽에서 모든 비용을 부담하는 것이다. 그런데 때로는 손님 쪽에서 비용을 부담하겠다고 우기는 경우도 있다.

그럴 때는 그의 호의를 고맙게 받아들여야지 거절해서는 안 된다. 누군가가 자신의 비용을 지불하겠다고 주장할 때 그에 대해 왈가왈부하는 것은 실례가 된다.

그러나 알다시피 출장을 간 사람의 자금은 제한되어 있을 수밖에 없다. 따라서 돈이 모자라는 경우에는 이렇게 말하도록 한다.

「제가 오늘 저녁은 사고 싶었는데 돈이 모자라는 군요. 당신이 좀 도와주시지 않으시겠습니까?」

손님이 그렇게 말할 때에는 그에게 필요한 만큼의 돈을 주어 그가 지불하도록 하는 것이 바람직하다. 그리고 두 사람 모두 영수증을 필요로 하는 경우 따로따로 만들어 달라고 하면 된다.

◇ 여성도 동등하게 참석할 수 있는 모임을 가져라

거래처 회사의 전 직원 또는 한 부서의 전 부원을 저녁 식사에 초대 할 때 여직원만이 제외된다면 어떻겠는가? 아무리 근무 시간과는 상관없는 저녁이지만 그것도 엄연히 비즈니스임에는 틀림이 없다. 따라서 모든 사람을 동등하게 생각하고 아울러 남녀 모두에게 적합한 계획을 세우는 것이 중요하다.

아마도 저녁 식사를 한 다음 남자들끼리 성인용 유흥업소에라도 가고 싶을지도 모른다. 그러나 모든 남성들이 그런 쇼를 좋아한다고 생각하다가는 실수를 할 수도 있다.

◇ 출장중 병이 났을 때

출장중 병이 났거나 사고를 당했을 때는 거래처 직원에게 말해 의사의 진찰을 받도록 한다. 그리고 그 다음부터는 거래처 회사측에서 당신의 치료를 책임지고 도와주는 것이 원칙이다.

한편 증상이 심하다면 하루나 이틀쯤 병원에 입원해 있는 것이 호텔에 있는 것보다는 좋다. 호텔 종업원이나 거래처 회사의 직원이 당신을 간호할 수는 없기 때문이다.

◇ 동행 출장시의 에티켓

남성과 여성이 함께 출장중일 때 반드시 남성이 여성의 가방까지 들어야 할 필요는 없다. 그것은 남성 쪽의 마음에 달려 있는 것이다. 그러나 여성의 경우에는 자신의 힘이 부치지 않을 정도의 것만 들도록 하고 그 나머지는 남성에게 들도록 할 수 있다.

모든 출장 비용은 출장비를 보관하는 쪽에서 지불하도록 한다. 이때는 무엇을 하던 함께 행동하는 것이 에티켓이다. 따라서 식사를 할 때는 함께 하도록 하고 혼자 먹을 경우 상대방에게 그 비용을 요구해서는 안 된다.

동료와 함께 출장을 갔을 때 무엇보다 주의해야 할 점은 평소에 회사에서 하던 것과 똑같이 행동해야 한다는 것이다. 또 상대방과 가능하면 함께 움직이는 것이 좋다. 예를 들어 호텔에서 쉬면서 텔레비전이나 보고 싶다고 해도 동료가 시내 구경을 원한다면 동행하도록 한다.

출장중에는 아무래도 당신이 평소에 사람들에게 보이던 것과는 다른 모습을 보이기가 쉽다. 적어도 24시간 이상을 함께 보내게 되기 때문이다. 그러나 되도록이면 다른 모습으로 변신하지 말고 상대방이 당신에게 예상도 못했던 행동을 예사로이 하지 않도록 해야 한다. 출장중에 서로에게 불쾌한 마음을 가지게 되면 출장에서 돌아온 뒤에도 회복하기가 어렵다.

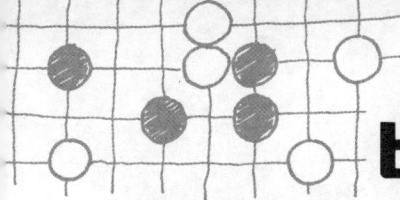

바둑전문도서

서림바둑 시리즈

❶ 당신도 바둑을 둘 수 있다   유병호 감수/3,000원
❷ 알기 쉬운 초급바둑   유병호 감수/3,000원
❸ 이것이 포석이다   유병호 감수/3,000원
❹ 1급으로 가는 포석전략   유병호 감수/3,000원
❺ 실력향상 테스트   가토마사오 저/3,000원
❻ 이것이 정석이다   유병호 감수/3,000원
❼ 바둑정석의 모든 것   유병호 감수/3,000원
❽ 중반의 전략과 전투   유병호 감수/3,000원
❾ 속임수 격파작전   유병호 감수/3,000원
❿ 접바둑 비결   유병호 감수/3,000원
⓫ 최신 바둑 첫걸음   편집부 역/3,000원
⓬ 포석의 한수   편집부 역/3,000원
⓭ 중반전의 필승전략 (상)   편집부 역/3,000원
⓮ 중반전의 필승전략 (하)   편집부 역/3,000원
⓯ 상급바둑의 길잡이   편집부 역/3,000원
⓰ 압수를 피하는 길   가토마사오 저/3,000원
⓱ 사활의 기초입문   임해봉 저/3,000원
⓲ 끝내기 기법   구토노리오 저/3,000원
⓳ 1급으로 가는 정석   이시다 요시오 저/3,000원
⓴ 1급으로 가는 포석   다케미야 마사키 저/3,000원
㉑ 1급으로 가는 맥점   가토 마사오 저/3,000원
㉒ 1급으로 가는 실력 테스트   편집부 편/3,000원
㉓ 3급으로 가는 정석   다케미야 마사키 저/3,000원
㉔ 3급으로 가는 포석   가토 마사오 저/3,000원
㉕ 3급으로 가는 맥점   이시다 요시오 저/3,000원
㉖ 3급으로 가는 실력 테스트   편집부 편/3,000원
㉗ 5급으로 가는 정석   이시다 요시오 저/3,000원
㉘ 5급으로 가는 포석   다케미야 마사키 저/3,000원
㉙ 5급으로 가는 맥점   가토 마사오 저/3,000원
㉚ 5급으로 가는 실력 테스트   편집부 편/3,000원
㉛ 9급으로 가는 정석   이시다 요시오 저/3,000원
㉜ 9급으로 가는 포석   가토 마사오 저/3,000원
㉝ 9급으로 가는 맥점   다케미야 마사키 저/3,000원
㉞ 9급으로 가는 실력 테스트   편집부 편/3,000원
㉟ 7급으로 가는 정석   다케미야 마사키 저/3,000원
㊱ 7급으로 가는 포석   이시다 요시오 저/3,000원
㊲ 7급으로 가는 맥점   가토 마사오 저/3,000원
㊳ 7급으로 가는 실력 테스트   편집부 편/3,000원
㊴ 승단으로 가는 정석   임해봉 저/3,000원
㊵ 승단으로 가는 포석   오다케 시데오 저/3,000원
㊶ 승단으로 가는 맥점   이시다 요시오 저/3,000원
㊷ 승단으로 가는 실력 테스트   편집부 편/3,000원

서림바둑 소사전 시리즈

❶ 화점정석 소사전   일본기원 저/4,000원
❷ 포석 소사전   일본기원 저/4,000원
❸ 정석이후 소사전   일본기원 저/4,000원
❹ 함정수대책 소사전   일본기원 저/4,000원
❺ 소목·고목·외목 소사전   일본기원 저/4,000원
❻ 맥점 소사전   일본기원 저/4,000원
❼ 사활 소사전   일본기원 저/4,000원
❽ 접바둑 소사전   일본기원 저/4,000원
❾ 끝내기 소사전   일본기원 저/4,000원

서림 어린이 바둑 시리즈

❶ 바둑 첫걸음   일본기원 저/3,500원
❷ 집짓기와 정석   일본기원 저/3,500원
❸ 사활과 싸움   일본기원 저/3,500원

서림 바둑사전 시리즈

❶ 현대 정석 총해   임해봉 저/8,500원
❷ 현대 포석 총해   이시다 요시오 저/9,500원
❸ 현대 맥점 총해   가토 마사오 저/9,500원
❹ 접바둑 총해 Ⅰ   이시다 요시오 저/9,500원
❺ 접바둑 총해 Ⅱ   이시다 요시오 저/9,500원
❻ 관자보   박재삼 편역/9,500원
❼ 현현기경   박재삼 편역/9,500원
❽ 기경중묘   박재삼 편역/9,500원

오늘의 바둑신서

❶ 조훈현 추억의 승부   조훈현 편저/5,000원
❷ 조훈현 집념의 승전보   조훈현 편저/5,000원
❸ 조훈현 대 서봉수   박재삼 편/4,500원
❹ 한국 정상의 대결 1   박재삼 편/4,500원
❺ 한국 정상의 대결 2   박재삼 편/4,500원
❻ 한국 정상의 대결 3   박재삼 편/4,500원

서림문화사

서울시 종로6가 213-1 (영안빌딩 405호) 전화(02)763-1445, 742-7070 팩스(02)745-4802

여성에티켓 강좌

값 8,000원

1판3쇄 2012년 7월 25일 인쇄
1판3쇄 2012년 7월 30일 발행

엮은이/ 정　　화

발 행 처/ 서림문화사
발 행 자/ 신 종 호
주　　소/ 서울 종로구 종로 6가 213-1
　　　　　(영안빌딩 101호)
홈페이지/ http://www.kung-fu.co.kr
　　　　　http://www.tutodown.com
전　　화/ (02)763-1445, 742-7070
팩시밀리/ (02)745-4802

등　　록/ 제1-218호(1975.12.1)
특허청 상호등록/ 022307호

ⓒ1991, Seolim Publishing Co., Printed in Korea
ISBN 978-89-7186-050-2 23190
ISBN 978-89-7186-004-9(세트)